国潮崛起系列

国茶崛起

数智时代的颠覆与重塑

季素英 ◎ 著

企业管理出版社
ENTERPRISE MANAGEMENT PUBLISHING HOUSE

图书在版编目（CIP）数据

国茶崛起：数智时代的颠覆与重塑 / 季素英著. —北京：企业管理出版社，2022.7
ISBN 978-7-5164-2644-9

Ⅰ. ①国…　Ⅱ. ①季…　Ⅲ. ①茶业—产业发展—研究—中国　Ⅳ. ① F326.12

中国版本图书馆 CIP 数据核字（2022）第 107920 号

书　　名：国茶崛起：数智时代的颠覆与重塑
书　　号：ISBN 978-7-5164-2644-9
作　　者：季素英
责任编辑：宋可力　　徐金凤
出版发行：企业管理出版社
经　　销：新华书店
地　　址：北京市海淀区紫竹院南路 17 号　　**邮　　编**：100048
网　　址：http://www.emph.cn　　**电子信箱**：emph001 @163.com
电　　话：编辑部（010）68701638　　发行部（010）68701816
印　　刷：河北宝昌佳彩印刷有限公司
版　　次：2022 年 7 月第 1 版
印　　次：2022 年 7 月第 1 次印刷
开　　本：710mm × 1000mm　1/16
印　　张：16.75 印张
字　　数：216 千字
定　　价：68.00 元

前言

茶叶，在以前一直是个农业问题，是农作物，是农产品，是劳动密集型的加工产品和产物，与之并行的是中国人心中的乡土情结：茶文化、茶道、禅茶。茶既是中国人的柴、米、油、盐、酱、醋、茶——日常生活的一部分，又是琴、棋、书、画、诗、酒、花、茶八雅之一。它在中国人的心中可俗可雅、可上可下，其地位可见一斑。

数智时代的最大特征是快。信息的传递通过5G、电脑、微信等虚拟设备或应用进行，知识快速传递，商品快速交易，人与人之间的交往与交流也开始变得“短频快”。另一方面，数智时代引发的是全人类集体智慧的不断集中和被引爆，创新速度越来越快，高科技赋能的产品和成果不断涌现，人类的生活越来越便捷、越来越智能。

茶是慢生活，数智时代是快生活。这样的碰撞会产生怎样的火花呢？茶，这样一个富有浓厚历史色彩的产品，又该如何与数智时代进行结合呢？以什么样的模式结合呢？

探究过去，体味当下，展望未来。

属于慢生活的茶饮开始走上数智时代的舞台，用时代的新笔触书写新的茶说、茶语与茶话。新兴的茶饮形式不断涌现：奶茶、果茶、拼配茶、有机茶。新兴的卖茶形式令人耳目一新：直播、微商、抖音、超级IP、卡通、电视剧、文学作品。新兴的茶叶企业不断进取：加盟店、直营店、产学研一体、海外版图拓展……本书将用数智时代的语言，重新阐述和构建中国茶的新时代话语与形象，向大家展示一个富含中国古典韵味的茶符号如何与当下的生活、工作、精神享乐相适相配，笔者也将用亲身的经历、商场的实战和对当下的思考讲述茶叶行业的兴衰起落、茶业模式的转变转型及对茶业未来的欣喜期盼。

在本书的写作过程中，感谢管榕飞、周雯珺、黄金萍、罗地珍、何婉诗五位同学的参与和整理。特别需要说明的是，本书学习、借鉴、吸收和参考了国内外众多专家学者的研究成果及大量相关文献资料，并引用了一些书籍、报刊、网站的部分数据和资料内容，尽可能地把它们在参考文献中列出，也有部分由于时间紧迫，未能与有关作者一一联系，敬请见谅。在此，对这些成果的作者深表谢意。

2022 年 3 月 22 日

目录

第一章

发展与困局

茶饮是每个中国人手中最熟悉的一杯温暖时光。它是中国的，也是世界的。对于数智时代的茶饮，这个时代的同行者们却有着不同的解读。茶汤温度不变，滋味不改，茶时代的局面却在不断改变。茶人们有困惑，有思考，更有面对未来的不确定依旧奋力奔跑的勇气。

我们不是“居安思危”，而是“居危思进”。

——海尔创始人　张瑞敏

开篇案例

其云的逆袭之旅

福建武夷山，碧水丹山，自古便是中国最重要的茶产业所在地。它是历史上著名的御茶园所在，龙凤团饼在北宋时就成为朝廷贡品；它是近代植物学家英国人罗伯特·福钧所觅得的红茶所在地，由此开启了红茶茶苗被盗、远渡重洋、种植于印度的历史；它更是目前大家耳熟能详的大红袍（岩茶）的产地。如此厚重、浓烈的历史经历与情感，塑造了武夷山当地传统、守拙、抱朴、合一的信念与信仰。其云便是其中深受武夷文化浸润的一员。我作为其云的董事长顺应传统，通过解读岩茶的心声，率先提出了“传承有序”的创业理念，并将其融入企业的灵魂，同时表达了自己的愿望：我愿做一个历史的传承者、守业者和延续者。然而，经过漫长的岁月，从农耕社会到工业社会，再到现如今的信息社会和数智时代，世界发生了翻天覆地的变化。新技术、新科技、新方式、新玩法、新面貌，这一切都给想固守传统的人们带来了新难题。身处其中，其云迎难而上，将传承与创新、非物质与数智、过去与现在、历史与当下很好地结合在一起，走出了一条与众不同的逆袭之路。

一、启动电商

其云已有的电商平台为微信、抖音和直播。

其云利用微信的四大渠道全面推广产品，包括微信公众号、微信商城、微信视频号和微拍堂。四大板块分别针对四个不同的功能需求。微信公众号作为其云新闻、其云信息的首发站，肩负“云新闻”的职责和使命。一般来说，其云的最新消息、我及团队的最新活动都通过微信公众号平台进行发布。它是其云对社会公众的展示窗口，每一位关注其云的朋友都可通过其云的公众号获取详情。微信商城则是其云茶叶产品的买卖平台。消费者可在微信商城上找到并认购其云系列的全部产品。微信视频号作为动态小视频的发布窗口，主要介绍作为茶人的我的日常点滴，有茶文化、茶生活、茶业态等内容。微拍堂则是在特定的节假日期间推出其云的特别活动，旨在回馈广大茶友和粉丝，我也常直播带货，进行现场的拍卖活动。

二、布局电商

除了原有的电商渠道，我深谙电商业态的重要性及未来的发展趋势。“布局电商，布局未来，即是布局企业的发展方向。”

首先，我将推出个人卡通形象，以便在数字平台上更好地推广和传播。对于个人卡通形象的灵感，得益于对格力集团董事长董明珠的思考。作为直播界的红人和前辈，董明珠是我学习和效仿的对象。董明珠就有其个人专属的卡通形象。卡通形象的推出不仅让董明珠背后22岁的小助理“一夜爆火”，也让董明珠的形象增添了一份亲切感。更重要的是，拥有了卡通形象的董明珠不必事事亲力亲为、亲自出镜，转而可由其卡通形象或卡通人物代替其出镜，出任小视频的女主角或者担任企业文案的图片人物。这样一来，不仅赢得了更多的路人缘，还为忙碌的董明珠分担了不少的工作量，可谓一举两得。我从中得到了启发和灵感，着手设计个人卡通形象，为更好地进行数字化宣传做好准备。

其次，充分利用各大平台。对于电商平台渠道的开发，我已深感落在后面。2022年，我将全面布局各大平台，其中包括各大资讯平台——今日头条、小红书、微博、快手、西瓜、一点资讯、百家号、58同城、知乎、B站、梨视频等文字、视频、图文App，每天同步更新和推送内容，以保持全网热度；同时开通淘宝、天猫、京东、拼多多、当当网等购物App，将其云系列产品全数上架，以便消费者进行选购和消费。资讯平台要求做到每日更新、匹配相应的社会热点、宣传茶文化等，中后期将逐步注入企业理念、企业新闻、企业故事、品牌历史等内容，逐步将其云内容往精深层面推进，力求达到植根于消费者心目中的放心茶品、有机茶饮、标志性茶产品的目标。

最后，打造带货王、流量王的个人IP。直播作为一种风口经济和当红业态，已深入各行各业。2022年，我准备在个人IP的内容上倾注全部精力，力求打造为武夷山、岩茶界乃至中国茶行业的一名当红流量IP人物，争取在即将被各路人马瓜分殆尽的流量池中占领一席之地。

三、总结

其云企业之前的成长之路可谓秉持传统、坚持传承的佳话，其云的未来则打算在坚持原有加盟店扩张之路的基础上，重点书写电商平台、互联网经济的内容。面对未知的领域，我曾经踌躇满志，也曾彷徨失措，但还是决定迎难而上，开辟一片从未涉足的领域，以应对已然到来的数智时代。设计卡通形象、在各大平台上铺路、打造个人IP，这是我和其云的三部曲。未来的IP之路还很长，我决定以一贯的稳健步调，以其云的坚实基础，突破传统的业态，做成具有自身特色的茶生态圈。未来的其云又会有何新的动作和姿态呢？让我们拭目以待。

（资料来源：笔者根据多方资料整理而成）

第一节　商业的本质：从电商到抖商再到直商

从20世纪到21世纪，世界变化之迅猛超乎人们的想象。当20世纪80年代的人们还沉浸于四大件：黑白电视、电冰箱、洗衣机和录音机带来的满足感时，多年后的今天，人们出行开始使用共享单车、滴滴打车，看电视开始使用投屏甚至VR（虚拟现实），一部手机可以让人们在全世界冲浪遨游。商业模式的改变自然随着时代的洪流不断更迭、转型和升级。

与以往的商业相比，当今的商业模式最大的不同在于形式的转变。一部手机搞定所有物品的买卖、送货到家、安装服务、售后服务等，这一系列在现在看来简单、普遍的购买行为，放在40多年前是无法想象的。商业已然从实体经济转为互联网经济，产品由生产到消费的过程转变为可根据订单量组织生产加工的反推过程。茶叶的销售也是如此。同以往的大碗茶、开设茶馆、出售包装精美的茶叶的销售模式不同，如今的茶叶销售进入互联网时代。一个是传统的农产品加工产业，一个是前卫的虚拟世界、云端、智能与数字；一个是劳动密集型的人力与物力的集合，一个是运用电商、抖商和直商进行茶叶的销售，如图1-1所示。传统与现代，传承与未来，都在这个十字路口上交汇与碰撞，激发着茶界英豪们的各自想象。

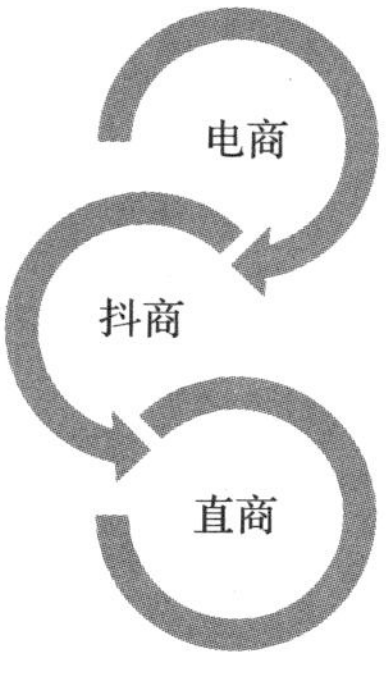

图1-1　数智时代的商业本质

一、电商的代表——买需求

电子商务是通过互联网平台进行商业活动与服务，它强调的是在网络环境下的商业化应用，是将买卖双方、供应链、物流、互联网技术全面结合的一项应用技术。我国的电子商务活动从20世纪末缓慢展开，到如今已取得了不俗的成绩。据统计，截至2021年6月，我国的上网人数为10.11亿人，互联网的普及率已高达约72%，“互联网+”的数字经济规模已高达将近40万亿元，我国电子商务的总量已位列世界第二。在这样的数智背景下，传统茶产业的电子商务是怎样的情形呢？图1-2做出了说明和解释。

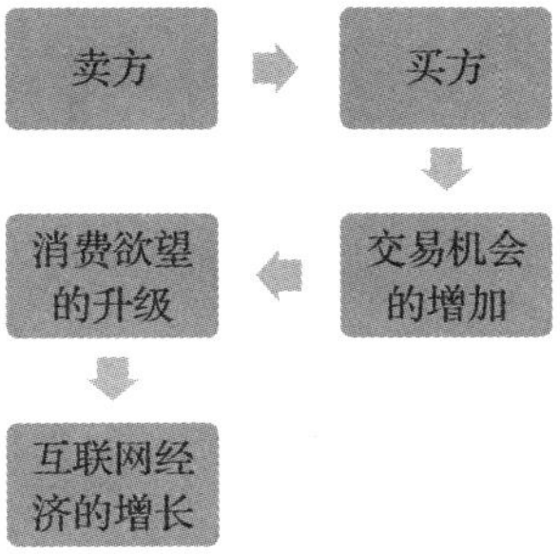

图1-2　电子商务交易模式的转变

首先，模式的转变——卖方变买方。传统的茶产业始发于卖方——茶农、茶商、茶厂与茶人。茶叶制作自古以来便是传统农耕文化背景下的劳动密集型产业。每年的春天，从茶农们上山采摘茶叶、晾晒茶青开始，就开启了武夷山的制茶季。不同的茶叶种类，制作的工序各有不同，形成的茶叶口感也是各有卖点。制作完成的茶叶经过捆绑、包装、运输，输送到各个销售茶叶的茶馆、茶叶店、超市、百货商店中，供消费者选购。传统的茶叶销售方式始于茶叶的栽种、培植，结束于消费者的买单与结账。但是，现代的电子商务的过程却与之相反。消费者主动地在互联网上搜索有关意向商品的各种信息，根据自己的喜好在各大电子商务平台上寻找产品。中国是个茶叶大国，柴、米、油、盐、酱、醋、茶，国人对茶叶的认知程度普遍较高，相当一部分消费者会通过浏览互联网各大平台有目的、有针对性地搜索和选择日常用茶。

其次，交易机会的增加。电子商务另外一个优势就是为买卖双方提供了一个全新的交易平台，从而增加了交易机会。前文提及消费者获取信息用时少，交易成本被压缩。此外，方便快捷的购物体验令消费者对网上购物情有独钟。网上购物也成为上班族下班之后的解压方式，利用碎片时间浏览购物平台，挑选、比较心仪的货物几乎成为手机一族的每日功课，这些举动大大增加了商品的交易机会。

最后，消费欲望的升级。互联网经济的特点是大大减少了实体商铺的各项开支。电子商务是借助互联网信息技术搭建的交易平台。企业用户、单位或个人均可在互联网平台上进行注册，电子商务平台更是各大商家、私营企业、个体私营者争相进驻的舞台。网店没有实体店的押金、租金等资金的成本，没有地段和交易位置的要求，极大地缩短了各个商户之间的地理和空间距离，转而以网络空间替代。网络空间是个一键直达的所在，这极大地方便和满足了消费者足不出户、逛遍全球、淘遍天下的购物欲望。

总之，电子商务对消费欲望的刺激是显著的，参照现实购物，便利性是网上购物得以被广大消费者青睐的首要原因。如今，足不出户完成买菜、做饭、购物、办公和娱乐已逐渐成为人们的日常主流生活。消费者在网上购物的时间比重也逐步增加。

发展与困局专栏 1-1

新中式——容山堂的茶器霸业

《说文解字》中有云：“容，盛也。”这可以理解为有容乃大。《说文解字》中又云："山，宣也。谓能宣散气、生万物也。"难怪常听人言："山中一日，世上千年。"容山堂便是一个集宽容、有度、山林、丛隐之古风韵味的茶具、茶器、茶生活的品牌。

一、容山堂简介

2012 年，容山堂品牌创立。

2018 年 5 月，容山堂受"中国品牌创新发展工程"的邀请，登陆美国纽约时代广场纳斯达克大屏幕。

2019 年，容山堂联手国家图书馆打造丝路敦煌茶具。

同年，容山堂玉瓷系列茶具荣获 2019 年中国（上海）国际茶业博览会"年度最佳茶器"奖。

2020 年至今，容山堂发布了一系列的产品，如"敦煌神韵"窑变系列茶具，携手福鼎白茶传承人推出瑞鹤系列白茶，八周年纪念版"麒麟献瑞"系列等。

容山堂致力于打造东方美学与高生活品质的慢生活方式。它以"快文化，慢生活"为经营理念，着力推广中式传统文化产品，将新中式传统茶文化产品设计、开发及茶具销售与日常品质生活有机融合为一体。容山堂的产品一经推出，就深受都市人群、茶客人群、茶业品牌等各方的关注和喜爱。时至今日，容山堂已成为中国品牌的推荐品牌之一，伴随着中国风的盛行，代表国人走出国门，名扬海内外。

二、新中式、新理念、新内容

新中式指的就是 21 世纪"互联网 +"快节奏生活下中国人的审美方式与审美文化。它在继承中国传统古典文化的同时，结合当下的时代特征与时代精神，开创出既有思古之幽情、寄情于天地山川的理念，又有不断挑战自我、推陈出新、在繁杂时代置身事外的闲情雅致之所在。容山堂的创始人刘建先生在创立品牌之初，就为其设立了新内容。他敏锐地捕捉到了茶友们消费升级的迫切渴望和心情，本着“为天下茶友制器”的初心，将茶具与茶道、香道、茶席、美器等作为提升个人修养、展现自我精神的空间平台，用丰富的材料、精妙的设计，尽可能地满足各地茶友的个性化需求。

1. 产业线布局

茶器具看似简单，但从创意到成形，从供应链开发到品质管理，最后进入市场进行运营和推广，容山堂的产业线布局工作可谓十分巨大。每一个环节都有各自需要应对的风险和挑战。环环相扣，每一个环节在确保无误的基础上最终落实到产品的推广上市。同时，容山堂一直走在创新和产品研发的前沿，实属不易。尤其难能可贵的是，容山堂一直在探索使用不同的材料制作茶具和茶器，这又让产业线的风险系数更大。使用一种材料制作完成成品已是不易，更别说使用多种材料，其结果就是使困难指数成倍攀升。容山堂一一克服以上困难，力求为消费者奉上更多充满美学与质感、古典与现代并存的精品佳作。

2. 多渠道、好售后

容山堂专注于电商渠道的布局与打造，早已做好电商平台的布局、超级链接、品牌营造与推广等工作。尤其值得一提的是容山堂的售后领域。容山堂的大部分产品均出自匠人手作，与现代工业化流水线生产出来的机械产品有精度上的细微差别。因此，容山堂的电商平台始终都存在一定比例的退货率。在这种情况下，良好的售后服务尤为重要。容山堂主打“诚”字招牌，在力求解决冲突和矛盾的基础上，对退货者致以最诚挚的解释与歉意。这让容山堂在消费者心目中树立起极佳的品牌形象。

三、总结

在众多人士纷纷关注中国茶叶产业的现在与未来时，与茶相关的、衍生的、伴生的业态也随之蓬勃发展。容山堂正是发现了这一点，抢占先机，为诸多茶叶“发烧友”寻找到一个释放心灵、与茶相伴的器具之旅。容山堂在独辟蹊径之余，反其道而行，由茶器、茶具进入茶叶产业，开创了容山堂旗下的茶叶品牌“德物志”。下一步的容山堂又有怎样的变化呢？茶友们都很期待。

（资料来源：笔者根据多方资料整理而成）

二、抖商的代表——图乐子

抖音是一款旨在为人们提供一个可以尽情分享的平台，分享的形式主要通过短视频的发布进行。用户登录抖音注册账号后，可以用平台提供的视频编辑器进行短视频的制作、修改、发布与存储，也可以直接上传已经制作并剪辑好的短视频。抖音开创于 2016 年，此时正逢互联网经济的转型期。抖音定位精准、眼光犀利，伴随着我国短视频用户体量的急速上升，在短短几年时间里成为短视频界的霸主。

细究抖音的成功，我们发现这离不开消费者“娱乐至上、娱乐至死”的理念。从 20 世纪的信息社会，到 21 世纪的联网时代，各行各业均出现泛娱乐化的倾向，以至于一些著名学者都曾撰书研究这一现象。抖音的短视频平台一般以 15 ～ 60 秒的短视频为主要发布内容，无论是高深的内容，还是简单易懂的玩笑话，均不会占用人们太多时间。但就是这看似不起眼的几十秒，信息丰富又多元，人们不知不觉会用许多个“几十秒”观看抖音的短视频。无怪乎有人感叹，不敢打开抖音，因为一刷抖音，一个下午的时间就过去了。抖音为何具有如此巨大的魔力呢？细细分析，一般包括以下几点。

1. 开屏广告吸引目光

电商平台的一大盈利点就是其广告业务，拥有巨大流量的电商平台更是如此。在广告业务中，抖音率先采用开屏模式作为开启其广告业务的首要入口。抖音用全竖屏的展示方式，带给初入抖音平台的用户以强烈的视觉冲击。抖音的优质广告除了体现在视觉上，还体现在内容的精良和灵活的合作模式上。抖音并不想独自霸占全部广告业务，而是诚邀其他优质达人、企业、用户或其他平台进驻抖音，开启强强合作模式，这些措施都为抖音的广告业务带来几何式翻倍增长的效果。

2. 内容为王

从最早的文字阅读开始，无论是从文字到图片，还是再到短视频，内容均是决定其胜败的唯一核心要素。作为一款主打短视频的App，抖音的短视频制作在内容和质量要求上精益求精，这是抖音从一开始就能成功吸粉和引流的关键因素，也是抖音占据短视频半壁江山的核心因素。在抖音上发布短视频的人群以年轻群体为主，他们思维活跃，敢于表达自我，乐于分享。对于茶叶企业和营销者来说，线下实体茶叶店的成本高昂的劣势开始凸显，“互联网+”模式的新茶叶营销模式正在崛起。不少茶商通过线上直播和线下体验同步进行的方式，令茶叶营销业态焕发出新的生机。

究其原因，无非在于短视频的内容创作精彩纷呈。拿臻益号为例，他的短视频全部为原创作品，通过普洱茶在日常生活的点滴出镜，配上相应的音频，使他的短视频日益成为普洱茶客关注的焦点。其中，他的短视频内容通过对普洱茶的展现，体现了他在此行业的专业性。同时，他将茶融入生活、带入生活的镜头，又向观众展示了一个真实、有趣、本真的茶人。这些因素都令其品牌在同等的茶品牌中脱颖而出，粉丝量和点赞量都大大超过同行业的营销者们。

3. 跨平台合作

作为互联网大军的一员，抖音从一开始就以宽容的姿态，兼收并蓄，敞开大门与各类互联网平台、网站、技术支持方、买方或卖方进行通力合作。媒介环境学教父麦克卢汉曾说过这样一句名言："媒介即信息。"显然，通过不同的媒介，得到的信息自然也不同。平台与平台之间的叠加会将来自互联网的信息尽可能最大化地利用起来。抖音在平台与平台之间开始深度合作与串联，淘宝链接可与抖音账号关联，流量"大V"和网红等也进驻抖音，开始双方合作、资讯和流量红利的共享。"众人拾柴火焰高。"抖音通过平台与平台、网红与平台、"大V"与平台等之间的合作，力求共同将互联网的蛋糕越做越大。

4. 抖音茶行业短视频营销的四类主流模式

第一类，唯美颜值控。此类短视频模仿李子柒式的唯美画风，将茶饮的古典形象传递到位。常见的有古装或仿古装束与妆容的美人出镜，或坐于溪边，或手执泥壶，动作轻柔雅致，将泡茶的流程完美呈现于镜头之前，让观众未饮茶但似已闻茶香。

第二类，茶制作还原篇。此类短视频将茶叶的生产过程展示出来，加之镜头主角的现场讲述，还原茶叶制作的过程。目的是通过真实的记录，让观众了解到手中茶饮的由来，从而增加购买茶叶的信任，满足观众对探究茶叶制作与加工的好奇心与求知欲。

第三类，幽默乐活饮茶篇。茶叶不仅是高雅之物，也是生活中最普遍寻常的一道风景。因此，用幽默、搞笑、捧腹等逗乐的方式讲述当今时代"泛娱乐化"的茶饮生活，也是吸引观众的一条巧妙之路。

第四类，玄学、佛学、道学篇。自古茶饮就与佛、道的禅理等生活智慧息息相关。例如，由张艺谋导演的《印象大红袍》在武夷山的上演期间几乎场场爆满，其中心主题就是"放下"。这样的禅机与人生哲理结合茶饮，吸引了诸多观众的流量，只因喝茶带来的平心、静气、宁神的雅趣，对于现代焦虑的生活是一道清流，被大众所渴望和追求。

三、直商的代表——获信任

直播，从字面就可以看出其含义——直接播放。它类似于以往电视台节目中的现场实况转播，不同的是直播的门槛更低，不需要灯光、场景、道具和舞台的布置，也不需要电视台的演播厅和实况转播的解说主持人，人们只要有一个手机，便可以进行直播。直播的低门槛吸引了更多的人加入其中。人们手持一个手机，打开摄像头和麦克风，一个人就是一个舞台，全民开启了直播的热潮。

直播带货，即在直播的同时销售商品，是目前最时兴的一种电子商务形式。2016 年，伴随着 5G 技术等数字技术的突飞猛进，直播也迎来了它的“高光时刻”，这一年被大家称为“网络直播元年”。2019 年，中国直播经济的规模已近 4400 亿元。直播的火爆有其偶然，更有其必然，究其原因，有以下三点，如图 1-3 所示。

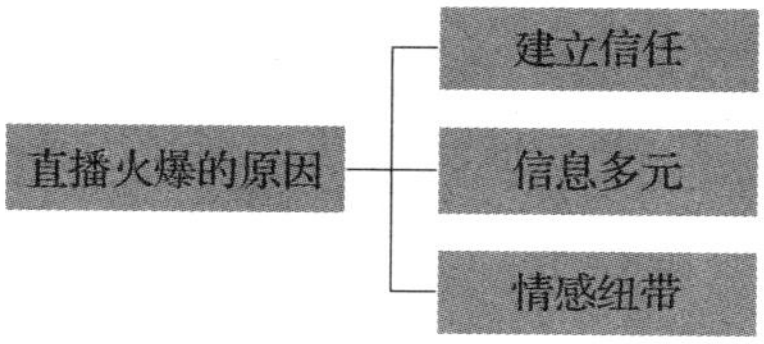

图 1-3　直播火爆的原因

1. 建立信任

信任是社会关系的基础，是人际关系的纽带，更是人们进行商品交换与交易的基本保障。直播开创的实时、实地、同步时空与场景的形式，将人与人之间的信任程度提升到新的高度。例如，以往翡翠作为高端珠宝一般都要经过现场看货、验货、比价参考的过程，如今直播间将以上复杂流程简单化，将真实交易过程公开化，将商品的价格信息透明化。

这样的带货模式使处于碎片化信息中的人们更容易缩短认知的差距，以直接的事实场景作为直接证据和观点支撑，让判断的成本缩小、下单时间缩短、交易成本下降。更重要的是，买家与卖家之间的信任关系得以快速建立，这为市场经济的良性发展、快速发展、交易次数的增加带来了原动力。

2. 信息多元

直播的便利性让直播随时随地都可以进行，这让直播在时间上、地点上、人物上、场景上的内容得到了前所未有的扩容与扩展，极大地丰富了信息的内容，使直播的内容更加多元，维度更加宽泛，角度更加延展。所以我们会发现，直播间的话题几乎包含了各个方面，政治、法律、经济、时事、娱乐、科学等均有涉及。

3. 情感纽带

直播给个人带来情感表达的机会，也有利于人与人之间情感纽带的建立。在直播间，主播与观众可以实时同屏对话，观众的任何一个问题主播都可以实时回应，人与人之间的关系可以在短时间内快速建立。同时，直播作为个人面向公众的窗口，也将个人最真实的一面还原。这样的本色还原也使处于社会群体中的个人多了一个发声与表现自我的机会。一些原本处于偏远地区、弱势群体或边缘群体的个人得到了发声的机会，从而让被社会公众忽略的角落拥有了通过直播的方式得以呈现的可能。例如，在很多偏远山区和乡镇进行的直播助农等项目均取得了不俗的业绩。助农的直播使原本滞销或销售业绩极差的山区果蔬、土特产、农家特色产品得以呈现在更多的关注目光下，从而带动当地的产品销售，助力当地经济产业的发展。

总之，直播经济在 2016 年电商经济转型的基础上一路高歌猛进，先是从三、四线城市开始，逐渐向二线和一线城市扩张，最终逐渐形成了全民直播的热潮。综观直播经济的发展历程，细究直播经济蓬勃发展的原因，无疑就是两个字：信任。人们之间需要信任，商家之间需要信任，消费者与卖家之间更需要信任。直播诞生的根源便是来源于此。直播是人与人之间互动关系的一种，信任基础的建立有赖于社会各界和买卖双方的共同维护与广泛参与。

发展与困局专栏 1-2

茶天下茶叶

茶天下茶叶是一个抖音号，一个拥有 170 多万粉丝、获赞将近千万的抖音号。它的注册者为福建泉州茶天下贸易有限公司。

茶天下茶叶抖音号的自我介绍是：“万丈红尘三杯酒，千秋大业一壶茶。主播是一位正直、乐观向上的茶老板。平时最大的爱好就是喝茶、交朋友。如果你也和我一样，认识一下吧！除了此抖音号，任何以我名义私信你们的，都不是本人，大家切勿上当受骗。直播时间：每晚 7 点。”

从以上简单的介绍中，观众立刻抓到几个关键词：爱喝茶、爱交朋友，直播时间很固定。这些信息构建了店主给人的第一印象：简单、直接、好相处、做事还挺靠谱。再看她的店铺，48 件好物，里面主要包含两类茶叶：乌龙茶铁观音和福鼎白茶，另外还有一些红茶。商品说不上多齐全，包装也没有多么“高大上”，价格最便宜的 19.9 元，最贵的 3576 元。看到这里，观众应该就会明白，她卖的不是高端茶，而是薄利多销的大众口粮茶。一句话：小本买卖。

就是这么一个看似普通的抖音主播，为何能做到拥有百万粉丝、千万点赞量的抖音“大 V”呢？

一、主播的人气高

无疑，作为直播间的绝对主角——主播，其直接关系到直播时刻的人气流量。作为茶天下茶叶的主播——一位长相甜美的妹子，诚如她的小视频所言：“说不上好看，也说不上丑，只是芸芸众生中的一个普通人。”“我不是网红，更不是有钱人，我只是一个来自农村的打拼人，在泉州做茶叶，可以冒昧地问一下你多大了，哪里人吗?”……就是这些看似最稀松平常的话语，让人感受到一个邻家女孩的日常点滴，说不出来有多出色、多出彩，但是自有一番小日子和小天地过得有滋有味的感觉。也许正是这样一份从容、淡定、纯真与自然，该主播从2018年4月进驻抖音开始，人气就逐渐攀升，直至破百万，这不能不说是个奇迹。她的抖音全部以小视频为主，发布的全部都是日常生活点滴，关于茶的专业知识和内容反而较少，更多的是分享日常生活、点滴感悟、打趣调侃自己的小视频等。一个视频大部分在15～30秒，女主播笑意盈盈，或唱歌，或幽默，或随拍茶山茶景，让茶作为生活道具的一种。

二、小视频内容和风格统一

无论对于文案、音频还是视频，内容为王的法则从未改变。茶天下的抖音小视频主题很明确：主播妹子的日常茶生活。主角固定，镜头语言固定——基本都是一人出镜展示到底，小视频内容和风格统一。你或许会觉得风格太过单一，但是单一风格坚持几个月、几年之后便使抖音账户具有高识别度。所以，当你打开茶天下茶叶的抖音账号的时候，可以看到全部的抖音小视频均以主播妹子个人做主封面。打开视频后，每一个小视频都有主播的亲切笑容，或唱歌，或演说，或搞笑。

三、总结

茶天下茶叶抖音账号的吸粉力看似简单，但窍门是综合性和全方位的。单一的视频制作内容和主播的亲切形象，迅速在抖音和直播形式火爆的2018年猛烈吸粉，这是时机的踩点准确、后天的持续努力和发力的结果。截至2022年的开春，茶天下茶叶已积累了400多条小视频，相当于每个月放送10条小视频，平均一周放送2～3条小视频。如果说她之前的成功有其幸运的成分，那么我们必须说今天的成功有其必然因素。

（资料来源：笔者根据多方资料整理而成）

第二节　数智驱动的茶时代

“数智与茶”在20年前还是令大家迷惑的组合形式，在21世纪却是一个大众熟知的卖茶模式。锤子科技CEO罗永浩直播火了一票的数码科技产品，那么茶叶呢？茶叶界是否也出现了一个“茶叶一哥”直播茶叶、带货茶叶呢？在21世纪，人人均有成功登顶、成为“茶叶一哥”的机会。与此同时，茶行业的竞争激烈和直播的难度在扩大。一是由于赛道的拥堵和狭窄——越来越多的人认识到直播所能带来的巨大经济价值，因此蜂拥而至直播领域，也想分得直播红利的一杯羹；二是因为大部分人将直播想象得过于轻松和简单，以为仅仅凭借一个手机和一个直播间便能轻轻松松卖出商品，于是在没有充分准备的前提下就杀入了直播战场，最终却不得不铩羽而归。其实，直播并没有大众想象中的那么简单。直播也是一个技术活儿，是一个专业活儿。想要在直播风口上站立起来并持久盈利，没有前期充分的准备、调研和团队的协调配合，是不可能轻轻松松就获得巨大成功的。针对以上现状，下面我们将重点介绍数智驱动的茶时代三种新趋势，如图 1-4 所示。

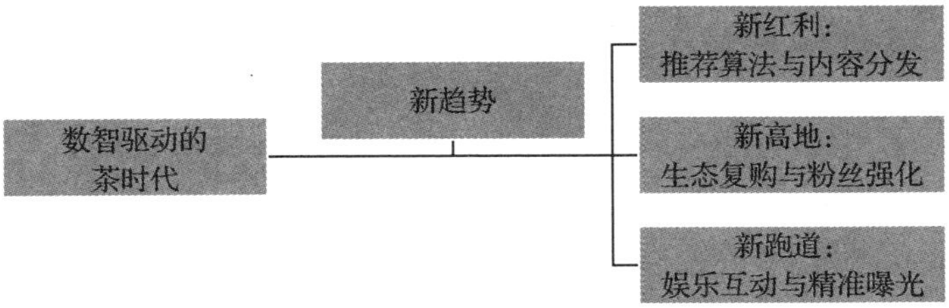

图 1-4　数智驱动的茶时代三种新趋势

一、新红利：推荐算法与内容分发

在大数据时代，人们对数据及信息的处理是再熟悉不过的。企业通过对巨量资料的收集和整理，统计、分析并从中得出对未来趋势的某种观点、看法、判断、预测、择取、管理、经营与决策，以便企业做出更为理性和积极的应对，这是大数据时代的初衷。不难看出，数据时代的特点之一就是针对数据的计算和处理跟以往相比会有很大的不同。数据量之大超过以往任何一个时代，巨大的信息量当然需要依靠专业的技术和工具加以解决。我们把用于计算海量信息的方法和技术称之为算法。算法分为三种：数据统计、数据挖掘和人工智能。针对不同的工作内容和工作目的，管理者将采用不同的算法。

除了算法的方式根据目的、内容、目标不同而有所不同以外，算法与算法之间也有优劣的不同、方法的不同和指向性的不同。就拿抖音和今日头条来说，它们各自的用户群不同、主打强项不同、旨在打造的平台目的不同，采用的算法也各有差别。抖音用的算法主要从基于用户信息的基本协同、“去中心化”的精准推送、“流量池”的叠加推荐这三个方面进行。而今日头条采用的则是基于超级链接的网络爬虫技术，根据平台用户各自的特点、特征和倾向爱好进行个性化的“私人订制”型的推送。通过这两者的比较我们可以看出，互联网的红利之一就是可以根据数据信息量身定制算法和内容。这样做的好处首先是消费者受惠。如今是个性化的时代，每个人都有自己的主张和意见，每个人既渴望融入社会又希望与大众有所区别、有所不同。这样的差异性反映到互联网的数据库和数据统计上，就必然要求为每个人“量身定制”算法和内容。“萝卜青菜，各有所爱。”他可能喜欢足球世界杯、潜水和摄影，她则喜欢时尚、时事和肯德基。为了展示个性，于是互联网世界就有了个性化算法和个性化内容的存在。这是互联网时代最吸引人的所在。

基于以上特征，算法的主要指标有以下三点，如图 1-5 所示。

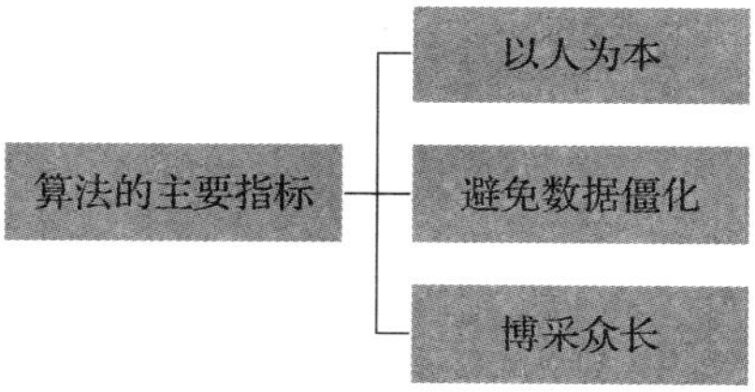

图 1-5　算法的主要指标

首先，以人为本。人是构成社会的基本单位和单元，人是复杂的，是多元的，更是多变的。以人为本指的就是企业不仅需要以消费者的身份特征为着眼点，研究消费者的心理和行为，更要在时间上和空间上区分消费者，区分不同的地域带来的不同消费观，区分不同的时间段带来的不同消费理念。只有从三维、立体、多维、多角度切入和分析消费者，企业才能真正做到以人为本。

其次，避免数据僵化。数据是冰冷的，是死的，数据僵化是数据的基本属性之一，它是体现事实的一种工具，但不会告诉人们数据的背后意味着什么。此时此刻，人作为造就数据、提供算法的主观存在，拥有赋予数据话语权的权力。要想良性运用这种权力，就应当避免陷入“唯数字论”和“唯算法论”的冰冷世界，让数据和算法为有温度的个体说话和发声，是每一个数据者和算法者在进行计算的时候应该考虑的最核心的问题之一。同时，我们还应该看到数据和算法也在不断地发展和变化中，这种变化是社会的变化、环境的变化、人的变化等一系列复杂变量叠加的结果。因此，我们不能轻言数据代表一切，更不能说算法决定一切。

最后，博采众长。算法和内容推送是互联网时代送给每个人的大礼包，其中的好处不言自明。精准化、定位化、个人化等服务均能让每个消费者得到最为贴心的服务。企业需要在市场变化的过程中不断调整姿态，关注消费者心理与行为的变化，以适应时代的更新、更替与变化。

发展与困局专栏 1-3

徽六茶业

徽六是著名的安徽茶业品牌。它隶属于安徽省六安瓜片茶业股份有限公司，是省级农业产业化龙头企业。徽六获得的荣誉数不胜数，目前已拥有万亩茶山，是集生产、加工、销售、科研为一体的大型综合性企业。在数智时代到来之际，徽六作为安徽的龙头企业引领六安茶叶向新能源、新工艺、新技术、新渠道的方向推动和发展。

一、徽六格局

在国内，徽六集产、学、研、生态一体化，如图 1-6 所示。在生产方面，徽六拥有两万亩有机茶园，建立三座生产基地，用于种植茶叶和育苗；六安瓜片的生产厂房是机械化、一条龙式的流水线生产，集茶叶杀青、揉捻、理条、烘干、成型于一体。全厂标准化、流水线作业极大地提高了生产产能和生产效率。在学术和研究方面，徽六拥有一万平方米的科技研发加工中心，徽六与中国农业科学院茶叶研究所等科研机构合作。在生态方面，徽六打造的六安瓜片茶文化生态园面积近千亩，集茶叶贸易、生态农业观光、休闲度假于一体；徽六打造的徽六茶博馆和体验馆免费向公众开放，积极推动和推广六安瓜片的茶渊源、茶历史和茶文化。

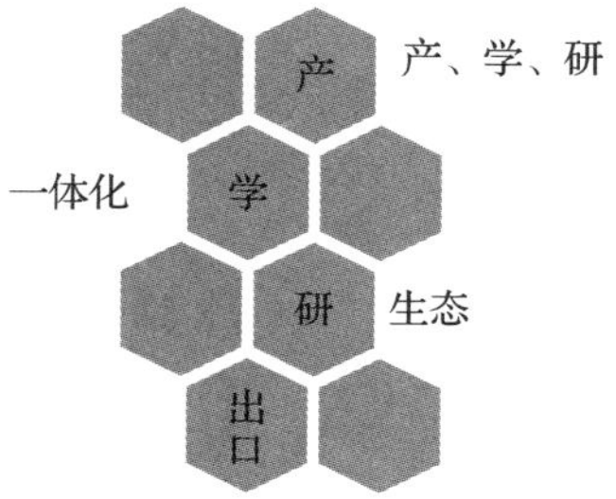

图 1-6　徽六格局版图

徽六已有加盟商家400多家，分别分布在华东、东北、华北、华南、西南五大片区。为了更好地服务各大加盟商，徽六在北京和上海分别开设分公司，力求更好地为南北双方的各大商家服务。

同时，徽六积极拓展国际市场，六安瓜片已陆续出口俄罗斯等国，并曾作为国礼茶赠予外国友人。

二、电商——试水新尝试

2013年，徽六开始布局电商平台。

一开始，徽六为吸引85后的年轻消费群体，另辟炉灶创办徽六的副牌——叶叶珍，并根据年轻化的产品定位开发出茶叶产品系列70多种，但效果不理想。徽六及时调整思路和策略，再次启动已有很大知名度的徽六，开设了徽六官方旗舰店。旗舰店开业之际，正逢天猫在做“春茶节”的活动，徽六首次开张就取得了50多万元的营业额，这不由地给了徽六更多将电商之路进行下去的信心。随后，徽六根据淘宝数据的总结和反馈，逐渐琢磨出消费者的心理——依旧留恋和热爱老字号，依旧喜欢传承的、有温度的一杯茶。通过仔细研究数据报告，认真分析消费者心理和行为，徽六官方旗舰店将自己定位为原汁原味的传统茶叶品牌。如今的徽六已打通线上与线下，双方的价格体系均已建立，实体店的价格也与网络商城的价格实现同步在线。双方各自的侧重点不同，针对的市场领域不同，针对的消费习惯和消费模式不同，彼此都很好地弥补了对方的空缺，从而让徽六的产品系列更加多元和全面，深受不同年龄层用户的喜爱。

三、总结

徽六茶叶作为一个老字号企业，从原有的深厚传统出发，积极学习新的运营思路和理念。在不舍弃传统，坚持品质优先、有机优先理念大胆尝试和创新，积极投身于新业态的销售之路，获得不俗的市场表现。徽六的经验值得以传统模式著称的茶企效仿，让传统企业有勇气积极投身于新型的业态和数字化的时代中。

（资料来源：笔者根据多方资料整理而成）

二、新高地：生态复购与粉丝强化

复购，是指消费者重复购买某件商品的消费行为，它表达了消费者对该产品的一种主观性的倾向与态度。消费者对该产品或品牌的消费意愿越强烈，重复购买的消费行为出现的可能性就越大。每一位商家都在尽心尽力地维护好老顾客，导引好新顾客，吸引未知的顾客，都是希望能够打造长期的、重复的、长久的回头客圈层。复购行为产生于稳定、购买力强、品牌忠诚度高、易于裂变出新的消费群体和圈层。影响复购行为的因素主要有以下四点，如图 1-7 所示。

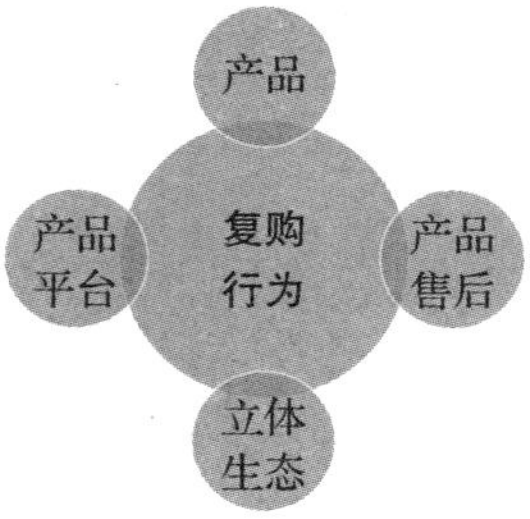

图 1-7　影响复购行为的四大因素

第一，产品。购买行为买的是什么呢？买的是产品的使用价值和价值，买的是产品的核心和外延。现如今，购买产品买的还是产品的具象和想象，当下和未来，现实与虚拟。就拿现代茶饮品来说，茶叶作为柴、米、油、盐、酱、醋、茶中的一种，是中国人的生活必需品之一。正因为如此，我们会熟知某一类茶，如我们都知道著名的武夷山岩茶大红袍，却很少知道最出名的岩茶品牌是哪几个。如此尴尬的情况导致了消费者在消费茶叶的时候具有很强的随机性和任意性。所以，在大家对所有茶类都产生普遍共识的基础上，突出自己的品牌特色反而比产品特色本身来得更为重要，这一点是茶叶类商品与其他类别商品的一大区别。

第二，产品平台。产品所在的平台也会影响消费者的初次体验，进而影响其是否进行重复购买的决策和行为。如今，互联网及互联网的平台已深入每个人的生活。平台与平台之间的各自分类、服务水平、软硬件水平都给顾客的消费意愿造成了不小的影响，平台的总体质量对顾客的购买意愿产生了直接和正向的影响，对顾客的满意程度和重复购买的意愿也产生了显著正向影响。

第三，产品售后。产品的售后服务，包括物流服务、退换货服务、意见建议和投诉处理等，这些也会对复购的行为产生深远影响。产品的售后服务通常包含物流服务、消费者信息反馈收集与整理、消费者意见建议和投诉建议三方面。

现如今，在数智化的背景之下，市场在构建和引导消费者的复购行为向生态化方向发展。所谓的生态化指的是将消费者购买行为、复购行为和多次复购的行为打造成一个循环反复的生态系统。在线上生态系统中，促使消费者产生单次复购行为的主要因素是产品承诺与实际效果的吻合程度、身边人的使用和推荐、产品在平台的被推荐板块是否居中（即导购信息是否充分）等。数智化时代提供的便利之一就是线上的任何消费者行为均有记录，并易于统计、计算和总结，这些最终以数字的结果得以呈现。企业产品的团队和经营者们可根据线上的统计数据提炼出有效、有用的信息，再为产品内容的迭代、消费者复购行为的引导、销售策略的改善做出及时的战略性的决策。

在线下生态系统中，促使消费者产生多次复购意愿和行为的主要因素则是产品内容、产品实际体验和产品售后服务三大块。产品连接线上和线下的方式以手机客户端为主，搭配地域性的实际体验店或体验场所，使产品和企业共同进步。

第四，立体生态。只有线上线下双联动，立体生态方能建立。虽说互联网生活已深入千家万户，但穿衣、吃饭、工作、睡觉，这些具体的生活却只能够在具体的实际时空中进行。因此，如何将虚拟和现实二者有机结合，产品和企业又该如何在这种有机结合中适者生存，最终的答案就是自己先进行有机结合，生态复购的理念即源于此。生态复购指的便是线上与线下二者携手，共同搭建一整套商品的供应流程。

构建生态复购的过程是加强粉丝黏性的过程。从另一方面看，粉丝的黏性也在一部分程度上反映了消费者对品牌的忠诚度，更间接反映了品牌或商家产品的成熟度。另外，我们需要注意的是，用户的活跃程度指的是用户在手机 App 或小程序等互联网平台环境下的持续使用情况，但活跃程度并不能说明消费者一定会产生重复购买或多次购买的行为，它只能在一定程度上反映出该产品或品牌在该时期的火爆程度。

总而言之，一个产品或品牌若想获得回头客和用户点赞，一方面是将其目标设立在产品的内容、差异化定位和高辨识度包装展示上，另一方面则是钻研产品运营技巧，包括线下、线上、双向联动三个方向，深入研究用户感知、认知与行为之间的相关关系，根据这些关系和行为，以用户实际体验为核心进行产品和公司的运营，从而实现企业的长久发展。

三、新跑道：娱乐互动与精准曝光

泛娱乐化，原本是指互联网时代的重要特征之一，是文体娱乐产业发展的趋势和方向，现如今已然成为数智时代的显性特征之一，无论是文体娱乐还是教育金融，无论是政治大选还是品牌营销，都可以娱乐、调侃或嬉笑怒骂。当今世界上所发生的任何事情都可用娱乐形式进行表达，这已是互联网时代的典型特征，也是与其他时代有所区别的特质。现在直播的赛程过半，抖音的热度渐满，互联网的平台上拥挤的人群过于密集，新的跑道、出路、玩法是一众营销能手每天绞尽脑汁所思考的新问题。

首先，社会需求的转变和娱乐消费的趋势。曾有经济学者将社会需求的形态分为生理需求、社会需求、象征需求、享乐需求和认知需求五大类。当代社会，大众消费日趋多样化、多元化和个性化。差异性、标志性逐渐成为消费者，尤其是年轻消费群体的追逐目标。如果说以前的社会是趋同的社会，那么当今社会就是一个求异的社会。很多人都不想重蹈前人走过的路，创造性、独特性、敢于想象、敢于挑战的精神逐渐成为社会的主流。在这样的环境中，社会需求也从原本的大众性、趋同性需求转为娱乐性、创造性和异质性需求。消费者与商品的关系也不仅是满足需求的买卖关系，而是商品可以依人而“活”，不同的人会赋予同一件商品不同的解读，不同的玩法会让原本普通的商品变得与众不同。

其次，“互动”与品牌叠加丰富了商品意义。人们生活在一个每天彼此均会互动的社会中。在彼此互动的基础上，人与人之间的关系开始变得复杂、有趣和有意义。在数智时代，人们最烦恼的可能就是如何在众多的信息中筛选出最有利的信息。一种取巧的途径就是每种都进行尝试。所以我们可以看到岩茶品牌的商家针对众多消费者追求武夷山岩茶的产地所在的情况，有针对性地推出了“全肉宴”，即将武夷山各个出名产地的肉桂（一种岩茶品种）一网打尽，每一种产地的茶叶提供一款，一盒中就可能会有牛栏坑肉桂、慧苑肉桂、流香涧肉桂等十余种之多。消费者可以一次性就把各个产地的肉桂尝个遍，再从中挑选自己最满意的那一款茶，以便在复购阶段进行针对性的购买。这种把选择项增多，将更多的选择权赋予消费者的营销策略即利用互动的原理和效果，使商品的意义向纵深层面扩展，既让消费者品尝到不同茶叶的口感，又让消费者体验做题、答题、解题的互动过程。此举增强了商品存在的意义，也让消费者更产生自主性和自由性的感觉，可谓一举多得。

再次，从品牌角度解读何谓娱乐互动。娱乐互动主要可以分为娱乐、消费者、品牌方和角色。娱乐是娱乐互动的核心，包括娱乐方式、娱乐语言和娱乐符号。参与并接纳娱乐互动的人认为娱乐是每个人都应该具备的乐活精神。调侃、打趣、轻松面对现实的生活不仅是一种人生态度，更是一种能力的体现。娱乐已然成为品牌和消费者之间沟通的桥梁。随着娱乐互动的深入开展，随之而来的是用户下潜和精准曝光，即用户黏性。用户黏性意味着品牌黏性，品牌黏性意味着能够清晰刻画出消费群体的自画像，这对企业品牌未来的市场分析、目标市场划分、消费人群的行为特征都有极大的帮助。

总之，在一个不断以自我为出发点，以自我感知、认知为中心，以自我存在为目的的数智化时代，消费者的主观意识被提高到前所未有的高度。人的自我不是天生就有的，它需要在互动的过程中不断被发现、被看到、被建立和被构成。消费行为作为社会行为的一种，对人的自我概念的形成具有一定的社会影响力，也为后续能够被精准曝光做好了铺垫和准备。

发展与困局专栏 1-4

直播茶王赛，见证茶王的诞生

2021 年 10 月 24 日，第六届“武夷正岩杯”岩茶茶王赛举行了闭幕式暨颁奖典礼。截至此时，正岩杯茶王赛已成功举办了六届。回忆起初办时刻的场景，作为茶王赛主要负责人的我感慨万分。

一、茶王赛初具雏形

斗茶是武夷山自古以来的传统。斗茶又名斗茗、茗战，始于唐朝，兴盛于宋，辗转元、明、清，如今依旧在华夏大地上经久不衰。它独特的魅力始于一个“斗”字，翻译成现代语言，就是一较高下。这种带有极强胜负色彩的游戏一开始是王公贵族、有钱有闲阶层的娱乐游戏，宋徽宗的《大观茶论》就曾记载斗茶的盛况。慢慢地，斗茶发展到民间，成为一些文人雅士、高士点缀生活的一项乐事。如今的斗茶则是一项全民、全体茶人均乐于参与的游戏活动。您可以邀约三五好友，约定所斗茶叶品种或茶叶类别，居家便可举行一个迷你版的斗茶赛。或者，您可以在斗茶赛的季节来武夷山，一年一度的斗茶赛在武夷山可谓由来已久。每逢斗茶赛开赛之际，全国各地慕名而来的茶客、茶商、茶人或者岩茶爱好者们济济一堂，一睹斗茶盛会的全貌。

武夷山正岩杯茶王赛是以武夷山茶叶青年联合会（以下简称茶青联）和武夷山当地街道共同发起举办的一项盛事。它伴随着武夷山茶青联的诞生应运而生。举办茶王赛的初衷是武夷山当地茶民、茶人进行技艺的切磋。就像古代的比武一样，有文试，有武试，放在茶圈，那就是以茶会友，以茶比试，一较高下。因此，茶王赛举办之初，参与比赛的均是茶青联的会员。武夷山茶青联成立之初只有几十名会员，随着武夷山青年制茶从业者队伍的壮大，茶青联的队伍也在不断成长。直至2022年，茶青联已发展成一个拥有会员单位264家，平均年龄28.7岁的青年茶人交流切磋的平台。由茶青联号召举办的茶王赛自然带有青年人特有的色彩：爱玩、娱乐和互动参与。

二、数智时代的茶王赛

数智时代的茶王赛与以往的斗茶赛相比独具特色。

第一，直播茶王赛。随着直播模式的深入人心，直播与各种形式的动态合作已有不少先行成功案例，如直播游戏、直播采购、直播助农、直播电视节目。茶王赛也引入直播机制，茶王赛的全过程通过直播镜头播放，赛场外的所有人可同步观看。

第二，互动茶王赛。茶王赛除了按照比赛流程，收取各个参赛选手的茶样，根据岩茶类别水仙、肉桂、大红袍进行评审以外，赛场外的观众与茶友们也可按席次进行泡茶娱乐，同步PK。场内专家审评，专业队比拼。场外民间高手也是摩拳擦掌，一较高下。这将赛事的气氛推到最高潮。场内场外的热烈状况通过直播传递到千家万户，不能及时收看的茶友们还可以在任何时刻观看直播回放。

三、总结

茶王的称呼来自荣誉、汗水和努力。自古以来，茶王赛均是专业茶人参加、专业评委进行审评的专业级别的赛事，但在数智时代，茶王赛已可在线上、线下同步进行，场内、场外与民同欢。茶王赛的PK依旧热烈、严谨和紧张。同时，随着泛娱乐化的到来，娱乐茶王、调侃茶王、开心茶王悄然被更年轻的一辈引为潮流。武夷岩茶的精髓俨然就是在这样年轻化、休闲化、娱乐化的茶王赛中薪火相传、接力传递下去。

（资料来源：笔者根据多方资料整理而成）

精准曝光指的是在拥有海量信息的互联网世界中，产品快速进入消费者的眼帘，精准打入目标客户群。互联网世界经历了流量为王的时代，如今是私域为王、精准曝光为王的时代。在信息碎片化过度充斥人们生活的时候，将消费者的注意力锁定在所需产品的页面，将产品的广告、促销和消费信息精准输送到目标客户群的手中，这就是精准曝光。

娱乐互动是目前消费领域盛行的风气与潮流，泛娱乐化、泛调侃化、泛草根化是如今很多人开启一天生活的正确打开方式。这里有一个“互动→沟通→赋予意义→再交流、再互动→达成共识”的过程。在这个过程中，随着消费者与品牌之间互动行为的增多，消费者对商品符号、品牌 IP、商品包装、商品价格等商品的主要构成要素将会越来越熟悉，印象会越来越深刻。这种深刻印象最终会形成大脑的某种认知，某种对商品和品牌的固有认知。认知一旦形成便具有稳定性和不易改变的特点，消费者的自画像由此更加丰满、具体和容易识别。在此基础上进行的曝光也将越来越精准，最终达到精准曝光的目的。

第三节　面向未来的独特魅力

茶行业是我国历史最悠久的行业之一。如今，新时代的茶已有翻天覆地的变化，外有立顿、星巴克、T2 等品牌的市场占有，内有喜茶、奈雪的茶等新式茶饮的创新和立足。茶作为生活、娱乐、闲谈笑饮角色的比重逐渐加大，这是茶畅行天下的新式魅力所在。

一、整合营销

整合营销的必要性来自目前营销方式的特点：渠道的多元化、消费者行为的多样性。随着互联网技术和手机技术的不断发展，渠道日趋多元，人们比过去拥有了更多获取信息的渠道，信息屏障被互联网打破，大众学会使用搜索引擎、推荐查找等方式主动寻找信息、筛选信息和选择信息。消费者的行为因为新媒体和互联网生活的出现而变得更加隐蔽、更加从容、更加敢于展现内在的自我。由此，现代性的个体行为已与大众行为截然不同且更加丰富和多样，这也让消费者的行为呈现出多样性的特点。基于以上特征，整合新时代的传播渠道，解析消费者的行为和行为特征实属必要，如图 1-8 所示。

1. 渠道整合，开展跨屏营销和场景营销

当今时代的最大特征是渠道不再是平面化的，而是立体化的；不再是实体化的，而是虚拟化的。以上发生的原因就在于“互联网 +”生活方式对原有的生活方式产生了变革性的影响。“身仍在，心已远”的状态随处可见，正在每个人身上演变。现在我们所说的渠道整合，指的就是虚拟与现实，以及平面和立体的整合。跨屏营销指的是手机与手机之间、云端与云端之间的无障碍沟通。如今，直播的方式已经跟云端大部分 App 实现了无缝对接。抖音、快手、淘宝均有直播。跨屏营销是云端，直播方式则直指现实场景。二者互动的结果，让消费者得到的信息更加丰富、立体，更加具有代入感和沉浸感，让受众可以在虚拟的世界中体验到最大限度的真实性。此举打破了虚拟和现实的栅栏，为消费者提供

了全新的感知和视野。

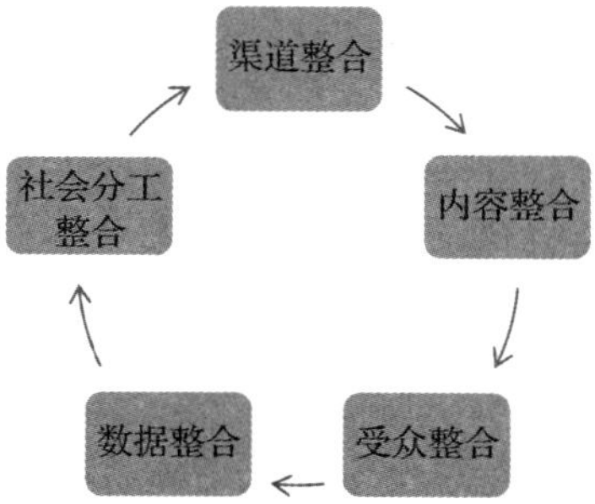

图 1-8　整合渠道的五大板块

2. 内容整合，开展内容营销

如今的快节奏社会虽然使分工效率得到提高，但也带来了弊端——知识的碎片化。一时之间，生活似乎都被铺天盖地的各种信息内容所充斥。碎片化的特征要求人们摆脱以前“酒香不怕巷子深”的惯性思维，要学会展示、显现自身的优势，将优秀的内容通过现代快节奏的展示方式加以表达。这里的重点有两个：一为内容优秀，二为方式现代。一是从创作者角度出发，要求商品、品牌、平台、媒体在制作所要发布的内容时，原创为先，精良为上。二是从受众的角度出发，简单、直接、明了、有趣味、有一定的启发性，这些都是现代人对精良内容的期待。

发展与困局专栏 1-5

老舍茶馆的整合之路

一、老舍茶馆简介

20 世纪 80 年代，北京城的第一家茶馆——老舍茶馆落成，距今已有 30 多年了，是当之无愧的老字号、老店、老物件。最初它的名字来自响当当的著名作家老舍，以及他的代表作《茶馆》。“名人＋名作”，这样的效应放在现在那就是妥妥的“顶流＋热点”，引爆潮流自然是不在话下。老舍茶馆以“振兴古国茶文化，扶植民族艺术花”为宗旨，在茶馆内安设了诸多曲艺杂谈等民间国粹项目。一时之间，北京城内大街小巷人头攒动，大家都争先恐后地去老舍茶馆泡上一壶茶，磕上一碟瓜子，听上一段京派大鼓，再聊点八卦，这就是典型的北京人的日常片段。

二、老舍茶馆的内容整合

时代跨入了21世纪，老字号们在新旧思维、新旧技术、新旧模式的矛盾中应该如何生存呢？有些老字号模式传统、思维守旧，没有赶上互联网红利而经营惨淡。老舍茶馆却逆流而上，走出了一条新旧结合的茶馆业态新模式，如图1-9所示。

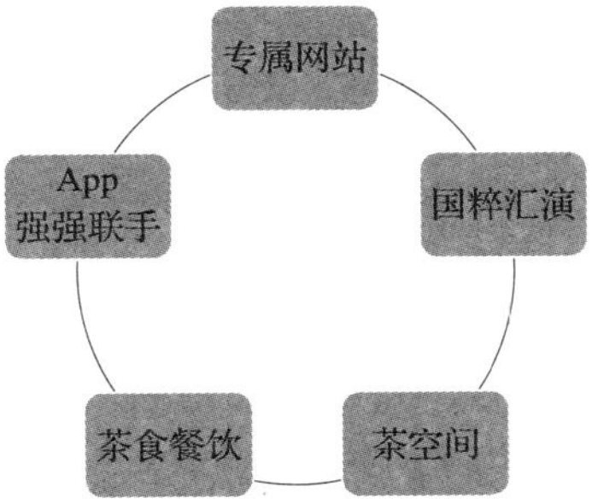

图1-9　老舍茶馆五种业态

1. 专属网站

老舍茶馆紧跟互联网的步伐，开设了自己的专属网站。网页的设计以中国红为首页封面，以“茶之为饮，发乎神农氏”作为开篇点睛之笔。网站分设七大主题，包括走进老舍、茶馆新闻、在线订票、经营特色、茶馆分店、联系我们等。老舍茶馆的网页设计处处体现出浓厚的中国文化和传统国粹精华。在经营特色一栏中，网页分为四小块内容，如

图 1-10 所示：特色演出、特色空间、特色茶、特色饮食。在演出大厅，我们可以看到老舍茶馆常年的表演项目有综艺演出、相声会演、评书专场、京味相声、京味鼓曲等，可谓丰富多彩，满足了各类人士的不同需求。

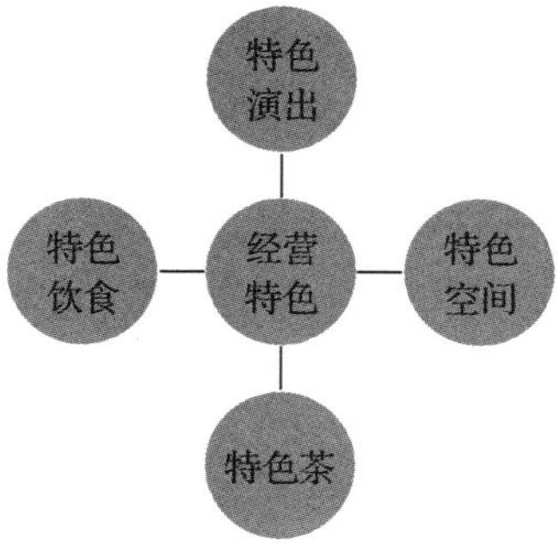

图 1-10　老舍茶馆经营特色

2. App 强强联手

老舍茶馆不仅经营自己的专属网页，还联手各大旅游类、吃喝玩乐类的互联网平台和 App，如携程网、美团网等，推出各项特惠、团购和优惠套票。老舍茶馆定位清晰，是一家综合性的大型茶馆，旨在展示中国特色文化、北京城的生活日常，以饮食、茶饮、曲艺杂谈的形式输出，取得了很好的效果。一般来说，外地到京的游客是老舍茶馆的主要光顾者。一进门的一句“来了您呐”便将踏入茶馆的每位茶客都拖进了北京人的日常生活片段里。

三、总结

老舍茶馆无疑是成功的，它在努力跟上时代的步伐，做出的诸多改变和努力也都清晰可见。未来，希望老舍茶馆能够引入“云思路”，开辟新战场，升级装置，焕发出勃勃生机。

（资料来源：笔者根据多方资料整理而成）

3. 受众整合，开展社区营销

微博为个人打开了连接世界的窗口，微信为人们创造了朋友圈层，小红书则为用户创造了兴趣社区。在互联网时代，人群的分类界限日渐明晰，个人可以寻找到明晰的目标和方向。你可以同时加入围棋、网球、古典音乐和海外购物的圈层，也可以同时关注数码、科技和娱乐八卦。受众的丰富度开启了分类的细化程度，这也成为社区营销模式的基石。在这方面做得很好的案例就是小红书。小红书的社区分类、社区管理、社群营销都做得有口皆碑，小红书也因此迅速在社交平台上获得了口碑。它的千万条真实的消费者的实际体验，汇聚成一个宝贵的资料库，这让所有人都能直接聆听到消费者最真实的声音，让小红书也成为连接消费者和优质品牌之间的桥梁。通过小红书，商家可以调整营销策略和步伐，根据消费者的真实反馈而进行改进。消费者可以通过分享自己的消费体验迅速找到自己的归属——社区和社群，在这里可以跟志同道合的消费者共享消费信息，获取消费帮助，了解到最前沿的、最感兴趣的商家动态。

4. 数据整合，精准营销

在数智时代，数据和信息是占领时代最高点的关键所在。要想对数据进行有效、高效的整理，就必须建立全新的数据库，根据市场需求采取算法的数据库。当海量数据资料汇聚到无法用常规工具进行处理的时候，就被称为大数据。大数据的存在是因为互联网技术的飞速发展，能将海量的信息进行快速地处理，在短暂的时间内就能将数据进行抓取、管理、分析、归纳和整理，从而为企业进行快速精准的营销和精准决策提供可能。这样的整合数据有五个特点：大量、快速、多元、高价值、真实。有了大数据就有了云计算，云计算是大数据的处理技术，云计算为数据的整合、挖掘提供了先进工具。

大数据、云计算、数据整合，这三者让企业管理者能够在海量的数据背后看到其隐藏的信息，分析信息，提炼其对企业和品牌产生的影响和要素。比如，管理者可以从大量客户中迅速识别出有效客户和金牌客户，从利润最大化的角度模拟商品定价和清库存的行动，或者可以计算出拥堵时段最佳通行的路线等。这为企业提高工作效率、做出精准判断赢得了先机。

5. 社会分工整合

商业社会的一大特征就是存在集体分工。社会发展到现阶段，人类的分工体制越来越细，越来越专业化和技术化。分工的细致化让工作效率得以迅猛提高，也让人们可以因材施工、因材做工。现在的企业更多地开始将核心业务以外的工作外包给外部的更加专业化和技能化的团队，如企业可以聘请专业的营销团队负责其产品的销售和市场扩张，而自己可以专注于产品本身。或者可以反其道而行，对接优质的产品，自身提供优质的市场销售经验。在这方面最出名的例子就是小罐茶的诞生。小罐茶创始人杜国楹是个创业者，也是个淘金者，但他不是一位制茶者。小罐茶对接了八位制茶大师，杜国楹负责小罐茶整体品牌的策划、宣传、营销和推广。一句话，茶由大师做，但由杜国楹卖。这样的分工合作开创了茶企营销模式的先河，也成为小罐茶为人津津乐道之处。

总之，整合营销整合的是资源，是渠道，是技术，是分工，是人与人的对接，更是人与网络、物与万物的共生共联。

二、引爆 IP

IP，早已有之。但是互联网的 IP 是近几年才开始时兴的一种商品价值符号。它代表着比品牌更抽象、更虚拟、更具有创意性的价值，同时也意味着它具有在互联网领域传播和流通的便利性，具有与实体对接的灵活性及化身为具体模式和形式的更多可能性。

要使用IP、运用IP、引爆IP，就必须用IP的语言和IP的机理进行叙事。IP这些年之所以这么火爆，就在于它的一个核心特征为“跨”——跨界、跨平台、跨媒介、跨模式。只有你想不到，没有IP跨不到的场域。IP因其本身的抽象性，能让它可以兼容、浸入任何一种具体形式。如这些年很流行的改编叙事，从新版哪吒到新版齐天大圣，从宋代的《千里江山图》到2021年的春晚舞蹈《只此青绿》，改编让同一个IP内容在不同的场域引爆全新的碰撞的火花，造就了热门、热映等火爆场面。《只此青绿》自从在春晚爆红之后，后续的改编版本络绎不绝，有民间版本的改编舞蹈，有网文版本的《别人的18岁，活了900年！》等。可见，一个优秀IP叙事具有以下四点特征，如图1-11所示。

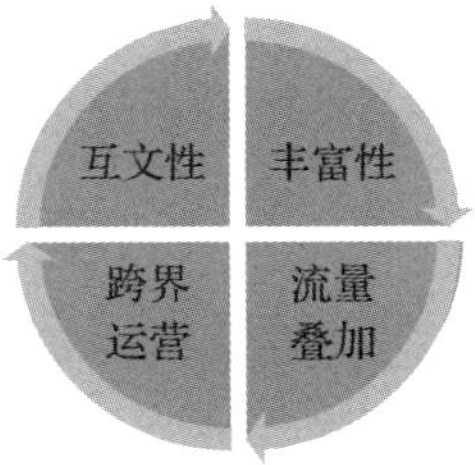

图1-11 优秀IP叙事的特征

1. 互文性

互文，原本是指写作的一种手法，意指上下文或上下句之间意思的前后交错、互相渗透、互相补充的过程。把它放在IP叙事这里，指的是同一个IP在不同领域、媒介、平台互相渗透的过程，是对同一内容不同角度的阐述，从而引起不同场域的粉丝共鸣，形成更多的粉丝群或社群，获得更多的价值认同。

2. 丰富性

金庸的武侠小说吸引了一代又一代人，依据小说翻拍的电视剧、电影几乎每隔几年就会出现更年轻、更现代的版本。究其原因，就是小说本身的精彩绝伦，以至于每一种改编都有很大的书写空间，给人以巨大的想象空间、创造空间，这使 IP 的再造性增强，受众群体从青年到中年再到老年都能受惠和波及。等一代读者群老去的时候，新的一批读者需要新的演绎、年轻演员和现代话语解读同一个故事，这种丰富性引起了读者强烈的共鸣，引发了共同的情绪，更引爆了诸多的话题和热度。在这个基础上，创造和构建新的故事文本和内容，让其内容在不同的时代和领域甚至不同的知识媒介和平台上重新被书写，这不仅是创作者的初衷，更是喜爱并热爱故事本身的受众者的集体期待。于是，故事得到了衍生，受众得到了延伸，群体受到了感染，新的渠道被打开，IP 得以被引爆。

3. 跨界运营

IP 的核心优势“跨”字能将诸多的渠道和场域联结和贯通，但随之而来的新问题就是跨界运营。如果说跨界叙事是纸上谈兵，那么跨界运营就是真刀实枪的商场实战。我们可以看到诸多成功的跨界例子，如红茶跨界化妆品领域成为某品牌的红茶紧致抗皱面霜，绿茶跨界食品品牌成为康师傅绿茶。但是我们同样也可以看到很多失败的案例，从原本火爆的 IP 内容衍生、改编后的电视剧或者电影遭遇滑铁卢的惨状也比比皆是。因此，IP 的跨界运营是在产业层面的真刀真枪，企业在进行跨界之前就应该想好万全之策。首先，文本的对接、故事与故事的对接需要融会贯通。其次，产业链的对接。说完了故事，就要考虑故事落地的问题。

不同的产业，其业态从运行到生产、发售都不同，如何落地是一个考验IP运营者具体操作能力的关键点。如果产业链的相似度较高，故事的转移较为容易。但如果产业链的相似度很小，甚至完全不同，这样的跨界运营除了需要精通彼此业态以外，还可以寻求商业联合和商业伙伴的入场加盟。

4. 流量叠加

IP的跨界，说到底是希望叠加流量，将粉丝基数扩大，将蛋糕做大。一个好故事能够引发不止一个圈层的共鸣是IP运营者最期待的事，如果效果不理想，退而求其次的选择是再造新粉、再度引流。但IP运营者的首要选择依旧是希望在流量之间、粉丝群体之间、跨界的群体之间能够实现某种联系，以便真正贯通IP的版图。

除了以上IP的跨界运营策略，IP运营者还可以考虑对圈层用户进行垂直化管理和生产，即根据IP的受众进行市场的垂直细分，再根据垂直细分后的市场进行专业的区别对待，以确保IP跨界后的体验一步到位。

三、流量迸发

互联网营销与传统营销相比，最大优势在于互联网的流量具有可算性、可控性两大特征，如图1-12所示。

图1-12 互联网营销的两大特征

众所周知，互联网的本质就是流量。有了流量，就有了流量池，从而也有了变现的可能性。互联网作为人为创设的一种计算机网络世界，它的终端、客户端、服务端等通过技术手段联系与联结，人们上网的入口和出口均可以在互联网世界中有迹可循、有迹可查，这样一来，将会非常方便数据的统计和计算，从而为更进一步的控制和管理打下基础。这是虚拟经济与实体经济最大的区别。流量的特点也来源于此。互联网的流动人口看似具有很强的随意性、开放性和更广泛的地域性，但是因为其登录路径和离线路径均可通过技术进行设置和引流，从而可以更加方便地进行跟踪、调查、提取数据。互联网流量时代的优势俱在于此。

但目前流量社会面临的问题是渠道拥挤、赛道狭窄，以及出现私域流量瓶颈、通用模式过多、大众审美疲劳等。短时间、快速积累流量和人气的人口红利期正在消失，行业正往精深化、内容化、专业化方面转变。高质量、有深度、轻松不失内涵、幽默不失深刻的网络内容是下一步的市场导向。另外，在自媒体生态做强做大的同时，短视频的热度依旧持续看涨，从微信版本 Version 8.0.18 对朋友圈短视频制作技术的更新和替代就可以嗅到一丝短视频火爆的气味。通过这个技术的更新，微信用户在发布朋友圈的时候，制作短视频的时间更短、更方便、更快捷，选择操作模板的页面简洁、清晰、明了，易上手操作，实用性很强。微信的这一举动预示着它作为中国互联网巨头之一，依旧持续关注并继续看好日后的短视频市场。其次，万物互联打通渠道。万物互联的理念原本指线上对线下的联系，体现在智能家居、智能出行、智能生活等方面。如今万物互联的概念扩大到虚拟社会的各个平台和 App，以及虚拟经济与实体经济的对接等。如此一来，在推出某款商品或人物的时候，虚拟端创设超级链接，实体端创设线上到线下的实际操作体验，必将引爆流量。最后，提升消费者的参与感。在这个“人人为王”的时代，消费者对商品、人物或事件的关注度往往体现在消费者本身的参与程度上。参与的程度越深，消费频率将越高，用户黏性也更强。

四、循环变现

流量变现是最后的临门一脚，成败关键都在此一举。常用的变现方法有促销广告变现、付费变现、分成变现、提成变现、补贴变现和打赏变现等。茶电商在这方面也采用类似的方式，如短视频、直播、小程序和超级IP等。但自从2020年国家提出“国内国际双循环”的结构性改革以来，循环经济、生态经济、循环变现等新思路、新方法、新意见打开了人们的视野，让人们看到了电商发展的新出路，这也为茶电商的发展提供了新格局和新的发展方向。

循环变现包含两个方面的含义，一是指成交次数为两次或多次，二是指流量或参与交易的消费者不断涌现，如同涓涓细水可以长流。循环变现常常出现在一些民众的日常消费品上。作为日常消费品的一员，茶占据了天时和地利，在诸多商品的类别中，较容易脱颖而出，成为循环变现的典型案例。茶行业新式循环变现方法如图1-13所示。

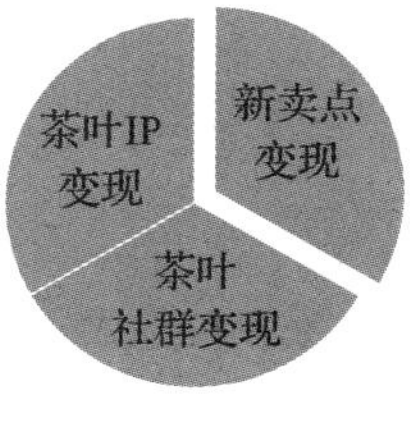

图1-13　茶行业新式循环变现方法

1. 新卖点变现

茶是中国民众最熟悉的饮品，但耳熟能详的事物容易让人产生审美疲劳和注意力缺失，因为太熟悉而造成忽略印象的大有人在。因此，在原有的中国茶元素的基础上推陈出新，结合新时代的新符号，顺应新潮流中的新变化，及时调整茶产品的品牌战略和营销策略是现阶段茶行业的首要任务。如武夷山大红袍的诸多品牌，在为自身的茶产品取名的时候，借用当下热点，取得了良好的效果。在2016年中国游泳健儿傅园慧的一句“洪荒之力”爆红荧屏之后，岩茶品牌其云就为其中的一款高端茶取名为“洪荒之力”，寓意其茶叶品质在岩茶里出类拔萃；在2017年《芳华》电影热映的时候，某品牌也推出自家爆款茶——芳华；此外，还有众多品牌商家选择热词和热点作为自己的某款茶叶名，如不可思议、莫问、空谷幽兰、心头肉等。这些茶叶款式名称均代表岩茶不同的茶叶品种类型，如肉桂、水仙等。这些茶叶名，或者是当时热点，或者是寄古人之幽情，或者托物，或者言志，都让消费者产生了共鸣和共情，是一种效果很好的广告营销手段。

2. 茶叶IP变现

茶叶IP目前来说还很少，早些年大家都很熟知的如《茶馆》是最成功的一个IP，电视剧、电影、话剧都齐全。近些年，有关茶IP的具有影响力的作品开始慢慢出现，如描述普洱茶文化历史的《茶颂》(2013)，讲述的是20世纪的一曲波澜壮阔的英雄颂歌。福建省作为全国首个茶叶产值突破千亿元的茶叶大省，茶叶产区的IP自然是各地政府和当地茶企关心的议题。“茶语网”在2019年就曾整理出福建茶叶产区IP的排行榜，就福建省内茶叶种类按行业属性进行了排位归类。但以上茶叶IP鲜有IP的跨界、衍生和再创作的行为，更没有涉及茶叶商品、品牌类IP的转型。

近些年，随着互联网经济对实际生活影响力的加大，一些新兴的茶企或茶商贸公司对IP的认知逐渐上升，开始在实际的商业竞争中打IP变现牌。例如，2017年成立的厦门惠聚春秋茶叶品牌，它的品牌IP设计就是一位亲和力十足、具有萌感的卡通形象——茶小二。茶小二热情、爱笑、具有很强的亲和力，以导购和售后的身份和角色与客户进行沟通。但是惠聚春秋的短板也很明显，它设计了IP形象，但是内容不够丰满，这直接导致公司后续的发展无力。因此，要让IP变现且持续变现，必须要搭建IP矩阵，通过IP矩阵汇聚分散的网络流量，使平台之间可以相互引流、相互转化，还可以规避和防范风险，拓宽变现渠道。

3. 茶叶社群变现

社群，简单来说就是以某些共性为基础，如地域、情感、兴趣、思想等而发生的一切社会关系的总和。茶叶社群就是以茶叶兴趣、文化、产品、相关美学思想等为基础而产生的人与人之间的联系。有人称之为粉丝群或爱好者，有人称之为社区，但其本质都离不开“共性”——茶叶的存在，这是茶社群存在的前提和基础。

以社群为中心的变现途径无非有两种：横向和纵向。

横向指的是以社群人员为基础的裂变和衍生，如淘宝推出的“跟着买”活动，就是给推荐分享的淘宝用户相应的提成。小米公司所有的员工微博前缀都有“小米”字样，这也是社群分享和扩大影响的一种方式。总之，横向指的是以社群成员为出发点，以社群平台为基础，向外扩张和辐射的过程。

纵向指的是社群内部的经营和体验。打造良好的社群体验是每个商家都渴望达成的愿望。毕竟，维护好一个老客户或者铁粉比重新开辟新渠道、引流、吸引新粉丝的成本要低得多。此外，此举还可以加强用户黏性，“老铁”循环变现的可能性比新粉更高。所以，吸引一万个流动性极强的新粉丝，不如维护好一百名稳定性很强的老客户，后者创造的效益可能比前者高很多。

章末案例

其云，是茶企、品牌，还是IP

武夷山市其云有限公司是一家集制作、加工、销售于一体的综合性茶叶企业。2006年，其云诞生。作为其创始人的我是一名上海体院毕业的学生，毕业后就开始担任小学体育老师，不曾想，却误打误撞卖起了武夷岩茶。这一切都要从我的家乡——武夷山说起。

武夷山，自古便是声名远扬的名山代表。有山自然就有茶，名山大川通常都有一款与此地相适、浸润了当地天地精华的茶。杭州西湖有龙井，安徽黄山有猴魁，云南澜沧江有普洱，福建武夷山则有大红袍。大红袍名字的由来，源自一个美丽的传说。相传1385年，也就是明朝年间，书生丁显上京赴考，路过武夷山时突然腹痛难忍，此时天心永乐禅寺的一个和尚路过。和尚取其所藏的武夷山茶泡予他喝，腹痛即止，书生得以继续赶考。京城会试过后，书生考中状元，特地在途经武夷山的时候向和尚致谢。他又从和尚口中得知茶叶来自武夷山上的几株茶树。状元感念，将自己的大红袍解下，披在茶树上，武夷岩茶从此有了大红袍之名。再回京城的时候，状元特地用锡罐装取了大红袍茶叶以备不时之需。不曾想，回朝后，恰遇皇后得病，百医束手无策，状元立刻将大红袍茶叶献上。皇后饮后身体渐愈，皇上大喜，赐茶叶红袍一件，命状元亲自前往武夷山披在茶树上以示龙恩，同时下令当地每年须采制茶叶进贡朝廷。从此，武夷岩茶大红袍就成了专供皇家享用的贡茶，大红袍的盛名也被世人传开。武夷山的茶叶的确自北宋开始便是朝廷贡品。我生在武夷，长在武夷，自然从小便与大红袍结下了不解之缘。这在紧随其后的其云的故事中占据了重要的地位。

早在上海体院读书的时候，当有人知道我来自武夷山，都会开口问我："你家的大红袍是不是很好喝?""你家有茶山吗?""你家卖大红袍吗?"这段异地求学的经历让我对自己的家乡、对家乡的茶叶有了更为深刻的感知。也因此，在回到家乡并成为一名小学体育老师后，我仍然经常在课后时间帮父母做农活，打理茶山，采摘茶叶，制作大红袍。有了制作，自然就有了售卖。有了售卖，自然就有了生意的好坏。为了家中茶叶的销售，我开启了茶商的生涯。一来二去，成立品牌似乎是水到渠成的事。武夷山市其云有限公司应运而生。但与当今诸多成熟、理性的创业者们不同，我在创业之初并没有深谋远虑，也没有进行市场调研，更没有进行管理咨询。一个山里孩子的初心就是制茶与卖茶，销售如此，创业也如此。从此，我便误打误撞开启了其云的品牌之路。

首先，品牌包括两个部分，即品牌名称和品牌标志。其云的品牌名称自然不用多说，我以"人云亦云，舍我其谁"为"其云"理念，注册了其云公司。品牌标志则是一朵祥云，也是取自中国人自古对云的喜爱，以示吉祥与和谐。

其次，作为一个品牌，其云进行了一系列的市场活动来提高其知名度和美誉度。

2007 年，其云主攻茶青原料市场。

2008 年，其云从供应原料开始转向茶叶制作、加工与零售。

2012 年，其云茶庄建成，成为接待各方来宾、展示大红袍制作加工技艺的工作室，也是其云生态化种植的展示窗口，更是茶旅结合的示范基地。茶庄坐落于武夷山的黄柏溪边，溪水缭绕，风景宜人。隔溪而望，茶庄的对面就是闻名天下的武夷山。茶庄经过了合理的整体规划，设置了茶窖、技能工作室、电商直播工作室、茶叶品种展示区和生活区。茶窖主要用来储存和保留其云自创立之初起制作的精品茶叶样品，技能工作室用于茶叶制作的指导、教学和展示，电商直播工作室是专门针对线上平台开辟的对接窗口，茶叶品种展示区则向宾客们展示武夷山大红袍的主要茶叶品种及栽种方式，生活区则是旅游者、工作人员的放松休憩区域。出色的茶庄管理水平、优秀的员工队伍，再加上茶庄特有的优越的地理位置与环境，其云茶庄（又名天地人和茶庄园）成为福建省首批茶文化体验休闲馆。这个称号无疑为其云品牌锦上添花。

2015年，作为其云品牌董事长的我创立了武夷山茶叶青年联合会并担任会长一职。我以武夷山茶青联的名义开展了一系列的义举和善举。例如，茶青联每年都举行的“春蕾义卖”活动已持续了多年，旨在为武夷山当地乃至周边贫困生和特困生捐资助学。整场活动从各成员茶企的开席、售卖茶叶开始，将当天活动售卖所得款项悉数通过当地妇联捐献给贫困学生们。此举为茶青联和其云赢得了社会的热烈反响和一片赞誉。

2019年，其云的品牌宣传升级。其云的标志在福建省省会城市福州进行了全方位的覆盖。从社区入口到户外LED广告，从中心城区到周边乡镇，其云的标志随处可见。同年，其云的包装全面改版和升级。经过专业人士设计的其云包装更加凸显系列化、统一化、高识别度化，“云系列”“十二星座系列”等岩茶系列不仅让品牌风格更加规范、成熟和贴近市场的需求，也让所有的加盟商和消费者对其云的印象加分，对其云的茶叶品质赞誉有加。

大海航行靠舵手，品牌运行靠旗手。作为其云的董事长和其云品牌的掌舵人，我的信念与激情将为品牌的生命力注入强大的活力。其云的品牌理念如图1-14所示。

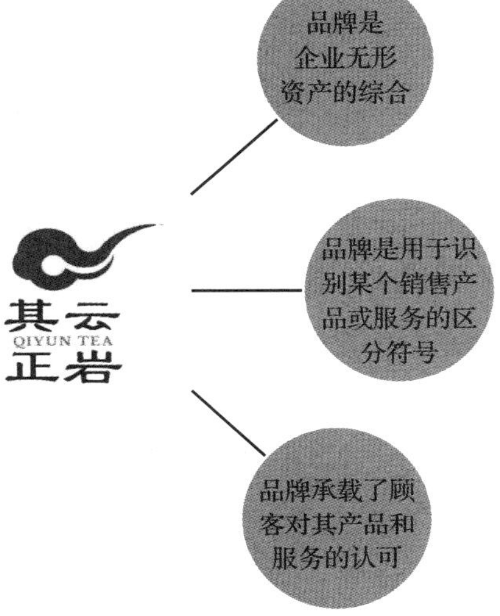

图 1-14　其云的品牌理念

第一，品牌是企业无形资产的综合。作为其云的当家人，我深知个人对大红袍的注解会对一个企业品牌产生重大的影响。因此，在其云创立之初，我就确立了其云的内涵——传承有序，确立了自身的角色——非物质文化遗产的传承者。大红袍（又称岩茶）的制作技艺最早可追溯到汉代。经过了漫长的岁月，大红袍的制作技艺逐渐成熟和完善，到了清代，大红袍的制作技艺迈入了稳定期，已有一整套完整的制作流程、制作规范和制作道具等，以供后人学习和效仿。大红袍的传统制作工艺，如“看青做青”“走水”“双炒双揉”“低温碳焙”等，直至今日依旧在武夷山的茶叶技师当中手手相传。生在武夷山、长在茶农世家的我从小便感知到了这一份山水凝结的厚重，冥冥之中更意识到了自己肩负的使命——传承有序、发扬光大。这根火苗埋进了我的心里，从茶厂到农舍，从茶山到商海，我心中的火苗从未熄灭。我迫切地感受到手工传承技艺的重要性，更意识到大红袍制作工艺出现的濒危迹象。因此，我很早就提出将“传承有序”作为其云品牌的内在灵魂和内在价值。2017年，我作为最早一批大红袍制作技师进入福建省人力资源和社会保障厅提出的“茶叶生产与加工专业现代学徒制”项目，接纳了武夷山旅游职业技术学院茶学专业的九名学生成为我的弟子，手把手地传授制作岩茶的工艺和技术。此举不但深化了校企合作，更是将传统的师徒制、手工制茶技术发扬光大。2018年，武夷山旅游职业技术学院与其云达成长期合作关系，聘请我为茶叶生产与加工专业的老师。2021年，我投入了更多的时间来赞助、组织并积极参与福建省职业院校技能大赛“其云杯”中华茶艺赛项。同年10月，根据福建省文化和旅游厅、教育部、人力资源和社会保障部2021年度中国非物质文化遗产传承人群研修培训计划安排，我很荣幸地受邀就“非物质文化遗产武夷岩茶（大红袍）手工制作技艺”做了专题讲座。除此之外，我还受邀并出任省内外多个茶叶赛事的评委，我在茶叶领域的专业技能受到了社会各界的肯定和褒奖。

第二，品牌是用于识别某个销售产品或服务的区分符号。其云出产的岩茶产品备受社会各界人士的喜爱。岩茶（大红袍）自2002年8月首次推行武夷岩茶国家标准样品后，直至2021年，已过去了将近20年之久。2021年，武夷山市市场监督管理局再次组织专家技术领导小组举行武夷岩茶国家标准样品复制定值的审评会。其云生产的武夷岩茶被选为国家标准样品的原料，产品内在质量上乘，外在形象更是彰显其内在品质和特征。其云品牌自2006年创建至今，产品进行过三次包装换代升级的工作。第一代其云重点走茶青原料路线，因此为了批发方便，产品并未采取精细化的包装与设计。第二代其云主打精制茶，对与之配套的产品包装进行升级。此时的包装形象以当地民俗、民谚和时代热点为切入点，以小泡袋包装加铁盒的方式凸显武夷岩茶的精致品味。如当时茶客们耳熟能详的“牛进村”寓意武夷岩茶最核心的牛栏坑山场的茶叶，“琳琅震响”则寓意拼配大红袍的丰富口感如复杂优美的音响在口腔中激荡的回响。第三代其云则将意境凸显，抽象概括了其云岩茶本身的魅力与价值，如“彩云漫天”“祥云九州”“紫云飞天”等。名字不仅朗朗上口，外包装也全面升级，云边等祥云图案贯穿所有产品的外包装、泡袋，细节的处理精致，配色考究，因此第三代包装一经推出就在市场上引起了热烈反响。其云的各大加盟商也喜不自禁，因为产品的包装与礼盒直接关系到其云产品在店内摆柜时的效果。色彩专业人士所调配的颜色，让其云系列产品不仅在色彩上过渡有序、协调自然，更适应和配合了专柜的售卖特征，令所有的消费者在进店门之前便已被柜台上所展示的其云产品所吸引。

第三，品牌承载了顾客对其产品和服务的认可。其云虽说已有十几年的历史，但其云永不止步于过去所取得的成绩，每年都会推出新品与特品，不断寻求对自身的突破和价值的再创。例如，2019年，其云以时下年轻人喜爱的星座为灵感推出了“十二朵云”系列；2020年，其云以电影《战狼》为灵感推出了“战云”系列，一来寓意茶叶的好品质可直接进行斗茶PK和比赛，二来则寓意此系列产品可以在商海上与其他同仁一较高下，一战再战；2021年，其云敏锐地捕捉到市场上年轻消费者对盲盒消费的喜爱，乘势推出“盲盒”系列产品，令其云的新老客户均耳目一新。

其云就是这样，一直走在市场的最前端，捕捉市场的最强音，追捕市场的各种微妙变化，将传统与潮流极为快速地有机结合为一体，经此理念设计的其云产品既有武夷岩茶传统考究、精致优雅的一面，又有潮流好玩、追随市场前沿的一面。其云的品牌之路也因此风生水起。

伴随着品牌的发展壮大，其云也逐步开始建立和扩大自己在互联网领域的影响力。其云IP的理念和设置就是其中最重要的一个环节。

品牌与IP不同，我深刻了解这一点。IP是一种价值观念和理念，反映的是一个产品、一个人或一个品牌内在的价值，它比品牌具有更多的抽象性和虚拟性。IP的核心确立后，它的表现形式可以是小说、电视剧、电影、游戏、数字形象、卡通人物、故事片段等。例如，酒类品牌江小白就将自身的IP数字化为一个上班族的形象——普通职员江小白，以江小白的口吻讲述当下都市年轻人的心声和心路历程，在其中穿插白酒“江小白”的IP理念，可谓一个很棒的创意之举。我从IP的特征入手，开始打造自己的数字化卡通形象——英姐，从英姐的视角讲述数智化时代的茶品新故事。

由于其抽象性，IP与万事万物皆可进行无缝对接。所以，我们看到百雀羚与故宫联手举办了“致美东方·生活美学论坛”，小电科技与王者荣耀合作开启充电宝共享的新玩法。体育与娱乐携手，文化与游戏跨界合作，IP的万物互联，联动了精彩的创意，碰撞了思维的火花，更开拓了人们想象的边界，拓宽了人们的视野。我从塑造自身IP形象的那一刻起，也深深感受到了跨界与互联的重要性。因此，其云携手洗车行等第三方服务行业推出线下轻快品牌“谦唯善”，从价低、质优的快手泡茶、工作便利茶的角度入手，打造全新的相对于主线品牌其云的附属产品，将自身的顾客群向纵深方向耕耘与建设。

IP始于概念，终于形态各异的经济生态价值。我在创办其云之初，就在用心打造其云的品牌概念，这无形中为现在的IP概念铺设了一条直通直达之路。从其云品牌过渡到其云IP，我对IP也驾轻就熟。如今，我聘请了专业团队进行品牌的IP升级、个人的IP升级工作。

第一步，打造全新的虚拟化形象，开启“英姐茶道”的IP工作室，专门进行云端的宣传工作。

第二步，开始搭建IP平台层。从茶道出发，开启茶文化、茶生活、茶美学、茶业态等IP衍生品，如图1-15所示。

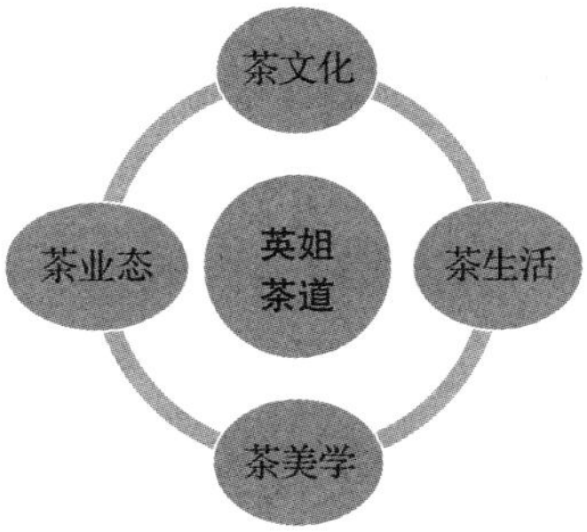

图 1-15　“英姐茶道”四大主题板块

第三步，搭建 IP 生态圈。从其云 IP 和个人 IP 出发，搭建线上线下产、学、研、销为一体的综合体验空间。此后的茶空间将不再只有茶的身影，你行走在种满各种茶树植物的山里，远处流淌的小河边采茶的茶女在洗手休息，你打开手机预约了设置在茶园深处的一处自助泡茶空间，以便爬山后有个歇脚、喝茶、欣赏山景的空间。一个提示音显示预约已成功。茶室中已自动备好了泡茶用水、用具和茶叶。你走到了那里，茶室内已燃起了沉香，悠悠的沉香伴随着鸟鸣和山风，让爬山的疲劳感顿时消除大半。所有的茶席设计、茶具设备均来自与其云合作的跨界 IP 组合，如其云与德化瓷器合作出品的白瓷泡茶套装组合，茶席来自其云与居家美学品牌公司的合作设计。以上这些在不久的将来，在其云的商业版图和商业生态圈中都将一一对应和实现，是其云商业 IP 版图的其中一环。

其云，从茶叶企业到品牌，再到 IP，用时仅仅短短几年时间，就实现了如此巨大的跨越，这与我的前瞻性思维和习惯不无相关。我很早就意识到作为一个茶人的职责所在——传承有序，更意识到作为一个茶商肩负的责任——以茶交友、以茶跨界。在我的心中，让中国和世界听到武夷山的声音一直是我的一个小小心愿，是一个生于山里、长于山里的茶农的初心。

（资料来源：笔者根据多方资料整理而成）

本章小结

数智时代的茶饮更加多元、丰富、异次元和元空间。新的时代用新的语言开启了新的叙事风格，这一切让作为与传统文化的茶企、茶人、茶行业相关的从业者正在努力跟上时代的步伐。可喜的是，以年轻一代为代表的新式茶人正在用他们的青春活力为古老的茶文化注入新的活力。

第二章

整合运营

品牌整合运营是将品牌经营视作企业的战略核心，将企业的战略定位、营销模式、品牌内涵与品牌形象、品牌目标与品牌定位等各板块关联整合起来，以此形成一个完整的运营体系，实现运营管理中的计划、组织、协调、实施和控制职能。品牌整合运营体系的构建有利于品牌的建立与持续成长，提升品牌在市场中的竞争力，推动品牌成为企业的核心资产。企业通过给品牌造势能够促进品牌进一步扩张，从而提升企业的价值，实现增值。

采之惟恐不尽，制之惟恐不精，送之惟恐不准。

——北京吴裕泰茶叶股份有限公司董事长　赵书新

开篇案例

提升用户体验，加深品牌印象

一、企业简介

八马茶业是福建省一家经营茶叶的大型连锁企业，集种植、采摘的茶园基地，以及产业链包括生产、研发和销售茶叶于一体，至今已有20年的历史。八马茶业的主营业务为安溪铁观音，它借助这一产品迅速扩大了品牌知名度，进入中国品牌价值前500强。八马茶业的成功离不开其悠久的茶文化历史，离不开其稳扎稳打的经营理念，更离不开其对品牌的用心管理。八马茶业给予了用户良好的购物体验，使用户能不断加深对品牌的印象。

二、重点举措

1. 加深用户感官体验

研究表明，人们在接收信息时，有超过80%的信息都是通过视觉传递的。所以，一个品牌要想被大众记住，就要抓住人们的眼球。首先，就要在品牌Logo和包装设计上下功夫，让消费者感觉到眼前一亮。八马茶业在Logo设计上以一匹马的形象展现，将“八”字巧妙地融入其中，同时将“八”字设计为马鞍的形状，与整体设计相契合。这样一种生动形象的方式完美地诠释了品牌名称，让消费者看一眼就印象深刻并牢记心中。除此之外，在包装设计上，八马茶业也十分用心，与国瓷永丰源合作，将茶叶与瓷器结合。国瓷永丰源是集瓷器研发、设计、生产和销售为一体的企业。八马茶业与永丰源联合推出“茶器合鸣”系列的茶礼，在色彩上选择西湖蓝作为主基调，展现了具有古典韵味的东方美；在图案选择上，在表现出优雅的同时也不失大气，结合小罐的独立包装，让消费者争相购买。八马茶业对待包装设计如此用心，正说明包装能够极大地促进品牌传播。

除了视觉以外，八马茶业深知消费者对茶叶味道及口感的重视，在主流产品铁观音的研发上，选用了香味持久的兰花香作为主调，让消费者一闻就很安心。为了保证茶叶的口感，八马茶业一直严格遵循8道制茶工序，采用24定律，即传统制作茶的24道准则。正是二十年如一日的坚持造就了现在的八马茶业。八马茶业不断积累口碑，一直保持了良好的品牌形象。

2. 提升用户情感体验

如今，消费者在消费产品时，除了看重产品本身的使用体验外，更加注重情感上的体验和精神上的满足。在物质生活逐渐改善的过程中，企业要花心思打造品牌，使其与消费者产生强烈的情感共鸣，这样才能持续地吸引消费者。每当暑假，八马茶业会开设免费的亲子茶叶课程，邀请父母与孩子共同参与进来。免费的亲子茶叶课程能激发孩子学习茶文化的兴趣，有利于茶文化在年轻一代中的传播，同时也能进一步增强亲子之间的情感。在课程中，每个环节都有专业的茶艺师进行示范讲解。如敬茶礼，茶艺师会先示范茶叶如何冲泡，接着会一边演示如何敬茶，一边讲解应该注意的礼仪。在这个过程中，茶艺师会要求孩子自己动手，父母只能在旁边做一些辅助，以锻炼孩子的动手能力；最具吸引力的是奉茶礼，由孩子向父母奉茶，让孩子将孝道扎根于内心深处。这样的教学让孩子在不知不觉中就学到了知识，也拉近了与父母的距离。很多家长在课后反馈，茶艺课程让孩子变得更有耐心，同时真正感受到了“有情有义有八马”，让消费者在看到这句标语时自然而然地就会想到八马茶业，真切地感受到了一个品牌的温度，唤起了消费者的情感共鸣。

3. 激发用户思考体验

所谓思考体验就是为消费者提供认识、思考和解决问题的过程。八马茶业通过设计一些营销活动，让消费者在购买茶叶的过程中，带给消费者思考，使其产生一些创新的想法。

一是开设八马茶学堂小剧场。八马茶业在品牌传播上，除了广告媒体宣传外，还开设了八马茶学堂小剧场，通过一些茶艺师及茶专家录制的一系列的视频向消费者讲解茶知识，宣传茶文化。这些视频从最基础的茶知识开始讲解，由浅入深、循序渐进。从茶叶的六大种类到储存条件与方法，再到茶道及品鉴茶叶；从茶文化到茶道，再到茶礼。一方面普及知识，一方面传播文化。视频内容充满趣味性，让从来没接触过茶文化的消费者很容易听懂。八马茶学堂小剧场极大地增强了消费者的兴趣，不管是“茶艺小白”或是懂茶的专业人士，都能迅速参与进来，边看讲解视频边学习思考。除此之外，茶艺师的亲身示范让消费者在家里也能学习模仿，进一步提升了消费者的动手能力。正是这种动手动脑相结合的学习方式，激发了消费者的思考体验。在学习过程中的满足感能够增强消费者对八马茶业这一品牌的认同感，使其品牌形象深入人心。

二是创设商务思考空间。八马茶业开设了体验专卖店，在店里常常能看见一些爱茶、懂茶的顾客聚集在一起品茶，有时候还能看见正在洽谈工作的商务人士。在体验专卖店里，八马茶业专门设置了商务洽谈的场所。在这个空间中，有投影仪、茶桌等，人们可以在安静、轻松的氛围中洽谈工作，这相比起严肃的办公场所更容易让人产生愉悦、舒适的感觉，也给人们提供了一个不一样的选择：谈合同不一定要在办公室或是酒桌，还可以来八马茶业的茶室。

4. 增强用户行动体验

八马茶业十分重视与消费者之间的互动，这也使其能够在产品趋同化的时候脱颖而出。通过增强消费者的行动体验，向其传递品牌目标与定位，展示品牌形象，使品牌在消费者心中留下深刻印象，主要举措包括举办茶庄园文化探索之旅和网上购茶体验活动。

一是举办茶庄园文化探索之旅。八马茶业为吸引消费者的注意，提出了茶庄园旅游这一概念，即让消费者沉浸式参与茶叶在庄园制作的全过程，开启全新的茶旅体验。八马茶业建立了铁观音生态茶庄园，并举办了以寻觅“秋香”为主题的茶文化探索之旅。在茶庄园中，消费者将完成从采摘茶叶到制作茶叶的全过程。他们在负责人和庄园工作人员的指导下，背着茶篓、戴着斗笠进行采茶工作，哼着歌曲从茶园走到茶厂，开始进行晒青、晾青、摇青、炒青、包揉、烘焙等工序。在完整地参与整个采茶和制茶工作后，不少消费者都表示真切地感受到了茶文化的魅力。茶庄园文化探索之旅让消费者见证了八马茶业对传统制茶标准的坚持，更能感受到八马茶业高度的企业责任感，从而加深品牌印象，提升品牌认同感，愿意持续购买八马茶业的产品。

二是首创“茶园包养”网上购茶体验活动。八马茶业还首次创立了“茶园包养”网上购茶体验活动，只要消费者在网上购买茶叶，就可以得到八马茶园一小块地的所有权，可以在分得的一片茶园上挂上个人的牌匾。会有专业的工作人员来照看这片茶园，并完成采茶、制茶工作，定期向茶园所有者汇报情况，如果消费者有时间的话，也可以选择自己照看。更为特别的是，参加“茶园包养”的消费者在茶园茶叶制作完成上市后能够第一时间品尝到。

5. 强调用户关联体验

关联体验是综合上述所有的体验类型，让消费者与外界系统建立关联，从而加深对品牌的印象，最终对品牌或产品产生一定程度的偏爱。八马茶业是将产品与名人建立关联，选择“国民女神”许晴作为品牌代言人。她的整体形象十分符合品牌内涵及定位，她擅长茶道，气质优雅，这与八马茶业的品牌形象不谋而合，让人们一看到许晴就会想到八马茶业这一品牌。

三、总结

八马茶业通过宣传普及茶知识与茶文化，让消费者亲身体验采茶、制茶、品茶、奉茶等过程，增强消费者对品牌的印象，让越来越多的消费者成为八马茶业的忠实用户。对于宣传品牌来说，一系列的体验营销策略起到了极大的作用，抓住了消费者的眼球。其他茶企也可以借鉴八马茶业的体验营销策略开启自己的品牌运营之道，为品牌及产品添光增彩。

（资料来源：笔者根据多方资料整理而成）

第一节　运营逻辑

随着数字化技术的不断发展，可供选择的消费渠道也越来越多。互联网营销生态要求品牌重新布局，这样才能在市场竞争中脱颖而出。营销环境的变化对品牌提出了新的要求：一是准确把握消费者的需求，强化品牌的粉丝效应；二是打造不同于其他品牌的产品，制作出系列化的产品；三是打通线上线下的购买渠道，激发消费者的购买欲望。

一、人——强化品牌的粉丝效应

1. 人：准确把握消费者需求，占领市场

产品是为消费者提供的，消费者最能直观地感受到产品是否满足需求。因此，品牌需要准确把握消费者的需求变化，可以利用数字化工具对消费者需求进行精准捕捉，根据消费者需求的变化及时调整产品和服

务，提升品牌满意度与认可度。如果品牌能够精准触及消费者需求，就能更好地影响消费者决策，始终能在同类产品中保持领先地位。这要求茶叶企业做到以下几点，如表 2-1 所示。

首先，培养大数据的思维和意识。茶叶行业并不属于高科技企业，往往对消费者的数据统计及维护不够重视。但在互联网时代，企业管理者要有大数据的思维和意识，成立专门的部门做好消费者数据统计及分析工作，将其作为企业的重点工作。对消费者的基本信息和来源，如性别、年龄和地区等做好统计，记录消费者的消费行为、产品偏好，有针对性地向消费者推荐产品，这些措施有利于提升消费者对产品和品牌的满意度。

其次，建立客户管理系统。企业要为数据收集和分析建立客户管理系统。尽管互联网在加速发展，但仍有多数企业无法及时将数字化运用到营销上，数据无法及时被收集和分析。茶叶企业可以先从在门店建立一个简易的客户管理系统开始，包含统计消费产品偏好、分析消费习惯、识别新老顾客和统计产品回购率等功能，对消费者实行精准画像。这有利于维护良好的客户关系，系统地收集和整理数据，也便于企业更好更快地做出营销决策。

最后，充分利用大数据平台，如抖音、快手、淘宝和京东等平台。这些平台往往会记录消费者的购买习惯，依据消费者的购买习惯推荐产品。茶叶企业可以利用这些平台数据，与其建立合作关系，依据获取的数据及时修正产品的研发方案及销售方案等。企业要想在激烈的竞争中脱颖而出，就要用大数据时代的思维去经营，这样才能不断突破。

表 2-1　把握消费者需求的途径

方式	功能
培养大数据的思维和意识	对消费者的基本信息和来源进行统计和维护
建立客户管理系统	对消费者实行精准画像
充分利用大数据平台	依据获取的数据及时修正产品的研发方案及销售方案

综上所述，品牌要想占领市场，要准确把握消费者的需求，利用数字化的手段对消费者数据进行监测，以促进消费转化。

2. 品牌的粉丝效应

在数字媒体时代，各式各样的媒体将粉丝与明星之间的关系变得更亲近，明星对粉丝来说不再是遥不可及的人。粉丝在数字媒体环境里，不再只是一个接受者，也可以发挥主动权。粉丝可以利用微博、抖音等平台与偶像互动，偶像也能及时向粉丝传播动态。除此之外，粉丝是一个十分庞大的群体，这种群体性的互动能产生更大的辐射效应。随着物质文化生活逐渐丰富，人们对偶像也有了更广泛的定义。偶像不仅是娱乐圈中的明星，还包括网络红人、带货主播，甚至是虚拟形象等。在这种背景下，品牌甚至品牌中的商品都能成为消费者追捧的“偶像”。企业可以思考如何利用强大的粉丝效应进行营销，从而使品牌实现增值。

要想实现品牌价值增值，一方面可以通过积累粉丝群体，让其在上新品时愿意消费，增加收益；另一方面通过累积人气口碑，让粉丝带动周围的人进行消费，这将带来更加长久的利润。粉丝效应就是要发挥出粉丝的群体性、积极性及互动性，帮助品牌积累人气，进一步扩大作用效果及范围。

据统计，截至 2022 年 2 月，被大众所熟知的茶叶品牌天福茗茶在新浪微博仅有 6493 名粉丝，艺福堂的粉丝约有 16 万人，八马茶业的微博粉丝接近 13 万人。粉丝数量最多的要数竹叶青茶业，共发布微博 7540 条，共有粉丝数 21.5 万人，它是最早开通微博的茶叶企业之一，如图 2-1 所示。竹叶青茶业很早就意识到要利用微博、微信等平台与消费者互动，要通过媒体与消费者进行有效沟通，不能只是单方面向消费者传递信息。竹叶青茶业专门聘请了人员在微博里进行日常的管理，每一次有新品上市或遇上节日的时候，就会有负责人在微博上发布相应的内容进行宣传。更为重要的是，公司严格规定了微博的发布时间与数量，每天发布 4 ～ 5 条，精心撰写文案，既能让粉丝感受到企业的用心，又不会觉得被骚扰。

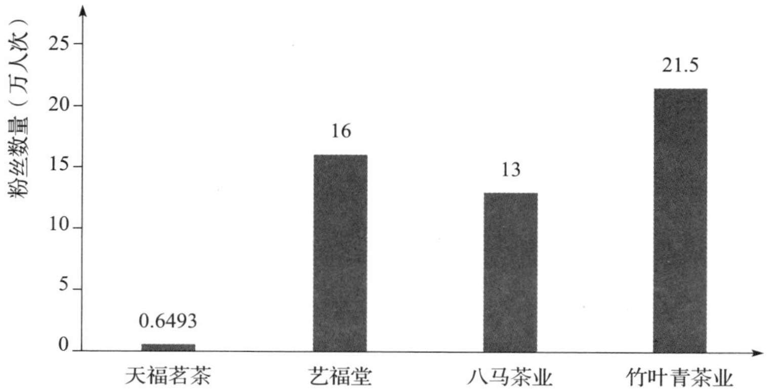

图 2-1　各茶叶品牌微博粉丝数量情况（截至 2022 年 2 月）

除了微博平台外，企业还可以在微信上注册公众号或开发 App，及时向消费者提供有用的信息，利用这些平台与消费者进行互动沟通，建立稳定的用户关系，帮助茶叶企业积累人气，增加粉丝数量，最大限度地实现并发挥粉丝效应的作用。如竹叶青茶业经过调研后发现，随着微信公众号和短视频的流行，老用户逐渐从微博转移到微信中。于是，竹叶青茶业每天都会推送一篇精心策划的内容，向消费者传播健康的生活方式与信息，目前消费者在微信公众号中仍然具有极高的粉丝黏性。

二、货——内容与形式的系列化

1. 货：创新产品，让产品变得与众不同

面对如今的营销环境，品牌容易被模仿，甚至可能会被超越。企业

要及时对产品进行创新，紧跟当下潮流，加快新产品的研发上市，这样才能在同类产品中获得竞争优势。这就需要企业管理者有敏捷的思维，及时发现整个行业的风向，调整政策。尤其是当消费者的选择变多导致市场份额竞争更加激烈的时候，去同质化是产品脱颖而出的关键。

在这个充满易变性与复杂性的时代，消费者的需求存在极强的不确定性。此时，“货”的研发生产应当与消费者当下需求紧密结合，利用数字化技术与手段，对产品进行精细化管理，从产品的研发生产到销售，结合销售数据，如产品的复购率等，看“数字”说话，依照数据对产品的颜色、包装、质量等进行优化。

由此，品牌要提升创新性、敏捷度与灵活性，提前进行预测，做好生产计划，让供给与需求尽可能地相匹配，让需求指导生产，这有利于降低库存积压，最大限度地实现收益。

2. 茶品牌的崛起要从产品开始

如今消费者越来越关注产品的质量，茶叶企业要想真正做好产品，最重要的就是保持茶叶口感的稳定性，始终保持产品的质量。茶叶在种植过程容易受到气候的影响，这点很难人为控制。茶叶受自然因素影响越大，口感变化就会越大。对于懂茶、爱茶的专业人士来说，品尝一口就能喝出区别，这也是让很多企业最困扰的问题。对于茶叶企业来说，把口感变化控制在最小的范围，严格按照每道工序的标准制茶，这样才会有越来越多的回头客。在未来，消费者会对产品有更高的要求，无论是包装还是口感，茶叶企业要适应并跟上消费者需求的变化。

在确保了茶叶口感和质量的稳定性后，企业才能谈种类的多样性。中国大多数茶叶企业总是谈茶文化，讲述着一个又一个历史故事，谈论着茶叶产地的与众不同或是种类的稀缺性。也正是因为多数企业家具有这样的思维，所以中国茶受到追捧的往往是高端茶，让中国茶变成了一个小众消费品，价格高昂，同时消费者群体相对比较固定。这导致企业没有足够重视中端茶的营销，而是将过多的精力投入高端茶中，在宣传广告中总是强调茶叶的产地、茶叶的稀缺性和炒茶师傅的专业性，也正是这三个因素导致了高端茶生产数量少、卖价高。对于茶企来说，无非是三种经营思维：通过售卖高端茶赚取利润、将中端茶做成礼盒装提升销量、通过“大路茶”吸引消费者。但是，假如高端茶被集团垄断，中端茶和“大路茶”是否还能维持企业的正常运转呢？一旦茶渠道变换，大量的茶叶将被积压，整个产业都将失去活力。因此，除了要保证茶叶的质量和口感，企业还要根据消费者的消费心理及行为调整价格区间，建立品牌消费市场。在此基础上，企业必须制订相应的营销策略，重新优化资源配置，这才是建立品牌战略的关键所在。

整合运营专栏 2-1

华祥苑：一杯做了 20 年的茶

一、企业简介

华祥苑茶业股份有限公司（以下简称华祥苑）由肖文华于 2001 年创建，到目前为止，在全国各地已经有 2500 余家线下店。在传统制茶工艺的基础上，华祥苑不断创新技术，将茶文化、茶产业和茶科技进行完美融合，其中销量最好的品类当属安溪铁观音。华祥苑的品牌目标是成为知名的国茶，因此一直参照国茶的标准来做茶。在铁观音的制作上，华祥苑始终坚持传统的制茶工序，保留最纯正的韵味。在整个工艺流程中，茶艺大师对茶叶的质量和口感进行严格的把控，以保证输出“正韵”铁观音，使产出的铁观音保持“兰花香，观音韵”的独特魅力。华祥苑相信，在做茶时保持这样的一颗心，就能成为经典。

如今，作为国家农业重点龙头企业之一的华祥苑，采用多品牌战略，成为一家覆盖茶饮品、茶食品和茶具的全品类茶企。它还专门建立了生产基地以保证铁观音、红茶和大红袍的供应，同时建立了研发中心、评审室和加工厂房，以确保茶业始终如一的口感。正是这样的坚持，使华祥苑获得了超过 60 项省级荣誉。

二、生产经营模式

1. 建设茶庄园

华祥苑很早就意识到建立属于自己的茶庄园是做好茶的关键所在，因此，它成为行业内第一个建立茶庄园品牌的企业。安溪铁观音茶庄园坐落在安溪县西南边陲地带，空气清新，布满茶香，仿佛一个世外桃源，许多游客慕名来到这里。在这个庄园刚开始规划时，华祥苑的管理层就去法国借鉴法国葡萄酒庄园的生产经营模式，将其用在茶庄园上。在庄园内部的建筑上，华祥苑使用木屋构造，以契合整体环境，凸显绿色生态。

在建立庄园之初，华祥苑成立了一支专家队伍，在开垦庄园时就确保原有树木和动物的栖息地不被破坏，同时防止水土流失，保护庄园的生态环境，以促进其可持续发展。庄园里的温度和气候都适宜铁观音的种植和培育，平均气温在 18℃左右，无霜期平均超过 300 天。同时土质好，各元素含量比较均衡。在葡萄酒庄园模式的基础上，华祥苑还创新了茶旅这一概念。庄园不仅是一个生产基地，还是一个体验中心，是一个博物馆。华祥苑在庄园内会不定期举办户外的茶席活动，邀请客人到户外品茶、举办亲子活动等。这样，庄园就不仅是一个研发和生产平台，更是一个茶文化的传播平台。

如今，华祥苑已经拥有八个茶园基地，包括安溪铁观音茶庄园、武夷山岩茶庄园、宁德红茶庄园、福鼎白茶庄园、信阳绿茶庄园、杭州龙井茶庄园、勐海普洱茶庄园和云南滇红茶庄园。华祥苑的生态茶庄园被评为“十佳最美生态茶园”，其未来目标是成为“五星标准茶园”。

2. 打造国宾茶

华祥苑的国宾茶早在2017年金砖国家领导人第九次会晤期间，就作为国礼茶赠送给俄罗斯总统。华祥苑立刻成为行业内的焦点。这不仅宣传了中国的茶文化，同时也为华祥苑开拓海外市场奠定了基础。华祥苑抓住这一热点，迅速建立华祥苑国宾茶基地，从供应原材料开始严格控制质量，监控每一道工序，打造国宾茶这一名片。

3. 与高校合作

为了促成产、学、研合作，华祥苑率先与高校合作，捐赠一千余万元在当地省属高校福建农林大学建立华祥苑茶生物学研究院大楼，一方面，福建农林大学可以为华祥苑输送高质量人才；另一方面，在高校建立研究院，华祥苑可以更好地与多个学院达成合作，进一步提升产品的研发能力和技术的创新能力，培养营销人才，助推企业转型。研究院还将以华祥苑的产品为依托，建立研发中心、博士后工作站和人才培养基地，从而促进企业发展。

4. 打造“互联网 + 茶叶”的营销新模式

互联网的高速发展使茶行业的营销模式也需要相应做出改变，要让传统茶企跟上互联网发展的脚步。华祥苑的目标消费群体是具有一定消费能力的商务人士，所以华祥苑仍然将主要精力投入线下门店，每一个门店都可以作为这些商务人士进行社交的场所。同时，华祥苑也追随潮流涉足电商领域，建立天猫旗舰店，并与京东合作，进一步提升知名度，扩大市场份额，使这些商务人士既能方便、快捷地在线上购买产品，也能进入线下门店与其他人进行交流。

5. 将文化融入品牌

华祥苑一直想将儒家文化融于品牌之中，这能使品牌形象更加深刻。从2011年开始，华祥苑便参与举办东方茶文化全球巡回展，这个茶文化宣传展跨越了三个大洲，对宣传品牌文化起到了极大的推动作用。除此之外，华祥苑还设立了以“中国儒家文化”为主题的儒士馆，将产品、茶文化及儒家思想完美融合，这对发展品牌文化具有十分重要的作用。

三、总结

华祥苑用20年时间做一杯好茶，希望将产品推向世界，向世界讲述中国茶的故事。华祥苑通过建立纯生态、无污染的茶庄园，保证了茶叶的质量和口感，同时设计各种户外体验活动，让消费者切身体会茶旅的魅力所在；通过打造国宾茶，在海外打响品牌知名度，一步步走向世界；通过与高校合作，挖掘并培养人才，进一步提升产品内容；通过变革营销模式，打通线上及线下消费市场，让更多的消费者看到品牌；通过文化提升品牌内涵，将儒家思想融入品牌，拔高品牌定位。在未来，华祥苑一定会走向更大的舞台，为中国茶和世界连接做好助推工作，通过更丰富的产品和更深入人心的品牌内涵，助力中国茶文化传播。

（资料来源：笔者根据多方资料整理而成）

综上所述，茶品牌要想依靠产品占领市场，就要重视产品的内容与形式，如表2-2所示。

表2-2　提升产品的内容与形式

方式	作用
增加茶产品的种类	增加消费者在店铺的时间，提升转化率
制定合适的价格	提供多种价格区间供消费者选择
包装美观方便	降低包装成本，吸引消费者的眼球

首先，增加茶产品的种类。消费者在进入店铺后，要想把消费者留住，就要靠产品。如果企业能为进入店铺的每一位消费者提供一个他感兴趣的产品，他就会愿意持续购买，并带动周围的人前来购买。对于线上渠道来说，品类的增加会使消费者浏览的时间变长，消费者的转化率随之提升。如今，销售量排名前十的中国茶企都有非常多的产品种类，这大大提升了消费者对品牌的兴趣。由此可见，流量不是关键，转化率才决定销售额。

其次，制定合适的价格。很多消费者在进行第一次购买的时候，通常不会买价格很高的产品，往往是先尝试一下，体验好才会复购，同时线上购买的消费者年龄偏小，购买力并没有那么高，因此定价更要考虑这部分群体。像尚客茶品和艺福堂销量最好的产品往往都是在百元以内，说明这样的定价容易让目标客户接受。对于线下的门店，可以提供多种价格区间供消费者选择。

最后，包装美观方便。茶产品的设计要紧跟潮流，不仅是产品本身，还有外包装。外包装不需要多精美，但一定要美观大方，要尽可能地满足消费者的需求。如艺福堂的茶产品包装简洁方便，包装一般都采用统一模板，同时兼顾年轻群体的审美，此举不仅降低了包装的成本，同时也吸引了消费者的眼球。

三、场——激发消费者的购买欲望

1. 场：打通线上线下购买渠道

场是消费者和企业发生互动的环境，能够将品牌及产品信息传递给消费者，同时也能将消费者的消费行为等数据反馈给企业。面对动态变换的营销环境，同一个消费者会因为场景的变化而改变消费决策。企业从原先的单一渠道，到全部打通线上线下购买渠道，使消费者能够在多个渠道与品牌之间进行互动，及时获取信息、做出购买决策。线上线下渠道的打通使数据之间也能够联通，企业可以将数据汇总分析，更加准确地分析消费者，从而不断提升消费者的购物体验。企业还可以通过多个场景影响消费者，通过多个渠道建立稳定的消费群，这有利于扩大企业效益。

由此可见，线上线下购买渠道的联通对企业本身来说能使收集到的信息更加完整，还能够共享互换，企业能够根据不同渠道的销售业绩及时调整销售策略。除此之外，打通了线上线下渠道相当于给品牌建立了一个统一的输出窗口，有利于整体运营效率的提升，这对品牌来说至关重要。但值得注意的是，除了联通购买渠道外，也要关注用户的私域运营。

2. 激发消费者的购买欲望

几乎所有的行业都将品牌当作企业的无形资产，将渠道作为企业需要十分重视的关键法宝。但放眼望去，在茶叶企业中，很少有企业重视渠道建设，企业往往都在品牌建设上投入了大量的精力。不管是大企业还是小企业，都在广告媒体宣传上投入了很多金钱，对于渠道的投入十分有限。

对于线下渠道来说，最重要的就是茶产品的体验，消费者往往都是在品茶过后才会做出购买决策。所以，我们可以看到，几乎每个品牌的线下店都会热情地邀请消费者品茶。但线上渠道与线下完全不同，在线上渠道中消费者无法直接与产品接触，无法直接品茶，所以最重要的是消费者在购买过程中的服务体验。消费者在购买商品时往往会货比三家，除了价格外，很多时候也是比体验感受。消费者挑选和购买茶叶需要花费时间成本，茶叶品牌要根据不同渠道与消费者接触的不同特点，有针对性地改变服务方式。线下专卖店要将耐心、温和等个人特质纳入招聘销售员的标准。对于线上网店来说，页面的设计、客服的回复速度、服务态度、支付方式、物流速度等都要纳入考虑范围，这些都是影响消费者消费体验的要素。如果没有把握好这些，企业就容易流失客户。

电商的发展时间并不长，很多企业在大势所趋下涌入电商领域，却没有分析线上线下渠道的差异。对于线上市场来说，当企业专注于线上渠道时能直接通过渠道追踪消费者的数据，从而提升品牌的吸引力。但如何引流、增加流量是企业需要思考的核心问题，因为品牌的线上渠道是靠流量存活。如果将线上品牌转为做线下渠道，就需要很多的资金投入，并且很难与那些已经建立了很长时间线下门店的品牌竞争。因此，如果线上品牌想要进入线下市场是一个成本大、收益却未必很大的冒险，这也是为什么有些线上品牌只做线上渠道的原因。

很多传统的茶叶企业都是先从线下门店开始做起的，然后慢慢进入线上市场，资源慢慢从以线下为主转变为线上线下并重。一些知名度高的企业甚至会将更多的资源投入线上市场，持续扩大线上市场的份额。要想通过打通渠道来激发消费者的购买欲望，首先，要建立专门的团队来维护线上渠道，及时解决线上渠道中出现的技术上的问题；其次，要通过收集并分析消费者的数据来及时调整产品，对于销量特别好的产品要及时补充库存，对于销量较差的产品要结合用户评论及时优化产品；最后，现有的网络购物平台已经十分成熟了，品牌刚进入线上市场时，不必马上就建立自己的网站，一方面会增加成本，另一方面在日常的管理上很难做到像现有平台一样专业。这些平台往往已经收集了大量消费者的消费行为数据，能够根据这些数据进行产品的推荐，这会进一步提升消费者的购物体验，激发消费者的购买兴趣。除此之外，对于物流或是售后保障服务来说，这些平台也做得更加专业。

第二节　运营品牌

茶业品牌的发展十分迅速。截至2021年，我国茶企已有近7万家，市场规模超过2600亿元，这意味着将近有7万个中国茶叶的品牌。中国茶叶与其他产品不同，人们对品类的记忆认知往往比品牌还要深刻。消费者能记住绿茶、白茶、红茶和青茶等6种品类，却很难说出记忆深刻的茶叶品牌。因此很多企业为了加深消费者的记忆就将茶叶的品种名称作为品牌名称，让消费者记忆深刻是构建品牌的目标之一。要想实现品牌效益，除了制订品牌目标，还要做好品牌细分和品牌定位，这样才能全方位地做好品牌运营工作。

一、品牌目标

企业管理者要想经营好品牌，就必须制订一个品牌目标。品牌目标是企业经营的一个方向，是期望达到的最理想的状态。相对于品牌战略来说，品牌目标要更加具体，往往会用定量的数值来表示，如品牌的美誉度、市场占有率、产品复购率、产品质量水平等。品牌目标分短期目标和长期目标：短期目标往往是清楚地进行品牌定位，树立鲜明的品牌形象等；长期目标则和企业长期发展相联系，进而给企业带来长期发展。

品牌目标是品牌战略的具体化和定量化，要想制订品牌目标就一定要先制订品牌战略。品牌战略要有前瞻性，这关系到企业的产品规划，甚至是整个组织的规划，是整个品牌运营的基础。先制订好品牌战略，再细化品牌目标，有助于提升资源的投入效率。那么，应该如何制订品牌战略呢？

整合运营专栏 2-2

乡树乡茶，回归一杯大碗茶

一、品牌简介

乡树乡茶，诚如其名，是一个讲述乡愁、乡音与乡茶的茶叶品牌。它成立于2018年，隶属于福州尚坤茶叶有限公司（以下简称尚坤公司）。作为尚坤公司高端茶产品的副线品牌，乡树乡茶的定位是大众路线，价格亲民、品类齐全。“做让每一个老百姓都喝得起的放心茶”是乡树乡茶的品牌理念与目标。所以从一开始，乡树乡茶就从茶叶产区源头抓起。从种植、生产、加工、研发到最终的售后环节，乡树乡茶都严格控制产品的质量与服务。它始终坚持一个信念：从茶乡选好茶，做好大自然的搬运工。

二、乡树乡茶的品牌路径

在短短三年时间里，乡树乡茶为什么能够让自己的品牌在琳琅满目的福州茶市场这样一个充满竞争的环境中脱颖而出，主要依靠以下三点。

第一，本土特色，定位清晰。作为一个主打乡情的茶叶品牌，根植于乡土和本土特色一直是乡树乡茶的核心理念和目标。所以乡树乡茶首选原产地福建省内的六大茶类：岩茶、铁观音、白茶、正山小种、茉莉花茶、高山绿茶作为自己的主打产品。福建省是著名的产茶大省，这六大茶类是福建省最具有代表性的茶叶种类。乡树乡茶精心挑选的这六种茶品既是从供应链半径的角度出发——原产地、原料加工地、供应物流成本，这些能让乡树乡茶尽可能地快速为消费者提供服务；又是从本土乡情的理念出发，寻觅本土好山好水与好茶，为省内的民众或外地来榕（福州简称）的游客们提供一个展示本土特色茶类的机会，同时也可起到推广福建茶文化、福州茶之旅的美好心愿，可谓一举多得。

第二，架设渠道——进驻福州著名连锁超市永辉超市。永辉超市是福建本土的著名超市品牌，永辉超市已在全国29个省内585个城市开设了1066家永辉超市门店。加盟进驻永辉超市，乡树乡茶显然如虎添翼，这意味着乡树乡茶同时具有1066个展示机会和展示窗口。时至今日，乡树乡茶已进驻了40多家永辉门店，并预计在2022年达成进驻100家门店的小目标。乡树乡茶借助永辉超市的强大分销渠道，借力强势输出，自产品上架开始便业绩喜人。此外，乡树乡茶开启线上渠道——微信商城，将线上流量引流导入流量池，争取从流量到留量，打造线上渠道闭环。

第三，回归乡情，在大众茶馆品味市井生态。福州城是一座茶文化历史悠久的古城。曾经的福州人闲暇之余便是泡个温泉澡，喝上一壶茶，磕一碟瓜子，躺在竹椅上小憩。福建省商业厅推出了“大众茶馆”这一旨在推广福建茶文化，展示福建非遗传承文化，展示福建特色乡土民俗与民间艺术的活动，立刻吸引了众多商家的加盟。乡树乡茶是首批入选的优秀茶企之一。从此，福州最著名的古城区三坊七巷和上下杭景区内出现了乡树乡茶大众茶馆的身影：福见茶馆、拾块大洋、乡树乡茶（筹备中）、国茶大咖（筹备中）。这不仅符合乡树乡茶的初衷与秉持的大众茶、放心茶的心愿，更是让乡树乡茶平民茶、平价茶的品牌理念深入人心，完美地诠释了乡树乡茶品牌想要传递的信息与理念。

三、总结

在多元化的竞争环境中，再微小的昙花也有绽放光华的时刻。从乡树乡茶的品牌发展之路我们不难看出，它能够从激烈的市场竞争中脱颖而出的原因便是拥有自身清晰的定位与目标。乡树乡茶主打平价牌、亲情牌、乡情牌、本土特色牌，展开差异化竞争策略，同时运用所在地的地理优势和空间优势，强强联手搭建渠道平台，借力发展，使乡树乡茶得以在短时间内迅速获得诸多关注度，知名度与美誉度同时得到提升。在2021年第44届世界遗产大会上，乡树乡茶助力东道主城市，成为大会随手礼之一，更是两届全国数字峰会的指定用茶。乡树乡茶，这个根植于福建家乡的茶品牌，正在向全国乃至全世界表达着一份来自家乡的山水之情和草木之味。让我们祝愿乡树乡茶走出福建，走向世界！

（资料来源：笔者根据多方资料整理而成）

一是要提前考虑品牌结构，不管是上亿规模的大企业，还是刚刚成立的小企业，建立品牌结构是一个排兵布阵的过程，是一个讲究战术的过程。品牌结构是整个品牌的战略布局，对于茶叶企业来说，对品牌结构进行合理的规划是十分有必要的，尤其是拥有多品类茶叶的品牌，因为品类越多，茶叶企业就越要对资源进行规划。对于单一品类的企业来说，消费者是集中聚集的，品牌发展只专注于某一类消费群体，若是想进一步拓宽市场，就要思考品牌的结构问题。

二是要厘清制订品牌目标的逻辑。第一步就是要留心整个市场的风向变化，品牌的发展要与行业发展协同，而行业的发展是以市场为导向的。所以企业要审时度势，重视市场的作用，根据市场与消费者需求制订品牌发展战略。第二步是要提升对品牌的认识，只有全面了解和认识品牌，企业才能做好品牌目标规划。要想提升认识，就要先培养企业全体员工的品牌意识，从宏观角度来看待品牌的重要性。当企业想追随其他品牌走多元化战略时，要对风险和收益进行合理的判断，以及企业是否有优势与其他品牌竞争。第三步是要在品牌内挖掘和培养明星产品，这对品牌的发展具有重要意义。品牌应该集中资源打造明星产品，提升用户的记忆点。第四步是要加强各品牌之间交流合作，如茶叶行业协会可以定期组织大型交流活动，各品牌之间可以互相借鉴有利于本品牌发展的战略举措，强化品牌效应。第五步是要加强质量监督和管理。政府要发挥主要的监管职责，改善市场的环境，在相应的政策和法律法规上提供一定的帮助支持；行业协会要做好行业监督，在产品质量和工序标准上进行严格的规范；银行在税收、贷款和进出口上可以给予品牌一定的优惠。第六步是要促进企业的创新。创新是引领发展的第一动力，企业要具有创新的思维，这样制订的品牌目标也会更有效果。第七步是制定政策引进人才。人才对于品牌目标的制订与实施至关重要，对于品牌实现长期发展十分有利，因此企业要完善高层次人才的引用政策，吸引人才进入企业工作。

二、品牌细分

如今，多数企业都投入了大量的精力让产品来满足消费者的需求，用品牌引导消费。要想真正满足消费者的需求，就要想消费者之所想，将品牌分得更加精细，以满足消费者不同的要求。品牌细分就是指同一个品牌为了满足不同消费者的需求，生产不同类别和档次的产品，从而更好地进行品牌建设。各茶叶品类产量现状如图 2-2 所示。

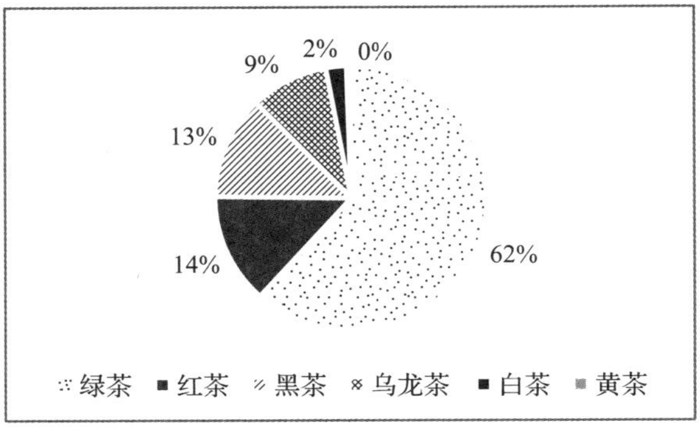

图 2-2 各茶叶品类产量现状

1. 单一品类产品组合

单一品类是指茶叶企业只生产和销售某一茶类的产品，如有些企业只经营普洱茶，有些企业只经营绿茶，有些企业以白茶为主。生产经营单一品类的产品有一定的优势，生产成本低，对人员进行培训也相对简单方便，最重要的是品牌能够突出宣传重点，消费者对品牌的认知更加清晰，每次在想要购买某一品类的茶叶时就会想到这个品牌，这对于品牌的销售来说会顺利很多。但单一品类也存在一定的局限性，最大的问题就是客流量低，只能满足部分消费者的需求，这大大降低了品牌对消费者的吸引力。除此之外，若是品牌只有单一品类的产品，市场所占份额也相对较低。

品牌只经营单一品类的产品时，要想吸引更多的消费者就要进行深度的品牌细分，做成系列多、档次多和包装多的产品，如表 2-3 所示。

表 2-3 单一产品的品牌细分

系列多	扩大目标群体的范围，丰富产品内容
档次多	尽可能多地考虑到不同消费能力的客户
包装多	满足消费者不同的审美，从颜色、图案等的不同来体现差异性

首先是产品系列要多。如四川省花秋茶业有限公司在花茶的基础上研发出了很多个系列，对传统的花茶进行改良，丰富产品的口感，让消费者有更多的选择，从茉莉花茶和玫瑰花茶延伸到兰花茶、腊梅茶和桂花茶，迅速扩大了市场。又如湖南省怡清源茶业有限公司一直以黑茶作为销售重点。黑茶能够降低血脂、调理肠胃，主要的购买群体是男性。为了拓展女性消费市场，该公司在生产黑茶时加入芦荟和玫瑰，做成一款名为黑玫瑰的产品，这样女性也成为目标消费者之一。由此可见，单一的产品品类可以通过研发更多的产品系列来吸引更多的消费者，刺激消费者消费，把原本狭小的市场越做越大。

其次是产品的档次要多。企业经营单一品类的产品也可以通过细分产品档次照顾到更多的消费者，将单一品类的产品分为高、中、低档，全面满足消费者的需求。品牌要有价格实惠、性价比高的低端茶叶，要有价位适中的中端茶叶，也要有高价位适合做茶礼的高端茶叶，尽可能多地考虑到不同消费能力的消费者。

最后是产品的包装要多，主要体现在包装的大小和风格。对于包装的大小，可以根据使用过程中的便利性进行细分。现在很多企业都设计了袋泡茶，就是为了让冲泡茶叶的过程更加方便。对于包装的风格，企业为了满足消费者不同的审美，从颜色、图案等的不同来体现差异性。

单一品类的茶叶品牌在做市场细分工作时要考虑企业的综合实力，如资金是否充足，研发团队是否强大，产品的预期收益率是否达标，能否实现资源的最优配置等，这样品牌细分工作才能更加成功。

2. 多品类产品组合

目前市场上有两种多品类的企业，一种是处于由单一品类到多品类过渡阶段的企业，另一种则原本就是多品类企业。如果多品类产品太多，企业就要想办法提升每个单品的销售额，从而提升整个企业的利润。如被人们熟知的天福茗茶，除了茶叶外，还销售茶具和茶食品等。我们所熟悉的茶叶种类都可以在天福茗茶买到，包括普洱茶、乌龙茶、花茶、红茶和绿茶等。天福茗茶已经成立将近20年，是一个发展相对比较稳定的企业，产品销售额的分布与整个行业各品类的销售额比例比较接近，其中卖得最好的就是乌龙茶、普洱茶和绿茶。这与天福茗茶的发源地有关，它从福建起家，有丰富的资源研发和生产乌龙茶，而绿茶属于性价比高的中低端产品，销售比例高是很正常的。天福茗茶的选址也决定了一定要品类多才能在激烈的竞争中脱颖而出。天福茗茶的门店多设在商业街，客流量大，但品类一多就要担心有些品类由于销售量过低是否有存在的必要的问题。因此，对于天福茗茶这样一直在发展多品类产品的企业来说，减少产品品类、提升每个单品的销售额刻不容缓，可以提升原料和包装的采购效率，降低物流成本。

那些从单一品类转为多品类的茶叶企业往往希望通过增加产品的品类来增加销售额，于是就会想方设法地研发新产品。但消费者对于原本是单一品类的企业往往已经形成了一定的思维定势，如果突然增加产品，消费者的接受度不一定很高。因此，这类企业不要一次性就计划生产很多产品，否则很难达到理想效果。竹叶青茶业曾与八马茶业达成合作，双方都希望利用互补的产品品类进行销售，却没有增加期望的销售额。由此可见，这类企业先要全面推进重点产品，给消费者一个适应过程，同时也要给企业内部员工一个学习新知识、改变营销策略的过渡过程，有步骤地进行全面推进，一步一个脚印地稳扎稳打。

三、品牌定位

1. 品牌定位概述

每当消费者听到某品牌时，就会在内心产生一个直观的感受，这就是对于品牌定位的一个简单的解释。品牌定位是消费者对于品牌的一种主观感受和判断，它建立在市场和产品定位的基础上，是品牌在确定了市场定位后在消费者心理层面形成的特殊感受。品牌定位是否清晰的判断标准就是消费者有某种需要时，是否会立即联想到该品牌。品牌定位是品牌运营的核心，一般来说，消费者对于品牌的了解分为以下五个阶段：品牌认识阶段、品牌认知阶段、品牌尝试阶段、品牌信赖阶段和品牌习惯阶段，如图 2-3 所示。企业需要在这五个阶段中不断强调品牌的特点，这样才能占领消费者的心智，做好品牌定位工作。

图 2-3　品牌定位的五个阶段

品牌认识阶段。在这个阶段，企业的首要任务是让消费者认识品牌的与众不同。例如，消费者能够记住碧生源这个品牌是因为它主打减肥茶，定位非常明确。其实传统茶叶中的普洱茶也有一定去油减肥的功效。若是将某一品牌中的普洱茶品类在不添加其他药物成分的情况下做成天然的减肥茶，那么也一定能形成一个记忆点。当消费者在这一阶段记住了该品牌，就能强化品牌定位。

品牌认知阶段。在这个阶段，消费者已经听到过品牌的名字了，但需要进一步知晓更多的品牌信息。企业在这一阶段要通过广告宣传、媒介传播、提升口碑等让消费者了解到更多的品牌信息。在宣传品牌时，如果想告诉消费者企业做的是有历史的茶，就要详细地告诉消费者它的产地和来源。如正山堂金骏眉的广告语是“传承红茶四百年”，所以在这一阶段，正山堂金骏眉通过宣传推广告诉消费者，茶叶的制作工序离不开正山小种400 余年的发展与创新，产地是正山小种产区桐木关，详细的信息会起到加深印象的作用。

品牌尝试阶段。尝试阶段就是让消费者接触产品，对于茶叶企业来说，要让消费者先尝试品茶。特别是一些消费者并不熟悉的品牌，首先让消费者试喝，再让消费者尝试性购买。如正山堂金骏眉在宣传推广时，突出强调了其传承百年的特点，消费者在试喝时就要品尝到正宗传统工艺的特点。在这一阶段，要通过茶叶的口感和质量强化品牌定位。

品牌信赖阶段。当消费者在对品牌信息进行深入了解并品尝过该品牌的产品后，接着便进入了品牌信赖阶段。在这个阶段，消费者能够放心地购买这个品牌的产品。但此时品牌与消费者的关系依旧较为脆弱，品牌更应该注意产品质量的稳定性，在推出新产品时要更加谨慎，以免破坏建立起来的信赖关系。

品牌习惯阶段。在经过前四个阶段后，品牌定位已经在不断强化了。品牌习惯阶段是让消费者对品牌产生一定的消费习惯，只有消费者对品牌形成了一定的购买习惯，品牌定位才真正做到深入人心。

整合运营专栏 2-3

福建春伦：打造中国茶品牌

一、企业简介

福建春伦茶业集团有限公司（以下简称春伦集团）创立于1985年，是一家大型的综合性茶叶集团，兼具茶叶的种植、研发、生产和销售。茉莉花茶是福建最有名的茶叶品类之一，春伦集团专注于福建的茉莉花茶。除此之外，春伦集团也经营铁观音、绿茶、白茶等产品。如今，春伦集团已经建成一个拥有自动化生产线的现代化厂房，占地面积接近4万平方米，专业的技术使其年产量突破360万公斤。

目前，春伦集团在全国各地已经建立了200余家茶馆与直营店，同时与多家科研单位合作，以便进一步提升产品质量。春伦集团将传统工艺与现代化技术相融合，并继续扩大茶园生产基地，将产品销售至全国各地，乃至出口到俄罗斯、日本等国家。在保证产品质量和数量的同时，春伦集团采用了更加科学的技术，每个工序都采用了数字化管理。

二、品牌经营之道

1. 注重产品质量

如今，春伦集团已经成为中国茶业百强企业，并被授予“世界最具影响力品牌”称号。作为一家国家重点龙头企业，春伦集团坚持将产品质量作为品牌发展的第一位，走质量效益型发展路线。第一，提升企业供给侧的数量和质量。春伦集团建立了茉莉花基地和高山生态绿色茶园，并进行规模化生产。第二，春伦集团注重区域品牌效应，通过与政府、行业协会、企业等合作，打造福州茉莉花茶这一名片。第三，利用互联网技术，构建“互联网＋农业”体系经营茶业，将集约化与个性化相结合。

具体而言，茉莉花茶的主要原料是茉莉鲜花和烘青茶坯，在生产制作时需要严格控制原料的质量。春伦集团在原材料的采购和使用上投入了大量的精力。春伦集团建立了自己的茉莉花生产基地，不使用任何合成的农药和肥料等，采用先进的、有益于生态环境的生产技术，从控制原材料的质量开始提升茶叶的品质。除此之外，在茉莉花生产基地的日常管理中，春伦采用完全滴灌的灌溉方式，通过管道运输水，每天用喷雾器定时喷灌，确保花的水分和温度，从而保持茶叶口感的稳定性。更为重要的是，在茶叶的加工过程中，春伦集团采用先进的监控系统，能迅速找到废品和残次品并及时剔除，定时抽查茶坯的含水量。

2. 重视品牌定位

春伦集团希望能够通过产品传递给消费者春天般的味道，这也是“春伦”品牌名字的由来。而要想让消费者感知到品牌定位，品牌传播也十分重要。如今，做好品牌传播工作的法宝是与消费者产生双向互动。春伦集团把握年轻消费群体的生活方式，借助网络平台，如微博、微信和网店等在年轻市场中推广其产品，打通线上线下的营销渠道，提升了品牌运营效果。

一是春伦集团重视社交媒体的作用。如今微博、微信已成为年轻人的聚集地。春伦集团利用这些社交媒体平台对品牌进行宣传推广，与消费者互动。这有利于提升品牌的曝光度，让更多的消费者了解品牌，塑造品牌年轻化的形象。春伦集团在微信平台设立公众号“春伦茶业”，让消费者深入了解品牌。二是春伦集团涉足电子商务领域。2020年，中国电商交易额突破40亿元，90后及00后消费者已占据消费市场中的绝大比例。对于品牌来说，要想抓住这个年龄区间的消费者，进入电子商务领域必不可少。早在2013年，春伦集团就在天猫创立了旗舰店，这也宣告其正式开启网络营销。截至2022年2月，春伦集团的官方旗舰店粉丝数目已经突破33万，其中年轻群体占多数。如今，春伦在京东商城、亚马逊等平台进一步深入拓展年轻消费者市场。

3. 打造民族品牌

春伦集团的目标是打造一个民族品牌，向全世界推广中国茶。春伦集团与“一带一路”沿线国家进行茶文化的交流合作，积极开拓海外市场，让中国茶走出国门。为了实现这一目标，春伦集团做了一系列的努力。如通过在国外设立常年展销窗口、成立福建春伦法国分公司等举措宣传中国茶，提升中国茶叶在海外市场的知名度。春伦集团深知，要想让中国茶走进国外消费者的心中，就是要依托中国茶文化，用中国悠久的茶文化来打动消费者。

三、总结

春伦集团坚持将产品质量作为核心投入生产，不论是原材料的供应或是茶叶本身的生产，都要完善每一个生产细节，最大限度地提升消费者的品茶体验；打通线上线下销售渠道，扩大目标消费群体；依托中国茶文化将品牌推广到海外市场。正因如此，春伦集团才能在激烈的市场竞争中脱颖而出，提升消费者对于品牌的好感度，始终保有品牌活力。

（资料来源：笔者根据多方资料整理而成）

2. 如何进行品牌定位

品牌的定位要满足消费者的需求，企业管理者要切实保障消费者的利益，要用消费者思维来生产产品。消费者有不同的消费能力和消费偏好，企业的品牌定位要全面考虑各种因素。但是，企业又要有所选择和针对性，只有定位明确的品牌，才能得到消费者的认同。在品牌的日常管理中，可以利用工具来帮助企业完成品牌定位工作，如图 2-4 所示。

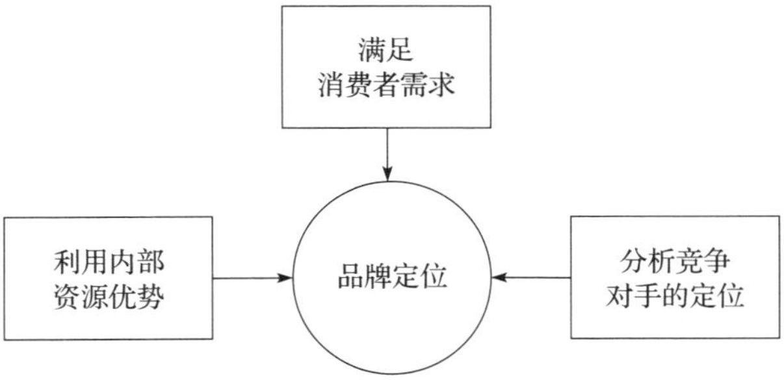

图 2-4 品牌定位的工具

第一，利用内部资源优势。企业要对品牌的内部资源进行整合，并进行全方位的分析，再进行资源的优化配置。品牌要提炼目前所具备的核心优势，强化关键优势的作用。有些企业具有强大的研发生产团队，有些企业具备渠道优势，有些企业掌握了核心工艺技术，有些企业具有庞大的生产基地，这些都是品牌极具竞争力的优势所在。对于茶叶企业，天福茗茶和八马茶业都具备一定的渠道优势，同时八马茶业还占据了铁观音市场，大益茶业是目前最大的普洱茶品牌。三家企业一直在强化各自的优势，以便在激烈的市场竞争中始终保持一定的地位。一旦找到了品牌的核心优势，就一定要做到不可超越。

第二，满足消费者需求。品牌定位建立在消费者需求的基础上，品牌要花心思研究消费者到底想要什么，哪些需求是急切需要，哪些需求是可以通过更换营销模式或促销策略得以满足。除了系统的调查外，品牌要想精准确定消费者需求，还要对市场进行细化。对于茶叶企业来说，目标客户既有男性，也有女性，年龄层次覆盖老、中、青三代；购买渠道包括线下门店和线上网店。针对不同的市场，品牌的侧重点也不同。通常，消费者对茶叶的需求主要分为送礼和自用，送礼一般都会选择中高端茶叶，自用则会选择性价比高的茶叶。茶叶品牌要结合自身资源优势，有针对性地满足市场的各种需求。如小罐茶的品牌定位就是要做现代派的中国茶，因此在产品设计上也体现了满满的现代感，以吸引年轻消费者。到目前为止，小罐茶申请的专利突破了60多项，多为铝罐、封口膜和盒子的产品专利。除此之外，小罐茶的茶具、茶叶生产装置及灭菌系统，甚至生产流水线都申请了专利。通过统一的包装、稳定的口感、标准的价格、创新的技术，使品牌变得标准化和商业化，提升了消费者对品牌的认可度和好感。在2021年12月，小罐茶获得“年度最受消费者青睐食饮品牌奖”。

第三，分析竞争对手的定位。品牌在进行自身定位时，还要提前分析竞争对手的定位，尽量避免与竞争对手的定位相同。对于茶叶品牌来说，一般存在以下几种定位：一是以国润祁红、日照碧波等为代表的区域或品类之最；二是以凤牌滇红茶、正山堂金骏眉、黄山松等为代表的主打茶叶的历史；三是以八马铁观音、安徽谢裕大等为代表的礼品茶。

这三类定位在市场上已经趋于饱和。因此，新品牌要想进入市场，一定要有创新的思维，这样才能与众不同，从而更容易被消费者记住。

第三节　运营核心

对于中国的茶叶市场，消费者对品类的认知远远要超过对品牌的认知。所以，当茶叶企业想要进入其他市场难度相对较大。因此，茶叶企业就是要在寻找到合适的市场后，集中优势资源进行品牌运营。品牌运营的核心有以下几种：一是要形成重点产品进行头部带领；二是要利用渠道强力吸粉；三是要通过打造爆款、批量生产降低成本，以此形成强大的品牌效应。

一、头部带领

如今，中国的茶叶企业仍然将优势资源集中在生产环节，这种策略在企业初创时期可行，但随着企业逐渐壮大，市场环境动态变化，以生产为导向的策略不利于企业适应这种变化，致使企业无法根据市场需求调整生产政策。因此，茶叶企业从以生产为导向转变为以市场为导向刻不容缓。此外，在中国的茶叶市场中，消费者对品类的认知远远要超过对品牌的认知，消费者对品牌没有一个系统的认知。因此，茶叶企业应该通过打造重点产品或明星产品带动品牌认知。

所谓头部，就是品牌所处行业内的最有价值、最有优势的领域。企业要想成为头部品牌，要遵循以下三个原则，如图 2-5 所示。第一，要从价值而不是优势出发，因为优势是当品牌进入市场后才能发现的，也是要根据市场周期情况而定的，现在是优势，未来可能就会成为劣势。第二，要寻找差异化的优势。要想做大做强品牌，不能随大流，要先花时间观察市场上的游戏规则，再强势进入市场。第三，要从身边的头部做起，先做自己细分市场的头部，再慢慢扩展，一步一个脚印地推动。

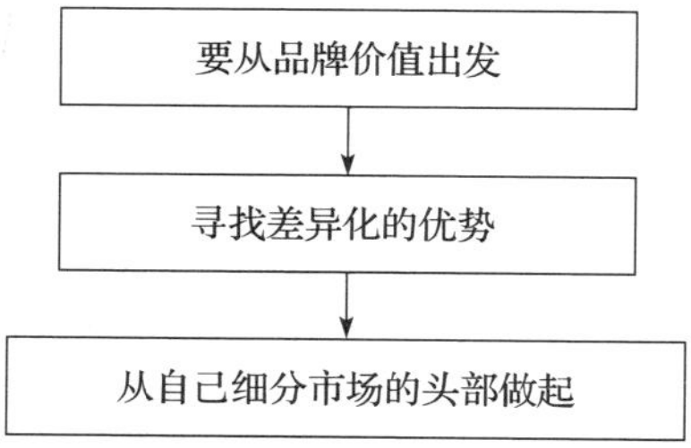

图 2-5　成为头部品牌的原则

茶叶行业在实施头部带领战略时是存在劣势的，和农业一样，前期需要投入较大的资金，且资金回收比较慢，如果想要在行业内成为头部品牌，就要在品牌内形成头部产品，实现资源聚焦。一是区域聚焦。很多品牌在成立之初，就会立下远大的目标，想做全国市场。但区域市场都还没做好，如何做全国市场呢？如山东省日照碧波茶叶聚焦区域市场，主要就在日照市区销售，一年销售额高达几千万元，只有在区域市场站稳，才能拓展到全国市场。二是品牌聚焦。很多茶企试图同时运作多个品牌，这是很难成功的。品牌运作需要投入大量的精力和资金，一般需要先积累一定的经验，才能投入运作其他品牌。三是产品聚焦。品牌和消费者之间依靠产品联系，品牌要先推出一个主打产品，产生一定的知名度，随后主打产品反过来将提高消费者对品牌的认知，进而带动其他产品的销售。四是客户聚焦。先聚焦一部分忠诚的客户，再通过口碑效应吸引更多的消费者。五是费用聚焦。费用聚焦是聚焦战略的基础，要做好成本的分配和规划。

同时，企业管理者要改变思维与认知方式，这样才能走在行业的前端。企业要招聘一支具备一定创新能力的研发和生产团队，同时销售团队年轻化能使产品更具亲和力，这都有利于将品牌变为头部品牌。

整合运营专栏 2-4

龙头带动，创建茶叶企业新品牌

一、企业简介

我国乌龙茶的主要产区是广东省潮州市，距今已有900多年的制茶历史了。其中，位于潮安县北部的凤凰茶区更是因为资源丰富、规模巨大和品质优良被称为“中国乌龙茶之乡”。广东宏伟集团有限公司（以下简称宏伟集团）就建立在潮安县，利用地方资源优势，完善品牌建设，优化生产和销售体系，自1996年成立以来，先后建设了茶叶生产基地、科研院、加工厂、市场营销中心等，持续发挥品牌优势。

二、发展战略

第一，保证产品质量。众所周知，产品是一个品牌的核心优势，要想提升产品的核心竞争力，就要提升产品的质量。为了保证产品的质量，确保公司的可持续发展，宏伟集团先后在潮安县铁铺和凤凰两大茶叶主产区创办了有机茶叶生产基地，对照无公害茶园的建设标准进行日常管理。首先，坚持人工除草的规定流程，利用天然的条件减少病虫害，为茶树营造良好的生长环境。其次，在建设有机茶叶生产基地的基础上，引进了先进的乌龙茶加工设备及新工艺，建造茶叶加工厂，按照无公害生产标准进行加工生产，保证产品质量稳步提高。最后，持续创新研发新产品，并在市场上大力推广。宏伟集团研发的龙珠单丛茶和宏发侯茶在市场上广受好评。企业的科技水平能够让品牌持续发展，最大限度地发挥品牌效应。如“宏伟”“宏发”牌龙珠单丛茶、凤凰单丛茶、岭头单丛茶和铁铺白叶茶等系列名茶提升了品牌知名度。

第二，提升创新能力。在提升产品质量的同时，宏伟集团希望进一步提升科技水平，进而将品牌做大做强。具体而言，宏伟集团先后与众多科研技术开发部门建立技术合作关系，并聘请专家学者为集团的技术顾问，定期邀请科研人员到集团的茶叶生产基地调研，同时对员工进行技术指导。宏伟集团不断引进人才，强大科研队伍，研发新产品，通过技术赋能，进一步强化品牌建设。除了研发与生产外，宏伟集团还为销售人员制订了服务质量手册，规定了服务流程和用语，展现了良好的品牌形象。

第三，加大宣传力度。除此之外，宏伟集团进一步提升品牌的宣传力度，利用互联网的优势，对品牌实施多形式、多渠道的宣传战略。首先，宏伟集团投入500多万元打造潮州名茶馆，将茶馆作为品牌宣传的固定窗口。茶馆在整体构建上古色古香，紧密融合了潮州的工夫茶文化，让顾客感受到浓浓的茶氛围，吸引顾客的眼球。其次，宏伟集团搭建了一支潮州工夫茶艺专业表演队，先后在各类展销会上崭露头角，其生动的表演给观众留下了深刻印象。最后，宏伟集团将保护古茶树资源作为一项重点工作，此举树立了良好的品牌形象，强化了品牌效应。其中，宣传最广的就是宏伟集团在凤凰茶区认养了三株海拔最高、年轮最多、植株最大的古茶树。在经过一年的精心培育后，具有600余年历史濒临枯死的“宋种”单丛焕发了活力。这一事件极大地增强了大众对其品牌的美誉度。

第四，完善质量管理体系。品牌要想发展成名牌，还有极为重要的一步就是完善质量管理体系。宏伟集团先设定质量标准，同时专门聘请专家对品牌形象进行研究，全面策划品牌建设。为了进一步增强品牌效应，宏伟集团将产、研、学紧密结合，对乌龙茶茶树种进行系统的调研，收集数据后建立数据平台进行分析和评价，研究和学习其他品牌优质和高效的种植、加工技术，以便对自身质量进行有效管理，使自己在行业中成为龙头品牌。

三、总结

宏伟集团在进行品牌建设时，通过确保产品质量、提升创新能力、加大宣传力度和完善质量管理体系四个步骤做好品牌建设，打造一个极具社会认可度的茶叶品牌。宏伟集团通过引进高效率的设备和工艺，提升茶叶的品质；通过吸引人才，壮大科研队伍；通过宣传正面事件，积累口碑；通过学习其他品牌的经验，成为龙头企业。这些都值得传统企业借鉴，从而做大做强茶叶品牌。

（资料来源：笔者根据多方资料整理而成）

二、强力吸粉

要想让消费者变成忠诚的粉丝，就要从以下几方面着手，如表 2-4 所示。

表 2-4 强力吸粉的举措

提升包装的吸引力
设计满足消费者需求的产品
与消费者展开持续互动
提升销售人员的服务能力
定期举行促销活动

1. 提升包装的吸引力

消费者在购买茶叶之前，一般会先看包装，品尝味道。包装对于消费者而言是其对产品的第一印象。品牌能否依靠包装给消费者好的感官体验十分重要。企业在设计包装时，要考虑整体的审美风格、便利性和可利用性。茶叶想要保持口感，需要保证包装的封闭性。金属罐的包装气密性好，且外观高贵；衬袋盒装的包装方便、易携带；竹筒的包装防潮，且外观极具特色。企业可以根据茶叶的不同寓意设计颜色和图案，辅以不同的外包装。

2. 设计满足消费者需求的产品

现在茶叶行业的主要消费群体一般在50岁左右，这部分人群懂茶且有一定的经济能力，在空余时间愿意去研究茶。研究表明，有95%的90后不爱喝茶叶，但喜欢喝康师傅茉莉花茶等茶饮，这说明年轻消费群体也可以成为茶叶的潜在用户群体。调查显示，未来消费市场上65%的增量由00后及90后带来，因此茶企应该充分挖掘年轻消费群体的需求，让其变为产品的忠实用户。对于产品本身而言，年轻群体对茶叶兴趣不高的主要原因是产品的性价比，他们认为茶叶的价格远远超过了其本身的价值。因此，茶企要打消消费者的顾虑，靠产品的创意与消费者产生共鸣，打造多元化的喝茶场景，给消费者留下品牌年轻化的形象。如小罐茶等都融入了年轻人的茶饮生活方式。由此可见，茶叶品牌要变得年轻化、现代化才能吸引年轻消费者去尝试。

整合运营专栏 2-5

万仟堂的品牌形象塑造之路

一、企业简介

1993年，蔡万涯爱上了古董收藏，他认为古代的陶器不需要工匠的雕琢，单是形体就能带给人气势和力量。因此，蔡万涯也想做这样的产品，不仅追求表面的工艺多么精细，更追求产品的生动和灵性。于是2007年万仟堂诞生了，旗下产品包括茶器、花器、香器及陈列艺术品。万仟堂第一家实体店开在厦门，如今已在20余个一线城市开设了专卖店。

万仟堂是一家大型综合性公司，兼具茶器系列产品和陶器艺术品的开发、设计、生产和销售，其创始人蔡万涯不仅想给消费者带来美观实用的产品，更想传递优雅质朴的生活方式和古典的东方文化。万仟堂尝试将产品与精神高度融合，从而赋予产品灵性，通过攻克技术难题提升产品设计水平，通过产品设计创造产品价值，其品牌目标就是要成为行业内最受尊敬的品牌。于是，万仟堂针对这一目标，开始了品牌形象塑造之路，它的产品设计、经营模式等吸粉无数。

二、品牌形象建设模式

1. 产品设计

艺术品的设计是要在众多的矛盾中寻找平衡，如商业价值与艺术价值之间的平衡，传统文化与现代观念之间的平衡，西方美与东方美之间的平衡等。万仟堂在设计产品时也一直在寻找最佳的平衡点，它在传承东方审美的同时，加上了“新东方”的元素，增添了极具现代感的创意，既有古典东方的雅韵，又透露着奢华，同时兼具实用性。

万仟堂包括四大产品：茶器、花器、香器及陈列艺术品。

在茶器方面，产品主要包括茶具和茶叶罐。万仟堂希望能够在展现茶器功能的同时，传递文化，给消费者的内心带来宁静。茶具的设计采用仿古手法的陶泥，形状似莲花，颜色采用窑变粉青釉，以迎合现代审美需求；茶叶罐也延续莲花造型，罐盖为莲蓬形状，罐壁使用白色光面釉，展现独特的优雅奢华。在世博会期间，万仟堂还设计了一款快客杯，专门为不了解中国茶文化的外国人设计，迎合了年轻人快节奏的生活方式，简化了泡茶的过程，以便让年轻人享受到泡茶的感觉。香器的设计主要强调简洁和朴素美，同时传递古典文化。花器的设计则追求生活的情趣，风格比较典雅，让顾客能在生活中发现并感受美好。在陈列艺术品的设计上，万仟堂则是希望顾客能慢慢将艺术品当成生活中的必需品。

2. 视觉形象设计

品牌的视觉形象设计能够彰显品牌价值观，传递品牌文化，是品牌十分重要的无形资产。在进行视觉形象设计时，主要考虑两个要素：一是要贴近大众审美，二是要能让顾客过目不忘。这样才能帮助品牌积累人气，实现长期发展。万仟堂的品牌视觉形象设计主要包括品牌标志设计、产品包装设计和门店设计。

品牌标志能够通过独特的造型让顾客印象深刻，同时赋予其深刻的内涵，提升顾客的好感。品牌可以将其文化理念、规模、内容由一张图片呈现，全方位展示品牌形象。万仟堂的品牌标志颜色为黑白色，给人稳重的感觉，形状为“万”字的拆分，将“万”字的“丿”放在“一”上，表明万仟堂想突破创新的决心，“一”则意味着万仟堂始终坚守不变的品质，“𠃌”代表着万仟堂能收获丰富。

产品的包装设计能够进一步提升顾客对产品的好感。它不仅能够确保产品在运输和存储的过程中免受损坏，更能促进产品销售。万仟堂的产品包装设计就传递了与品牌和产品相关的信息，同时进一步展现了产品的美感。包装的整体颜色为黑白色，与品牌标志一致，同时外盒的设计大方简洁，品牌标志在外盒上的印刷也十分精致，透露出产品的精美。

门店的设计也是至关重要的，像茶器这类工艺品，消费者一般都是通过专卖店直观地感受产品。门店是企业产品的聚集地，万仟堂实体店的整体风格采用新中式设计，做成了展厅的格局，每一个产品对应着一个故事，消费者能通过一个个故事了解产品。

3. 经营管理模式

万仟堂有加盟和直营两种模式，都是由总部直接管理，这样的经营模式在行业中表现出极强的竞争力。除了专卖店外，万仟堂还设有网店，进一步扩大市场份额，与消费者时刻保持互动。更为重要的是，万仟堂会定期举办一些具有特色的活动，旨在和顾客近距离沟通，如在圣诞节开设插花体验课程，由专门的花艺师线下教学，指导顾客完成插花作品。除此之外，在母亲节的时候，万仟堂还举办了亲子活动、打造亲子杯，传递品牌浓浓的温情。

三、总结

万仟堂的成功绝不是偶然，而是从品牌管理者到每一个基层员工，他们热爱品牌并始终如一地坚守铸就。首先，蔡万涯具有前瞻性的管理思维和经营理念，他从企业成立之初就明白要靠产品打动顾客，始终如一地设计富有灵魂的产品。其次，管理层意识到要依靠树立品牌形象吸引粉丝，让每一件产品既有实用性，又有艺术性，同时让品牌的视觉形象设计深入人心，专卖店的设计也十分吸睛。最后，品牌经营模式具有强大的竞争力，企业同时兼顾研发、生产和销售，确保了品牌的长期发展。万仟堂下一步应该思考的是如何保证企业长盛不衰，成为行业的龙头。

（资料来源：笔者根据多方资料整理而成）

3. 与消费者展开持续互动

要让消费者产生独特的认知，从而变成忠实的用户，就要持续与消费者互动。企业可先通过收集数据，寻找出一批产品复购率高且对产品认可度高的忠实消费者，对这批消费者进行分析，寻找他们身上的共同特征。品牌要将吸引目标客户群体的内容在各个场景进行发布，从而辐射更多价值观相似的群体。在互联网时代，传播媒体越来越多。企业可以通过自媒体平台与消费者进行频繁的互动。例如，在电影《花木兰》上映的时候，茶颜悦色推出了一款同名饮品，但销售没有达到预期的效果，因为味道微苦没有多少消费者愿意购买。于是茶颜悦色在微信公众号上发布了一则招募广告，寻找愿意“吃苦”的消费者来体验花木兰替父从军所遭受的苦，文案一出就立刻吸引了大批的消费者。蜜雪冰城也经常举办有创意的营销活动与消费者互动，其通过抖音、快手等平台进行视频预热，加上关键词，持续与消费者展开互动。

除了宣传外，品牌还可以通过第三方平台汇聚流量，现在小红书、抖音、快手等平台都是流量的汇聚地。如小罐茶的目标客户群体以年轻女性为主，因此选择了小红书作为其保持热度的平台。有很多极具热度的明星和网红会在小红书上面发布推荐笔记，利用红人的粉丝效应也可以迅速为品牌涨粉。由此可见，不同的平台具有不同的特色，企业要先分析目标顾客的特征，再据此选择合适的第三方平台进行品牌曝光。

最后，企业要学会在热点事件中发声。企业要善于利用热点事件体现品牌价值观，赢得消费者的好感。但不是所有的热点都要追捧，企业要全面考虑热点话题的时效性和风险性。

4. 提升销售人员的服务能力

中年消费群体大多数会选择线下门店购买产品，年轻消费群体则偏爱网上购物。因此，在门店的设计与销售人员的培训上也要根据消费者的偏好展开。在门店空间的打造上，企业要营造古色古香的氛围。在门店销售人员的培训上，企业要侧重于品牌理念、茶叶文化、产品特色和销售技巧，制定统一的服务标准，靠服务赢取回头客。在线上客服的培训上，企业要侧重于回复的话术、沟通技巧和突发问题的解决能力。销售人员的服务能力也是企业获取忠实用户的法宝之一。

5. 定期举行促销活动

促销是一种快速提升销量、吸引新用户的方式。企业应该根据发展需要制订促销方案、提升吸引力度，通过第三方平台进行宣传，让更多的消费者参与到活动中来。

三、爆品降本

对于线下店铺来说，爆品就是门店的招牌。对于线上店铺来说，衡量产品是否为爆品的指标主要是销量和用户评价。打造爆品对于买卖双方都是有利的：对于消费者来说，能够降低决策成本；对于企业来说，也降低了单位成本。因此通过打造爆品来降低成本是可行的。但茶企在成本控制上仍存在以下问题。

1. 茶企管理者缺少成本控制的经营理念

大型、中型或小型茶企大多都属于私营企业，私企的特点是自收自支，这导致企业整体的成本控制观念不强，对工作中的资源浪费没有采取措施。除此之外，茶叶企业属于劳动密集型产业，在制茶时需要招聘大量的劳动者，茶企将过多的资源投入在培训工作人员的采茶、制茶能力上，缺乏企业管理方面的培训，这就造成了资源的浪费。因此在推出爆品之前，成本没有得到很好的控制，究其原因多是人为因素所致，本应可以避免。

2. 茶叶企业成本控制的方式单一

我国茶企多数采用成本后期核算的方式控制成本，由财务部门在事后对成本进行核算管理，这样的核算方式只能后期管理成本，却不能有效控制并有针对性地节约成本；并且茶叶行业并不属于高新技术企业，多数企业没有建立数据管理平台，导致无法科学、合理地进行成本核算。所以，成本控制方式单一和缺乏数据支撑是实际操作中的难点，这严重影响了茶叶成本的统计与分析。

3. 茶叶企业成本控制部门的管理力度较低

我国多数茶叶企业的管理较为松散，使企业财务部门的工作人员很难真正落实成本控制工作，很难实质性地完成爆品降本。大部分管理人员一提到要降低产品的成本，就会首先想到降低产品的生产成本，却没有考虑人工费用或茶叶运输过程的费用等。除此之外，数字化技术手段的缺乏使管理力度不够，无法借助大数据对成本进行控制，这不利于茶叶企业的长远发展。茶叶企业控制成本可采取以下方式。

首先，提高茶叶企业管理者成本控制的经营理念。上文提到，茶叶工作人员往往只是在完成自己的本职工作，却没有考虑成本控制的问题。但在互联网时代，成本控制非常关键，培养企业管理者和员工成本控制的观念迫在眉睫。由此可见，茶叶企业推出爆品，不仅要对员工的工作能力进行培训和考核，也一定要加强企业经营管理理念的培养，要让员工意识到成本管理的重要性，可以使员工工资与成本管理工作相联系，避免员工浪费企业的资源。

其次，创新茶叶企业成本控制的管理方式。上文提到，采用成本后期核算的管理方式不利于有效控制成本，缺少一个量化标准。因此，企业应该创新成本控制的管理方式，利用数字技术手段，建立大数据平台，对生产、采购、人工费用进行综合统计来降低成本。为了确保收集的信息更加全面，企业还可以对数据进行质量评估，在企业内还可以进行成本数据共享，这有助于更加方便、公平、公正地进行成本控制工作。

最后，加强茶叶企业成本控制部门的管理。加强茶叶企业成本管控力度，首先要改变管理方式，将企业的管理方式从原来的信息化向数字化转型。在采购上，利用数字处理分析软件或系统对项目数据、金额数据、管理数据等多方面的数据进行分类处理，用数字结果说话，理性管控。在培养管理人才时也需要注重招纳数字化管理的人才。此外，企业可协同其他部门，共同采用数字化管理模式。

章末案例

艺福堂的品牌运营之道

一、企业简介

艺福堂从创建伊始就为成为普通老百姓都喝得起的健康养生茶叶这一品牌定位而奋斗着。为了保证茶叶的质量和来源，艺福堂在国内设有六个生产合作基地和四个茶叶工厂，并建设了一座大型保鲜仓房及多个实体专卖店。在“互联网 +”的背景下，艺福堂积极布局线上业务，在天猫商城、微博、微信等多个线上平台开通门店，让消费者能够更直接地获取商品信息。

二、营销战略

1. 产品策略

艺福堂根据目标客户群体的不同将茶叶品种进行划分，花茶系列的目标客户群体为年轻人，而龙井、老普洱系列则更加倾向于中老年人群。艺福堂根据消费层次需求的不同将茶叶的品质进行区分，走差异化竞争的策略，将茶叶分为高中低三档、一千多种产品，同时对茶叶进行一系列的配套开发，包括茶具、杯具等。就品牌宣传而言，为了迎合年轻消费群体的需求，艺福堂在产品的包装设计上选择更加时尚、更加潮流的包装。值得一提的是，为深入贯彻绿色发展的理念，艺福堂所使用的茶叶罐与其他茶叶厂商的不同，它内部附带生态种子，整个茶叶罐可以作为花盆进行栽种。在产品开发方面，艺福堂的开发团队由专注于营养、茶叶和食品技术的学生组成，从某种角度来讲，他们既是研发人员，也是产品经理，也正是如此，艺福堂才能一直推出令消费者满意的新产品。

2. 价格策略

在价格策略上，艺福堂一直走亲民路线，这也是它的产品定位，通过减少中间商赚差价的模式，利用各大互联网营销端口，将茶农生产出来的茶叶直接送到消费者手里。这大大减少了中间成本，为利润空间及终端价格提供了良好的保障。在有价格优势之后，艺福堂的茶叶自然就更受消费者青睐。

作为中国人民非常喜爱的茶叶之一，西湖龙井被誉为中国十大名茶之首，因为产量稀少，所以市场价格昂贵。而艺福堂在西湖龙井上做出了重大的突破，通过保质保量的形式去颠覆传统茶行业的思维模式。传统茶往往以量小价高而著称，但艺福堂通过与杭州市内三千亩龙井茶的茶农签订合作协议，通过体量来降低价格，同时减少中间的环节，优化供应链体系，为消费者提供了远比市场上卖得便宜，同时质量也有所保障的大众龙井茶。

3. 渠道策略

在渠道策略上，传统的茶叶售卖企业一般是走批发或者实体店零售路线。得益于互联网的兴起，艺福堂在销售渠道上大胆创新，充分利用互联网营销的优势，构建电商销售网络，这既降低了销售成本，又给消费者亲民的价格，可谓“双赢”。

艺福堂开始经营线上店铺是在2006年，当这个名为“东艺茶业”的淘宝商铺开始营业时，就代表艺福堂开始真正去打造自己的线上品牌。

艺福堂以线下实体店为辅。从品牌建立开始，艺福堂就以电商销售为主要的销售渠道，但是电商营销存在一个非常大的缺点，即消费者不能直接感受产品的质量，不能体验茶叶的具体味道，这会使消费者在购买时存在一定的犹豫。为了能够让消费者更好地了解易福堂品牌，更方便地购买和享用优质茶，艺福堂开始建立线下实体店。

4. 促销策略

艺福堂经常组织活动以达到品牌推广和产品推广的效果。例如，在2015年夏季，艺福堂在浙江一所学校举办了“要喝茶？拿卡路里来还”的推广活动。在活动中，学生们需要参加运动考试，以换取免费或降价的茶叶，这真正体现了艺福堂制作健康茶的经营理念，激发了新一代年轻人喝茶的欲望。而在春节、国庆节、中秋节等节日期间，艺福堂经常开展“优惠套餐”“保湿套餐”“综合折扣”等活动。

微博作为新兴媒体，是艺福堂用来宣传品牌的工具，也是与消费者沟通交流的平台。艺福堂的官方微博账号会定期发布一些茶叶小知识、饮茶功效小知识及一些相关的知识点，让人们了解饮茶的好处。与此同时，艺福堂也会在微博账号上组织投票，以此来获得消费者的饮用感受，获取他们的反馈，从而了解到自家产品有哪些地方需要改进，及时对战略及产品定位等进行改进或调整。正是这样高频的互动，也无形当中起到了一个良好的宣传功能，为品牌的推广提供了非常大的帮助。

在移动端上面，艺福堂开设了微信公众号，除了定期发布一些时事新闻以外，还会发布一些产品小知识，旨在通过微信公众号提升产品的影响力及消费者的受众面。

三、艺福堂的品牌经验

1. 以高品质树立品牌形象

“品种多、品牌少”是目前我国茶叶市场存在的一大问题，绝大多数消费者可能只知道西湖龙井、红茶等品种，却不知道到底是哪些企业、哪些品牌在生产和经营这些茶叶。由此看来，茶叶的品牌存在知名度和用户黏性低的问题，品牌与品牌之间存在很大的可替代性。为了解决这个问题，艺福堂的创始人李晓军决定打造自己的品牌，建立自己的生产厂，开发自己的产品，将“做有态度的健康茶”这一经营理念贯穿在从茶源选择到生产制作，再到最后送达消费者这一完整链条的每一步，以确保健康茶能够健康送达消费者。艺福堂按照国家标准引进了微生物检测仪器，在出厂前对产品进行了严格检测，并将产品送至可靠的检测机构进行第三方检测，这些不同的测试确保了艺福堂茶的高品质和健康。

2. 定位准确，激发潜力

作为日益崛起的消费群体，年轻人的消费能力正在与日俱增。在电商营销的时代，他们作为互联网的主要用户群体，是巨大的潜在消费群体。艺福堂将受众群体定位为年轻人，有针对性地推出走年轻化路线的产品。同时，艺福堂坚持做有态度的健康茶，这也正符合当下养生的消费理念。艺福堂的创始人毕业于中药系，所以他组建的研发团队在进行产品研发时会更加注重药食同源，将中药的养生作用赋予到茶产品当中。这一特点让消费者对艺福堂的品牌印象就更加深刻。

3. 价格亲民，渠道多样

前文提到，艺福堂致力于成为老百姓喝得起的茶，这一产品定位就要求他们的茶叶价格更加亲民，加之从茶农直接触达消费者的模式，所以他们的产品价格大都集中在 30 ～ 100 元，相较于同级别的茶叶具有价格优势。在西湖龙井茶的销售方面，艺福堂采用小包装销售的形式降低每包价格，更加方便消费者选购，从而提升了产品的销量。

四、总结

1. 找准品牌定位，拓展市场边界

艺福堂不局限于传统茶叶市场，而是更加专注于以年轻人为主要消费群体的花茶及代茶饮等新兴市场，在茶叶受众普遍是中老年人群体的时代，成功打开年轻人市场，实现“弯道超车”，这也正符合他们的产品定位，通过锁定目标消费群体来找准自己的赛道。

2. 树立品牌意识，构建品牌蓝图

艺福堂从创建开始就着手打造自己的品牌，构建自己的品牌蓝图，决定改变当前中国茶叶市场有种类、无品牌的现状，即消费者对茶叶品牌的认知度较低、消费者的忠诚度不高的现状。因此，互联网茶叶企业在创建之初，应先做市场调研，确定主打产品，然后再进行针对性地包装和推广，最后以关键产品打造品牌和企业形象，以获得目标客户的认可。

3. 优化服务，提升用户体验

尽管电商销售有很多优点，但凡事都是双刃剑，消费者在网购之后需要等待快递的送达，这也在无形当中增加了消费者的机会成本。为了解决这一难题，艺福堂在全国各大片区建立自营仓库，将次日达服务覆盖 80% 以上的地区。

4. 优化供应模式，促进利益共赢

传统的企业供应模式一般是从工厂到经销商再到消费者，为了简化流程、降低成本，艺福堂采用从茶农到消费者的经营模式，强化供应链管理，推动了茶产业的进一步变革，做到了三方共赢。

5. 重视挖掘人才，鼓励锐意创新

一个企业的发展离不开人才的引进，在研发团队的搭建上，艺福堂

的团队成员大都毕业于相关专业，这让茶业产品的品质得到了巩固和加强，为专业化的生产奠定了基础。

（资料来源：笔者根据多方资料整理而成）

本章小结

营销环境的变化对品牌提出了新的要求：一是需要准确把握消费者的需求，强化品牌的粉丝效应；二是要打造不同于其他品牌的产品，做出系列化的产品；三是要打通线上线下的购买渠道，激发消费者的购买欲望。如果品牌能够精准触及消费者需求，就能更好地影响消费者决策，始终能在同类产品中保持竞争地位。除此之外，茶品牌要想依靠产品占领市场，就要重视产品的内容与形式。

人们对品类的记忆和认知往往比品牌还要深刻。让消费者记忆深刻是品牌的目标之一。要想实现品牌效益，除了制订品牌目标，还要做好品牌细分和品牌定位，这样才能全方位地做好品牌运营工作。

茶叶企业要想形成强大的品牌效应，在寻找到合适的市场后，应集中优势资源进行品牌运营。

第三章

引爆 IP

“茶之为饮，发乎神农氏”，这句话出自唐代著名茶学家陆羽所著的《茶经》，说明中国茶已有几千年的历史文化底蕴。产品为根，品牌为王，中国茶业乃至世界茶产业已进入了品牌竞争的时代，谁能用数字化营销模式打造爆款 IP，赢得消费者的认可与支持，促进品牌推广，提高品牌价值，谁就能从一众茶企中脱颖而出，成为中国茶业第一品牌，做中国茶文化的传播者。

如果说 19 世纪属于英国，是咖啡的时代；20 世纪属于美国，是可乐的时代；21 世纪则属于中国，是茶叶的时代。

——八马茶业董事长　王文礼

开篇案例

强势入局，小罐茶给茶行业上了一堂品牌课

一、品牌介绍

中国是茶的故乡，已经有将近5000年制茶、饮茶的历史，而小罐茶品牌诞生于2014年，成立两年销售额破20亿元的战绩一直是业界的传说。正如品牌理念所说，小罐茶致力于做中国好茶，做好中国茶。短短八年时间，小罐茶就已成为国内茶行业的佼佼者。2018年11月，小罐茶被评为“2018中国茶业品牌传播力十强企业”，成功跻身中国茶叶百强企业行列；2020年小罐茶荣获最具向上影响力企业50强；在2021年博鳌大会上，小罐茶为来往嘉宾提供了1.5万杯原味茶饮和600余杯特调茶，向世界展示了中国茶的品质与魅力。

小罐茶是在中国消费升级和互联网经济发展背景下诞生的中国茶品牌，其创始人杜国楹同时也是背背佳、好记星等产品的创始人。在电脑、手机等互联网终端还没有普及的年代，电视是人们日常生活娱乐和获得信息的主要渠道，电视广告成为众多品牌向消费者传递产品信息、进行营销的主要方式，杜国楹也在产品推广方面投入了大量的金钱和精力，铺天盖地的广告的确为他的产品带来了很高的知名度。杜国楹的这种大水漫灌式的营销方式使他的每一款产品都在市场上激起了不小的水花。杜国楹利用这些宝贵经验展开了新的创业之旅，再次起航。他摒弃了电子消费品，转向了拥有悠久历史的茶行业，力求打造一个世界级的中国

茶品牌。小罐茶的创始团队在建立品牌之前准备了将近两年的时间，对茶行业进行了深度的调研分析，顺应数字化转型发展潮流，采用互联网思维和经济理念，在创立之后打出了一套数字化营销组合拳，使其在一众传统茶企中脱颖而出。

二、商业模式

千年茶文化和原始茶产业是中国茶的一大优势，悠久历史文化底蕴和庞大的茶企规模为中国茶的发展奠定了消费基础，但是茶行业的可持续发展也面临很多困难。首先，我国茶企数量很多，但是规模大且有知名度的品牌很少。其次，由于茶叶的品种和制作工艺太过复杂，缺乏统一的行业标准，一般人无法区分茶叶的优劣，从而不能对茶叶进行准确的价值判断，这也就造成了茶行业的信息不对称，消费者很容易买到价高质低的茶叶，这进一步提高了茶叶市场的消费门槛，使茶行业强势品牌的建立难度加大。最后，烦琐的喝茶步骤不适应当前快节奏的生活，年轻群体趋向于奶茶和碳酸饮料，新式茶饮迅速崛起并占领年轻化市场，这种趋势给传统茶行业带来了巨大的压力。小罐茶针对这些问题，从解决消费痛点、打破行业传统、创新茶品牌等几个方面打造了独特的数字化商业模式。

首先，以用户为核心，明确产品定位。中国传统茶行业在种植品种、加工工艺、营销和流通等方面已经形成了一套完整的流程，小罐茶作为一个新品牌，如果想在工艺流程等方面进行创新非常困难，所以要想有突破式的发展就必须从消费端入手，抓住消费者的消费心理和产品需求，明确产品定位才能实现精准营销，快速占据市场，而年轻人市场无疑是当前还未得到充分开发的竞争新高地。中国茶如果按照需求划分的话，可以归为三类。第一类是日常生活刚需。近些年来，年轻人更偏向于新式茶饮，绝大部分人没有饮茶的习惯，所以普通茶并不适合通过小罐茶开发新市场。第二类是高雅情操的熏陶。茶道里包含了几千年来中国茶文化的精髓，茶具的选择、泡茶的步骤甚至连饮茶的时间都有讲究，处于快节奏生活的年轻人显然不会为这类顶端茶叶买单，所以小罐茶放弃了这一选择。第三类是人情往来的伴手礼。烟酒礼茶都是中国人在过节时常送的礼品，中高端的茶叶就是不错的选择，小罐茶最终选择了高端商务礼茶作为产品定位，专为年轻人打造现代化的中国茶饮，改变他们对中国茶土、繁、奢的古板印象，让年轻人爱上中国茶、传承中国茶文化。为了让小罐茶的高端品牌形象深入人心，小罐茶选择和央视合作进行广告投放。铺天盖地的广告很快提高了小罐茶的知名度。传统茶叶是以斤或两来定价的，小罐茶以金属罐装来卖，一罐一泡既符合现代简约风格，也提升了饮茶过程中的品位和档次，更加契合中高端商务人士的形象。除了在央视打广告，小罐茶还借助高端媒介持续投放，主要是投放到机场、高铁等与品牌目标人群相匹配的地方，实现精准营销。

其次，以产品为依托，打造匠心品质。前文已经提到中国茶消费市场的一大痛点就是信息不对称，茶品质参差不齐，不懂茶的消费者面临选择难题。小罐茶在调研过程中发现，消费者判断茶叶品质的方式有看色泽、闻香味及看冲泡形态等，基本上是靠个人经验，充满了随机性。既然消费者没有统一的判定标准，那就让小罐茶为消费者提供标准。好茶叶的标准是什么？是制茶的手艺，而不在于茶叶本身。从粉丝经济和网红经济爆火的现象来看，普通消费者对权威及专家的依赖程度很高，但是消费者需要的不是鉴赏的技术，而是一罐好茶叶。所以小罐茶另辟蹊径，在全国范围内找到了八位制茶的非遗传承大师，由他们进行产品的创作和监制，降低了品牌进入市场的阻力，“小罐茶，大师作”的广告词由此而来。大师的品质给消费者提供了保障，是对产品最好的宣传，也为消费者找到了购买理由。小罐茶采用自动化技术进行生产加工，统一等级、统一包装、统一重量，针对不同品类进行保鲜储存，利用氮化技术为消费者的饮用安全提供了保障。

最后，以创新为引领，提升品牌价值。小罐茶的售卖渠道不仅包括线下门店和线上电商，还有烟酒店等，多渠道分销加快了品牌形象的建立，使小罐茶成为快消品，但这对提升品牌价值还远远不够。因此小罐茶的营销重点就放在了创新上，以创新提高品牌价值。为了更快与年轻人建立起品牌联系，小罐茶采用了IP跨界联名的方式进行品牌营销。2019年，小罐茶与故宫食品合作打造"奉旨喝茶"联名礼盒，重新诠释了传统文化和现代生活的完美结合。2020年，小罐茶与恭王府推出了"天下第一福"定制联名款，又掀起了一股国潮热。为了更好地传承茶文化，小罐茶与清华大学展开了艺术合作，研究发现传统节日与特定的色彩挂钩，如中秋蓝、端午绿、春节红。小罐茶根据此项研究，在八月十五来临之际，推出了中秋蓝特别定制礼盒，取名为"诗月茶香"，给消费者带来了全新的视觉体验。小罐茶借此机会推出了品牌创新品类，赚足了眼球，使品牌价值进一步得到提升。

三、总结

总之，小罐茶为新时代如何创建一个标准化的茶品牌提供了一套独特的解决方案。发展中国茶品牌，不仅要实现产业链的现代化，还要创新茶文化，从而构建品牌与消费者之间沟通的桥梁，获得消费者的认同，提升品牌价值。产品定位为高端消费品的小罐茶不管是在包装设计、定价上，还是在推广方式上，都展现了其与传统茶行业之间的差别，成功创造了品牌价值，为产品带来了超高溢价。小罐茶的成功除了与其独特的商业模式有关，还与小罐茶做的大量调研有密不可分的联系。前期的准备工作为小罐茶的成功奠定了基础，良好的用户体验和品牌效应是传统茶叶产业链的进一步延伸。小罐茶的成功证明了高端茶叶品牌未必需要足斤足称，需要的是尊重感和体验感。未来的茶叶市场会有更广阔的场景，其他企业可以从小罐茶的商业模式中汲取经验，致力于打造中国茶品牌，使之走出国门，走向世界。

（资料来源：笔者根据多方资料整理而成）

第一节　传播途径

中国茶文化传承数千年，只有品类而没有品牌一直是茶产业的痛点。要想快速建立品牌形象、提升品牌价值，企业就必须进行有效传播，通过打造爆款 IP 来吸引消费者参与互动，建立品牌与消费者之间的联系，让消费者在体验过程中接受品牌价值传播，最终达到产生消费行为的目的。

一、娱乐化

随着社会经济的快速发展，人们的生活质量逐渐提高，互联网设备及移动终端逐渐普及，物质层面的富足已经满足不了人们的需求，整个社会对娱乐消遣的需求不断扩大，由此形成了“泛娱乐化”现象。互联网和大数据等技术使现代媒体能够将各种事物进行快速传播，满足人们对不同娱乐的需求，微博、微信、抖音等社交媒体软件为社群网络的建立提供了媒介，也为娱乐营销打下了深厚的基础。

茶叶作为一种日常消费品，除了老一辈还有饮茶的习惯之外，大多数年轻人都已经没有饮茶的习惯，一是不懂品茶，难以从中获得体验感；二是当前市场新式茶饮异军突起，口感好又不贵，吸引了绝大部分消费者。茶企如果想打造爆款 IP，势必要以娱乐化为载体，采用新颖、有创意的方式表达品牌的形象和理念，演绎品牌的风格与魅力，让消费者在娱乐中产生情感共鸣，对茶有新的认识，并且喜欢上茶。在此过程中，茶企向消费者传递品牌价值，增加消费者对品牌的信任，同时积累忠诚用户，达到销售的目的。品牌娱乐营销更类似于情感营销，是通过感情共鸣来诱发消费者的购买行为，让消费者真正成为品牌中的一份子。

传播途径娱乐化主要有以下几个特征，如图 3-1 所示。首先是生动化，娱乐传播强调在品牌形象中加入创意元素，利用新颖的娱乐创意，使品牌形象更加具体，情节也更加活泼，从而使营销传播变得有趣、有亲和力，更能激起消费者的购买欲望。比如，网红博主李子柒就通过自媒体向网友展示了自己摘茶、炒茶的过程，让大家在忙碌之余享受了传统茶文化的熏陶，由此激发了许多人对茶叶的兴趣。其次是时尚化，消费者对娱乐的追捧日新月异，一直在追求新的美好的事物，娱乐营销传播要掌握时尚动态，随时调整品牌战略，以便迎合消费者对时尚的需求，传递时尚元素。比如，小罐茶推出的一罐一泡就是专为当代年轻人追求的极简生活打造的，并且随时根据消费者需求变化调整产品战略，不断推出新的品类，紧跟时尚。最后是立体化，各种娱乐营销传播的态势都掌握在娱乐传播媒体手上，茶企要善于利用各种媒体的长处，与它们实现充分的互动，在传承茶文化的同时体现品牌形象，从而使营销传播达到更好的娱乐效果。比如，影视剧中常常出现的三只松鼠、唯品会，还有综艺节目中出现的安慕希和一叶子等，都通过与品牌形象契合的节目或影视情节有效地给消费者留下深刻的印象，达到了不错的娱乐宣传效果。

娱乐化特征	生动化
	时尚化
	立体化

图 3-1　传播途径娱乐化特征

娱乐化传播方式比较常见的有以下几种，如图 3-2 所示。一是娱乐显性广告，是指企业通过幽默、感人或夸张的媒体广告或小短片进行品牌宣传，让消费者在观看广告时能够感到身心愉悦，降低消费者对宣传性广告的抵触性，提高品牌的渗透力。二是娱乐隐形广告，是指在影视作品、综艺节目或者网络游戏中，由部分角色或者场景将某些品牌展示给观众，也就是常说的广告植入。这种方式非常考验如何以极其巧妙又不动声色的方式将品牌信息传递给观众。目前有较多影视剧及纪录片对我国历史朝代的茶文化进行了演绎和解说，反响都不错，茶叶品牌商可以从中找到新的营销创意。三是明星代言，是指利用明星的粉丝效应为品牌进行宣传，这种方式适合绝大多数品牌。知名度和影响力较高的明星艺人不仅有庞大的粉丝群体，还有比普通传播者更强的传播效应，利用消费者喜欢的明星让消费者对品牌产生信赖，已经是市场发展的一种潮流。小罐茶就邀请了凭借《三十而已》爆火的童谣作为品牌代言人，取得了很好的宣传效果。

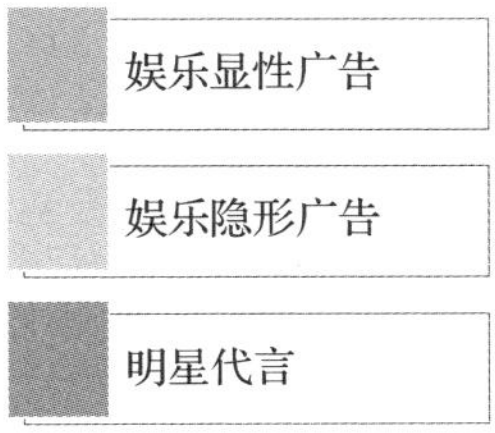

图 3-2　娱乐化传播方式

当前的娱乐营销也存在缺乏新意、缺乏内涵及不能触及目标用户等一系列问题，不同茶叶品牌应该根据自身产品特性及运营模式选择合适的营销方式，争取以更快更好的方式打开品牌知名度。

引爆 IP 专栏 3-1

“茶界茅台”竹叶青的娱乐化营销玩法

一、品牌介绍

峨眉山产茶历史悠久，以盛产峨眉高山绿茶而享誉国内外，于 1998

年创立的四川省峨眉山竹叶青茶业有限公司（以下简称竹叶青公司）是我国茶行业中的知名企业。经过20多年的发展，现在不仅拥有多家线下门店，还在天猫、京东、小红书、苏宁易购、拼多多等多家电商平台布局线上销售。竹叶青公司连续十三年在全国高端绿茶销量和占有率中稳坐第一宝座，在2020年中国品牌实力指数排行榜中竹叶青公司荣获茶叶类第一名。2021年，在由world brand lab颁布的《全球十大高端名茶》分析报告中，竹叶青是唯一一个成功入围的中国品牌，品牌价值堪比茅台、华为，由此竹叶青品牌有了“茶界茅台”的美称。在数字化转型浪潮的推动下，竹叶青公司借助娱乐化实现精准营销，获得消费者的青睐，从而成功打造爆款IP，提升品牌价值。

二、商业模式

首先，竹叶青的原产地是位于世界公认的北纬30°黄金产茶带的峨眉高山，拥有得天独厚的产茶环境。竹叶青每年需要在清明前完成采摘，以此确保茶叶的鲜嫩和完整，之后茶叶要经过35道加工工序和65项检测标准来保证产品的质量。如此严苛复杂的生产过程为竹叶青的高端化路线奠定了基础。竹叶青公司以高端精品为基础打造爆款IP来吸引消费者，具体的娱乐化营销方法体现在四个方面。第一，竹叶青公司与中国棋院达成战略合作，使竹叶青成为国家围棋队的指定用茶，利用中国棋文化为竹叶青公司的产品增添新的文化内涵，凸显品牌的高端化。之后竹叶青公司多次以围棋赛事赞助商的身份亮相，提高了品牌曝光度。第二，竹叶青公司邀请了体育界的张继科、文商界的高晓松等多位跨界名人为其品牌进行品质背书，让消费者更加信任竹叶青品牌。第三，竹叶青公司将研发出的高端单品“论道”系列在摩纳哥世界顶级奢侈品展中作为“国礼”送给不同国家的元首，延伸了产品价值和文化内涵，为高端化形象打下了国际基础。第四，竹叶青公司积极参与各类展销会、博览会和外宾招待会，进一步扩大产品的推广范围。这一系列营销让竹叶青公司成为爆款IP，吸引了更多消费者对品牌的喜爱，让竹叶青公司在茶行业赢得了销量和口碑。

其次，为消费者提供全方位的娱乐配套服务。2003年电商行业刚有了起色，竹叶青公司就嗅到了商机，逐步在天猫、京东和苏宁易购等多个电商平台开设了旗舰店，同时不断完善线下门店的设备服务，全方位的销售渠道快速提高了竹叶青的销量。随着新零售和短视频直播的兴起，竹叶青公司又开始了以消费场景为基础的全渠道布局，利用数据中台服务打通全渠道品牌会员数据管理，对消费者需求进行分析分类，制订不同的方案实施精准营销，为消费者提供高端绿茶和高端服务，提高消费者体验和消费者对品牌的黏性。

最后，通过现代传播媒介抢占年轻人视线，用娱乐化社交互动触达消费者。竹叶青公司除了在地铁、公交、高铁等地投放广告，还在小红书、微信和抖音等平台吸引粉丝引流，辐射不同群体用户。比如，竹叶青在微信公众号和朋友圈大面积投放广告，吸引用户关注品牌公众号，从而获得线下门店免费领取“茶礼”的资格，实现微信平台的用户触达和引流。竹叶青公司与熊猫邮政、《大鱼海棠》电影和米其林餐厅等跨界合作也为打造爆款IP带来了新的热度，在消费者心中树立竹叶青的品牌形象，在拉动销量增长的同时也提高了品牌价值。

三、总结

总之，竹叶青公司为传统茶企在互联网时代的发展开辟了一条娱乐化营销道路，在消费升级的时代背景下，以消费者为核心，明确产品定位，在保证产品质量的同时采用娱乐化的宣传方式，拉近了品牌与消费者之间的距离。传统茶企除了打通线下线上全渠道销售，为消费者提供多样化的场景体验之外，还需要善于利用数据中台描绘消费者画像，充分发挥消费者的数据价值，从而制订精准的营销活动，帮助品牌实现消费者的深度运营，在促进销量增长的同时提高品牌影响力。

（资料来源：笔者根据多方资料整理而成）

二、互动化

传播途径娱乐化强调的是吸引消费者的注意力，而互动化强调的是建立品牌与消费者之间的联系。互联网、大数据还有智能终端的普及使传播形式由单向传播转向多向传播，让传播过程更加具体。消费者如今面临的是多样化的选择，品牌商要想快速积累忠诚的粉丝，就必须采用互动式营销，通过与消费者的互动来实现品牌传播，从而在更短的时间内形成爆款 IP。

茶叶虽然是日常消费品，但是其功效充满无形性，评价标准也五花八门。对于不精通茶叶的消费者来说，很难找到适合自己且高品质的茶叶，所以这个问题更体现了茶行业互动的重要性。企业可以向消费者提供咨询服务，根据消费者的需求或者偏好推荐产品，创造一个跟随客户而不是领导客户的销售过程。

互动营销可以是一对一，也可以是多对多，拥有多种形式，最重要的是品牌商能够对消费者的行为或者需求做出及时的反应，通过对话、文字和活动等形式与消费者进行交流，能够更快速地寻找目标消费者，并且实现精准营销。互联网技术使各种远程交流互动成为可能，也为品牌推广提供了更大的创新空间。常见的互动营销方式有以下几种。

一是线下互动营销。这种比较常见，如大型商场和超市的导购会随时为顾客提供咨询服务，针对他们的问题做出及时的回应，能够让顾客在最短的时间内了解产品，并且购买到自己心仪的产品。而像茶叶和食品饮料类产品，通常会有试吃试喝的环节，让顾客通过亲自品尝来判断产品是否符合购买条件。这个过程能够让顾客感受到权益的满足，通常能够促进交易的达成。大多数茶品牌商都深知互动式营销的重要性，所以茶叶店通常都会为顾客免费提供茶饮，与顾客在饮茶的过程中进行心得交流，同时在潜移默化间强化顾客对产品的味蕾感觉，提升其对产品的满意度。

二是线上互动营销。电商行业的崛起为茶叶的销售提供了新的渠道，使店家能够随时随地通过微信、电商平台及各类网站与消费者进行交流。比如，消费者在电商平台浏览到感兴趣的产品且想深入了解时，店家就可以为其提供信息，解决其存在的问题。还有一些品牌商会在浏览器中投放大量的广告，根据消费者输入的查询关键词适时显示广告，这就为品牌商提供了与消费者互动的机会。只要消费者浏览了该广告，对产品及品牌历史有一定的了解，就可能留下其个人信息及偏好。品牌商根据这些信息可以对消费者的需求进行个性化定制，从而进行精准营销，大大提高了销售的可能性。

互动营销虽然有多种形式，但需要合理使用才能达到理想的传播效果，互动性注重的是商家与消费者之间的互动交流，引导消费者，用专业的知识背景打动消费者，用亲和力让消费者给出及时的反馈，从而建立情感连接。另外，互动营销需要善于利用社会舆论，消费者评价在数字经济中发挥着不可小视的重要性，品牌需要一个符合品牌形象且品质优良的人来引导消费者的交流互动，从而为品牌积累好口碑。

茶叶的复杂性使品牌商难以跨过空间的阻碍进行大规模的推广，线上互动营销结合线下才能更好地发挥作用，特别是对传统的线下品牌商来说，利用已经建立的品牌口碑开拓线上销售渠道特别重要，这也是进一步提高品牌知名度的最好方式。积极拥抱数字化，采用数字化生产方式，走数字化销售模式，是当前我国茶企打造有竞争力的品牌的必由之路。

三、体验化

传播途径体验化的兴起催生了“体验经济”的诞生。社会经济形态的演进过程是遵循一定规律的，一般从农业经济到工业经济再到服务经济，而“体验经济”是社会经济进一步发展的结果。在这个经济阶段，企业需要以消费者为核心，以服务为重心，同时以产品作为素材，在购买过程中刺激消费者的感官、情绪和行动，为消费者创造出情感价值，抓住消费者的注意力，影响其消费行为，打造爆款 IP，为品牌找到新的生存价值。体验式营销的展开途径如图 3-3 所示。

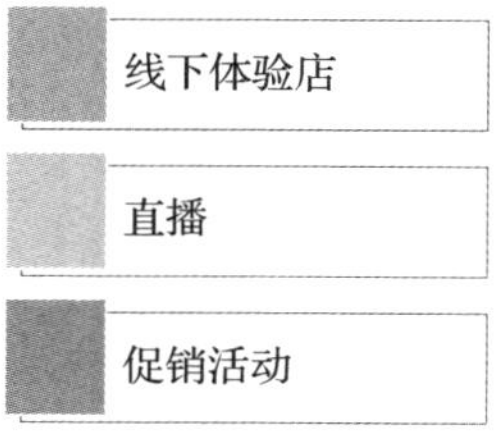

图 3-3　体验式营销的展开途径

体验式营销在互联网设备终端品牌中最为常见，如苹果、华为、小米等制造商都在线下开设了体验店，大多聚集在人流量较多的商场中，消费者进店就可以尽情免费地体验各类电子产品，专业的工作人员为消费者提供各种咨询服务。这样的营销方式吸引了大部分年轻人，并且很容易发掘潜在顾客。因为电子类产品的价格一般较高，所以消费者在购买时会更加慎重，特别是对品牌和产品性能不了解的消费者很难做出购买决定。线下体验让消费者可以亲自感受产品的特点，对产品外观、性能及性价比也有了充分的了解。

场景体验的优势在直播经济的爆火中得到了充分的发挥，罗永浩等头部主播正是通过直播将海量的商品与目标消费者进行匹配，从而实现了惊人的销售额。线上销售的一大痛点就是消费的不可触性，消费者无法亲身感受产品的质量和效果，图片与实物之间的落差是网购退货的主要原因。而直播在一定程度上解决了这种问题，由主播来挑选产品，并且为观众体验产品，实时地分享自己的感受与看法，从而激发消费者的购买欲望。

茶企要想做强做大 IP 品牌，增强自己的品牌竞争力，势必要向体验式营销转变，通过这种传播方式拉近消费者与品牌之间的距离，并且在消费者心中留下深刻的印象。茶企的体验式营销还可以从这几方面展开。首先是增强教育体验，让消费者知道自己的产品是什么、特性是什么、好在哪里、怎么用最好。比如，企业可以针对目标消费者群体策划线下有奖问答活动，吸引消费者广泛参与活动，并且在现场提供免费茶饮，鼓励消费者在社交软件中进行茶文化分享，扩大产品的影响范围。其次是创造产品体验，拥有完整产业链的茶企可以整合资源，让消费者参与茶叶种植、采摘及制作过程。亲手为自己制作茶叶是当下非常流行的营销方式，消费者从中体验到了乐趣，掌握了更多知识和经验，更容易激发购买力，增强对品牌的信任。最后是满足全渠道体验需求。茶企除了积极打造线下门店，也要进行全渠道布局，打通线上线下销售，让消费者既能享受到店消费体验，又能享受高效便捷的网购体验。目前很少有茶叶品牌进军直播领域，如果能够通过直播为观众带来不一样的体验，也能形成较好的营销效果。

第二节　平台赋能

各种社交娱乐软件的开发不仅满足了人们对社交娱乐的需求，也为企业建立品牌形象、传播品牌价值提供了平台。在流量为王的互联网时代，不同的平台具有不同的功能，能够为不同品牌提供充足的发挥空间。抖音、快手、微信及电商等平台是流量高地，拥有数量庞大的用户群体，为中国茶打造爆款 IP、传承茶文化提供了平台力量。

一、抖音平台

抖音是字节跳动于2016年推出的一款短视频社交软件，用户可以通过抖音分享自己的日常生活及创作作品，同时也能了解更多奇闻趣事，认识更多朋友。短视频平台的诞生是为了满足用户对快节奏生活的需求、合理利用碎片化时间。短视频平台使用户可以在较短的时间内获得放松与娱乐，并且从中获取信息。如今抖音已经成为许多人日常休闲生活中不可缺少的一部分，2021年抖音全球用户量达15亿，日活跃用户达6亿，视频日搜索量超4亿，是当代年轻人的主要聚集地，也是品牌商家抢夺流量的竞争新高地。利用短视频营销，一方面，可以让品牌更广泛地接触用户，挖掘潜在消费者；另一方面，抖音的大数据算法可以帮助创作者实现精准营销。2018年抖音开始电商布局，从商品橱窗到自营小店，再到直播带货，让商家可以通过短视频为产品进行推广营销，同时实现引流。流量变现展现出了惊人的转化力，吸引了一批又一批商家入驻抖音，也为现代茶产业打造爆款IP提供了新平台。

据了解，我国茶行业90%的企业商家都已入驻抖音，如大益、润元昌、八马茶业、小罐茶等大型茶企，还有很多茶企运营、茶文化普及和茶农也开通了抖音账号，希望借助短视频吸引流量，增加产品的销售量及打开品牌知名度。短视频营销本质上是内容营销，通过打造差异化内容吸引用户的注意力。茶叶作为一种特殊的消费品，口感是最重要的卖点，也是最难直接体验的，所以互联网茶叶开拓线上电商市场存在较大的阻力，对内容创作的要求更高。

抖音平台中与茶叶有关的内容主要分为以下几种。一是日常分享类视频，主要是一些小规模的实体店茶老板用来记录生活的视频，分布比较零散，推广范围有限，关注量和点赞量相对较少，难以积累流量。二是搞笑模仿类视频，因为具备话题和流量，通常能够获得较高的曝光量，时刻关注时事热点、抓住机会的茶企可以取得不错的宣传效果。三是情感短剧类视频，以茶叶为故事背景，设计不同的情境，在内容中融入品牌理念，不涉及任何推销行为，让用户能够从视频中感受到茶文化的魅力，对品牌产生信任，从而拉近品牌与消费者之间的距离。四是知识分享类视频。这类视频通常是满满的干货，创作者向用户普及有关茶的知识，包括如何挑选茶叶、如何泡茶、喝茶的礼仪及茶具的挑选等，专业性非常强，通常积累到一定的粉丝量后就容易实现流量变现，因为前期建立的专业形象让用户对创作者产生了信任，当需要购买有关茶的商品时，自然而然会更信赖创作者推荐的产品。这种方式对创作者的耐心及毅力有一定的考验，需要坚持很长一段时间，深入同一个方向，保证视频的内容质量，才有可能取得成功。

缺乏经验或者不懂抖音营销的茶企可以从上述内容中选择适合自身企业的切入点，保证创作的数量和质量，强化创新意识，打造自身的差异化优势，提高品牌曝光量。很多茶企在入驻抖音后发现点赞量和关注量不高就放弃了内容创作，这种消极的态度不利于积累粉丝，一步一个脚印才是成功的关键。建议茶企坚持输出高质量内容，摸清抖音的营销特点，实现线上引流，利用电商或直播完成流量变现，做大做强品牌。

二、快手平台

快手是比抖音还要早进入人们视野的短视频平台，最初快手只是一款为用户提供GIF制作功能的软件，用户只要进行简单的操作就可以生成各种有趣的动图，并且支持在微博、QQ及各种网站上进行分享，由于简单实用受到许多用户的喜爱，这为快手积累流量打下了很深的基础。2012年，快手的创始人敏锐察觉到广大年轻人的需求，开始转向碎片式娱乐和互动式社交，因此在极短的时间里就把快手这款纯工具型的软件打造成了短视频社交软件。

让用户可以在平台上记录和分享美好生活是快手一直以来推崇的价值理念，虽然大多数用户都只把快手当成一个娱乐软件，但快手本质上是一个社交平台，它在很多产品设计上都强化了社交功能。首先，快手平台的点赞和评论在无形之中实现了人与人之间的沟通。其次，快手在平台中引入了私信、可能认识的人及查看附近的人等多种功能，并且利用个性化推荐算法为用户推荐可能感兴趣的内容和相关用户，加强了软件自身与用户之间的联系，进一步强化了快手的社交属性。最后，快手平台开发的直播功能将实时的互联网交流变为了可能，通过直播创作者可以直接接触用户，在与观众交流互动的过程中拉近彼此之间的距离，而且虚拟礼物打赏功能让流量得以变现，凸显了快手的经济价值。据统计，快手是全球范围内虚拟礼物打赏流水最多的直播平台，这充分体现了快手平台在经济领域的优势。

随着快手用户活跃度的不断增加，平台引入了电商、广告和直播带货等方式帮助创作者实现流量变现，这改变了快手收入的单一结构。多元化的收入吸引了越来越多的用户入驻，其中也包括二、三线城市的普通人，他们通过快手将农产品、手工艺品和个人经历以短视频的形式展示到大众面前，有的搞笑，有的煽情。快手对优质内容从不吝啬，会给优质作品提供更多的曝光度。快手为许多偏远地区的农产品提供了新的销售渠道，同时积极参与公益事业，让更多人通过快手平台脱贫致富，逐渐衍生出了快手平台独特的“老铁文化”。“老铁文化”的商业价值在于社交变现，商家品牌通过长期的分享与讨论，和用户建立了友谊和信任，信任促进了交易的达成。快手直播带货是数字经济发展的一种新趋势，也是体现“老铁文化”商业价值的一种新形式，如图 3-4 所示。

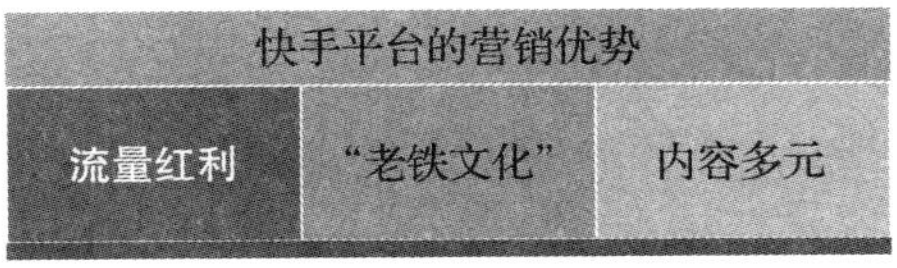

图 3-4　快手平台的营销优势

中国茶行业的特征是零散化，没有形成规模经济，这也意味着小茶商难以用传统的营销方式打开市场，快手平台的出现为茶企促销、打造爆款 IP 提供了渠道。

通过快手打开销售渠道、提高品牌知名度有如下三种方式。

一是拍摄短视频。像美食博主李子柒一样专心创作，将艺术与创新融入其中，将采茶、制茶等流程完美地呈现在观众眼前，或者分享茶知识，既可以为用户提供精神享受，也可以为产品进行推广营销。企业若长期坚持输出高质量作品，并且保持与用户之间的交流互动，后期也更容易实现流量变现。

二是与网红主播合作。对于希望在较短的时间将产品推广出去的品牌商来说，寻找头部网红主播合作是最佳选择。因为快手的网红主播已经积累了一定的流量和名气，由他们来为产品进行宣传和带货是有保障的，公众对头部主播推荐的产品往往有很强的购买欲，所以能够给品牌带来更高的销售量，同时也能给品牌带来更高的热度。

三是寻求平台合作。快手近几年热衷于扶贫公益事业，在乡村振兴带动农村发展方面贡献了不小的力量。为了充分利用快手的电商优势推动直播经济发展，快手平台为多地茶产业建立了直播基地，包括主播培训、物流中心和运营服务中心等，旨在帮助企业打造品牌影响力，解决茶企持续增长的难点、痛点，让茶行业能够顺利实现数字化转型。比如，

2021 年 4 月，快手福建茶叶电商直播基地正式落地福州，使福建的茶产业能够全面拥抱数字化营销，实现电商转型。

三、微信平台

随着互联网技术的不断发展，信息传播的方式有了新的变化，微信和 QQ 等工具使人们的社交变得更加方便，范围也更加广泛。从软件设计方面看，微信具有普适性，使用方法简单纯粹，添加好友之后进行交流和互动，把个人的日常生活分享到朋友圈，在评论区与好友进行交流探讨，强大的交际属性让微信成功打入不同类型的用户群体。许多公司也将微信作为工作的辅助工具。随时随地打开手机微信扫一扫就能加好友，方便又快捷。在这样的基础上，微信社交爆发出了强大的生命力，平台的用户数量不断刷新纪录，微信社群营销也成为当下最火热的营销推广模式之一，如图 3-5 所示。

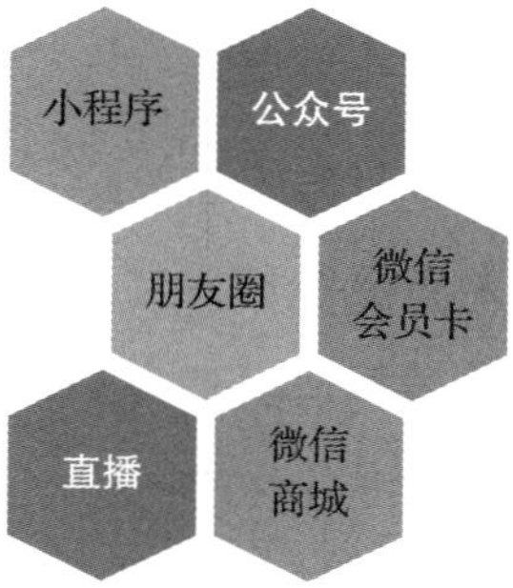

图 3-5　微信社群营销的推广模式

微信开发的许多生活服务及功能为现代茶品牌拓宽销售渠道及打造爆款 IP 提供了平台支撑。

首先，微信让品牌得以实现点对点精准营销，茶企品牌得到用户的关注后，就能够与用户进行 100% 的成功会话，这种客户维系方式比广播式的推广效果要好得多。很多线下茶叶实体店都会在顾客进店消费时加微信好友，一是方便随时联系，二是有利于商家进行后续推广营销，维持与顾客之间的互动，从而产生更强的营销效果。但采用这种方式需要注意的是，不能一味在朋友圈和微信群里打广告，要保证信息推广的质量和触达率。微商之所以被人们反感，就是因为轰炸般的无价值信息占据了朋友圈的绝大部分篇幅，不仅没有让用户产生兴趣，反而招来了反感。所以茶企利用微信朋友圈进行营销时要体现品牌信息的价值，积极与消费者产生互动社交，这样才能充分发挥微信天然的社交优势。

其次，微信让品牌得以实现“病毒式营销”。微信公众号和微信会员卡就是为营销而打造的，茶企通过打造企业或者个人公众号，在公众号中发布品牌活动、介绍品牌服务及分享品牌故事，起到了较好的宣传效果，微信公众号推出的群发消息功能及自动回复功能让企业可以快速将品牌的宣传消息大范围地推送给客户，从而将客户沉淀下来，为企业的长远营销打下基础。微信会员卡是腾讯在生活消费中的一个神来之笔，传统实体企业通常会给顾客办理实体会员卡，方便顾客积累消费积分和销售优惠折扣，但是很多顾客常常忘记携带会员卡，因此造成许多不便。微信会员卡帮助茶企建立现代化的移动会员管理系统，不仅能够将用户的个人信息及消费行为进行记录，还能根据用户的个人特质及消费行为进行分类，从而实现个性化营销，增加品牌与客户之间的黏性，提高顾客再次进店消费的概率。加入企业微信会员的方式安全又方便，只要用微信扫一扫或者搜索商家名称就可以了，用户也可以将会员卡分享到好友、朋友圈或群里，为品牌进行传播，转化率较高，商家也不用为此支付额外成本。

最后，微信平台让品牌得以实现多渠道营销。微信推出的微信商城、小程序、直播等功能为品牌营销提供了更加广阔的平台，茶企可以入驻微信开微店，方便顾客进行线上购买。已经在线下建立起口碑和品牌形象的茶企的店铺销售额一般比普通茶商要高，因为线上销售茶叶难以保证茶叶的品质，所以消费者会对有影响力的茶品牌更加信赖，不会轻易购买不熟悉的品牌。微信已经打造的社交和内容生态为直播营销注入了新动能，微信直播有着广阔的发展前景。茶企通过小程序进行直播带货，既加强了与消费者之间的互动，也为消费者带来了新奇的服务体验，有利于传播品牌形象，提高营销转化率。

四、电商平台

中国茶产业对新零售和新商业探索的脚步从未停止。对传统茶企来说，线下实体店销售是企业赖以生存的法宝，但随着互联网技术的不断进步，“宅经济”成为时代潮流，电商行业成功逆袭，这些均给实体经济施加了较大的压力。进行数字化改革，进行线上线下全方位布局是绝大多数企业渡过难关迎接新发展的最佳选择。国内主要的电商平台如图 3-6 所示。

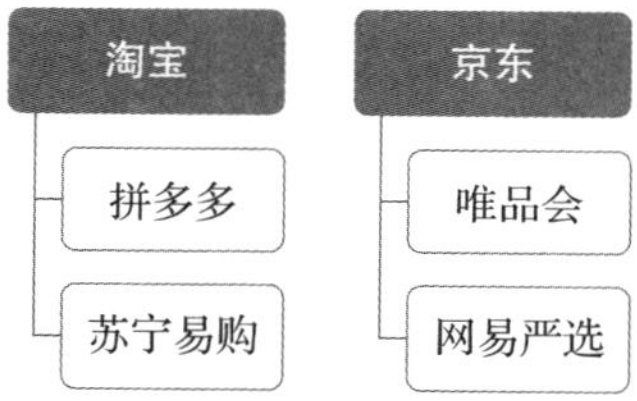

图 3-6 国内主要的电商平台

于 2003 年创立的淘宝电商平台是走在我国电商行业发展前端的佼佼者。网购的便利性极大地改变了人们的生活和市场风向，越来越多的茶企入驻淘宝，经营线上店铺，取得了不错的销售成绩。还有很多创业者抓住发展机遇，专注做互联网茶品牌，取得了不小的成绩，如 2008 年创立的艺福堂品牌就是借助电商平台的知名度创办了一家互联网新型茶企业，其以年轻人为目标群体，销售各种名优茗茶和花草养生茶，在天猫茶品类销售中稳居第一的宝座，展现出巨大的发展潜力。总体来说，淘宝为早期加入互联网产业的茶品牌和具有一定规模和知名度的茶企提供了一个非常好的分销及营销平台，帮助商家更好地抵达目标用户，提升品牌影响力。传统茶产业的销售流程如图 3-7 所示。

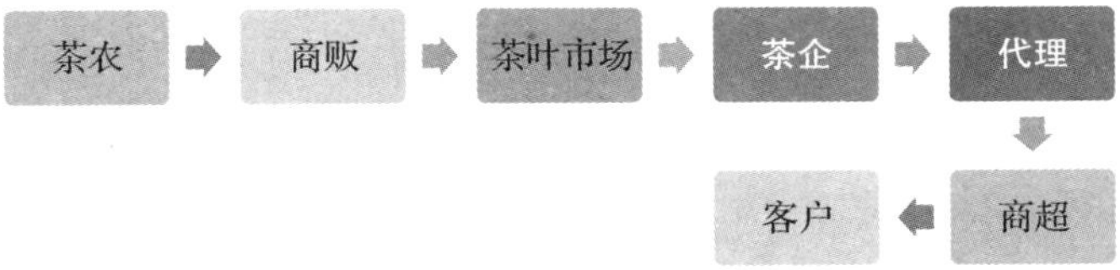

图 3-7 传统茶产业的销售流程

淘宝的运营方式适合绝大多数茶品牌，门槛低、包容度强是茶叶入驻淘宝的一大优势，也是一大劣势。随着越来越多的茶商加入淘宝，茶行业的竞争开始从线下转向线上，白热化竞争导致淘宝茶品类的销售出现两极化，质量也参差不齐。

京东平台的出现为中高端茶品牌的线上营销提供了新出路。和淘宝的定位不同，京东致力于为消费者提供“多快好省”的创新服务，保证产品品质是京东的首张名片，定位为中高端的茶品牌可将线上销售的重心转移到京东平台。一方面，京东对品牌的产品质量及信誉度要求较高，可以将那些低质量、低信誉的竞争对手排除在外，减少了行业竞争。另一方面，茶品牌借助京东平台在消费者心中建立了高质量形象，提高了自身品牌价值，打造了竞争优势。通过电商平台简化的茶叶销售流程如图 3-8 所示。

图 3-8 通过电商平台简化的茶叶销售流程

淘宝和京东为茶产业拓宽线上销售渠道提供了平台，但是拼多多的出现则为处于偏远地区的茶农和茶厂打开了销售渠道，也为许多追求物美价廉的消费者找到了产品。2015 年推出的拼多多经过短短几年的发展就可以和淘宝、京东比肩，成为国内第三大电商平台，凭借的就是价格优势，特别是农副产品和生活必需品等品类要比在其他平台便宜得多，许多茶商在拼多多开设店铺都取得了不错的销售成绩。

随着直播经济的兴起，电商直播也成为潮流趋势，淘宝、拼多多和京东等电商平台都开发了直播功能，让主播和商家能够进行直播带货，茶叶销售也搭上了直播带货这班车，通过直播提高销售量，同时增加品牌与消费者之间的互动，起到了很好的营销推广效果，进一步提升了品牌价值。

引爆 IP 专栏 3-2

君山茶业：在市场中的华丽转身

君山茶业有限公司（以下简称君山）诞生于2009年，是一个集茶树研究、栽培、加工生产、营销、茶文化传承于一身，融产供需、贸工农为一体的现代化科技型民营企业。茶业市场自古以来就是群雄割据，竞争激烈。由于信息化和物流越来越成熟，消费者的需要和选择也越来越广泛。当然，因为市场选择性的增多能够更加突出优质产品的价值内涵，所以，好的商品一直以来都有市场发展空间的。

君山确立了以产品为中心，积极开拓多元化渠道系统，遵循优质服务体系的营销宗旨，借助商品、渠道、售后服务这三驾马车，让君山的品牌影响力得以快速提升。

首先，坚持产品为王。以产品为核心，君山一直强调原材料优选、创新开发和质量控制。经过几年的潜心攻关，君山在中国传统黄茶类

“君山银针”和“君山毛尖”的基石上，相继研发了绿茶类“君山绿银针”和“紧压君山毛尖”，并经过了国际品质体系验证。同时，还凭借着自建茶厂的资源优势，掌控了上游话语权，确保了原材料的生产绝对优势。

其次，建立了多样化销售渠道。针对瞬息万变的市场经济，君山形成了传统销售批发的服务方式，发展了连锁加盟的经营管理模式。同时还主动探索尝试外贸出口，并开展了多样化销售途径系统的构建工作。在君山看来，渠道建设的多样化不但能使产品销售通过多重流动，做到活动优势互补，而且也能开展多方向的名牌销售，起到开拓市场销售渠道、提高名牌含金量的目的。

最后，强化服务体验。一直以来，君山特别重视服务，致力于为消费者创造最优良的服务感受，确保无抱怨，实现品牌口碑相传。以导购招聘服务为例，君山践行让客人“高兴而来，满足而归”的服务宗旨，有效提升了顾客满意度，同时通过提供先进硬件设备，做优软件服务，树立了认同感，而部分零散客人也陆续成为君山的联合加盟商。

岳阳市人民政府出台了黄茶工业发展战略规划，重点支持以君山为代表的黄茶龙头企业。拥有“君山银针”核心文化资源的君山以此为切入点，全力构筑了环洞庭区域的黄茶产业链。至2013年，君山银针黄茶产业园已在岳阳洞庭湖滨落户，共投入资金1.58亿元。黄茶产业园以君山区、君山岛为发展核心目标，重点发展了华容市、岳阳市等十个黄茶产业基地，将通过引进优质茶树和现代化的种植技艺，控制生产质量，促进农户不断增加收入，形成具有优秀农产品生态化发展核心内容的黄茶产区。君山银针黄茶产业园项目不仅是传统文化含义上的文化产业园，更是一项将生产、研发、教学与技术培训、茶文化传承、茶叶销售加工、茶文化产业观光旅游与娱乐相结合的融合性产业基地。君山银针黄茶产业园项目是实现内生循环的关键所在，将与观光旅游文化产业融合、互补，共同发展，促进岳阳市“一湖一楼一岛一茶”的文化旅游发展新格局。

创业十余年来，茶叶交易市场风云变幻，但君山却一直在潜心耕耘，“任凭风浪起，稳坐钓鱼台”，经营额与利润稳步增长，并一直遥遥领先同业。尤其是当今黄茶销售异军突起，君山依旧取得了全国市场占有率前三的成绩，并在我国中部地区（湖南）全球农博会上荣获了“最畅销品牌”的大奖。君山已成为我国黄茶市场上一个冉冉升起的新星，在业界也占据着一席之地。

（资料来源：笔者根据多方资料整理而成）

第三节　全面布局

抖音、微信和各大电商平台为现代茶企的发展提供了新的动能，但也是各大品牌竞争流量的价值洼地。打造茶品牌爆款 IP 需要付出较高的推广成本，因此茶企需要利用更多高效、低成本的平台进行全面布局。全面布局不仅能够帮助茶品牌占领各个渠道，提高 IP 竞争优势，还能增加品牌 IP 整体销量，提高市场占有率。全面布局体现在三个方面：一是通过哔哩哔哩布局茶知识；二是通过小红书“种草”茶产品；三是通过字节跳动传播茶信息。

一、知识布局——哔哩哔哩

哔哩哔哩，简称为“B 站”，于 2009 年正式上线，是一个集游戏、动漫和漫画、多内容创作和分享的视频网站，如表 3-1 所示。不过，与抖音和快手等短视频软件不同的是，B站并不满足于为人们提供碎片化的娱乐，而是希望为大众打造一个短视频学习的平台。自2012年起，B站平台就开发了知识区，该板块包括了财经、人文社科、军事技术、科学科普等二级板块。UP主可以在知识区发布自己的创作内容，向用户分享自己的知识经验，展示相关的技能和观点等。经过7年的时间积累，2019年B站知识区的观看用户数量高达5000万，掀起了一股科普热。

表3-1 哔哩哔哩平台分区详情

哔哩哔哩分区	游戏区、漫画区、番剧区、科技区、美食区、课堂区、时尚区、音乐区、影视区、纪录片区、舞蹈区

2020年是知识爆发元年，各大短视频平台都争先恐后地进入泛知识领域，希望在这个流量赛道上抢占先机。如抖音于2021年推出了学习频道，专门为用户提供知识类视频内容；快手于2021年7月开始推出了“快手新知播”活动，邀请100位知识大咖和1000多名快手知识主播在三个月内进行了上万场知识直播；知乎也为知识创作提供了上亿级流量曝光资源，以此来鼓励知识人创作。随着泛知识类短视频竞争越来越激烈，B站愈加热闹火爆，知识区正呈现神仙打架的局面。2019年“巫师财经”入驻B站，主打资本财经解说，凭借专业的知识和对问题精准的剖析在B站火速蹿红，掀起了一股财经热潮。

B站如今已经成为大众心目中的学习网站，也被网友们戏称为“社会大学”，在B站发布有关知识的内容不仅能够获得官方平台的流量扶持，而且也符合当代年轻人喜欢在B站学知识的喜好，所以在B站布局茶知识是茶品牌最优的选择。随着“国潮热”的兴起，当代年轻人对中国茶文化的关注度越来越高，也希望学习更多的茶知识，这对茶品牌而言是一个绝佳的营销机会。哔哩哔哩平台也有很多有关茶知识的创作者，如浙江大学就在B站平台发布了《茶文化与茶健康》公开课内容，让更多人可以一起学习茶知识。B站平台还有许多关于中国茶文化的纪录片，用户在学习茶知识的同时也对茶产生了更浓厚的感情。我国茶品牌可以通过在B站分享相关的品牌理念和品牌故事，在为用户普及茶知识的同时也在用户心中树立起品牌形象，为流量变现积累粉丝和增加热度。同时，茶品牌还可以与B站茶知识领域的知名UP主合作，由他们为品牌进行宣传推广，同样能起到很好的营销效果。

二、“种草”布局——小红书

小红书的出现催生出了另一种新消费者行为经济——“种草经济”。什么叫“种草”呢？简单来说，就是吸引部分普通用户在社交平台上分享自己的生活日常和购买体验，对产品信息进行传播，从而激起用户的购买欲望，最终实现购买行为，进而为品牌积累口碑和粉丝的过程。小红书就是“种草经济”最典型的代表。2013年小红书App正式上线，用户可以以笔记或者视频的方式来记录和分享生活日常，也可以搜索相关关键词来获得自己感兴趣的目标产品的性能评价信息，从而做出消费决策。“种草”和“带货”都是伴随着互联网时代发展而诞生的新词汇，本质上都反映了当代年轻人消费行为的改变和发展方向。小红书的营销方式并不像直播带货一样，需要通过网红吸引消费者的关注，从而对商品进行促销，而是通过吸引普通用户在平台上分享生活好物来引起更多普通用户的关注，从而为品牌进行推广宣传，积累口碑。所谓的分享生活好物也不局限于物品本身，用户可以将自己的生活小诀窍和旅行攻略分享在平台上，给人一种满满的干货的感觉，实现了“社区+电商”的完美结合。

对于传统茶企而言的一个发展痛点就是如果消费者对茶产品不了解，

就不会轻易购买，电商渠道营销又难以向消费者展示茶的口感和质感，小红书的“种草”营销则为茶行业提供了新的发展路径，如图 3-9 所示。首先，茶品牌可以鼓励普通消费者在小红书上分享自己的购茶体验，讲述自己是如何挑选茶叶、购买茶叶，随后对茶叶的口感和性价比进行真实评价，内容尽量真诚朴实。其次，茶品牌可以通过小红书账号分享有关茶的知识或者教程，比如如何挑选茶叶和茶具、泡茶的步骤和饮茶的文化等，既有满满的干货知识，也能为品牌进行推广宣传。最后，也可以用测评的方式向用户展示自家产品与其他竞争对手产品的区别和优势，最好是由专业测评人员进行，这样用户会更信任，也能产生更好的营销效果。

图 3-9　小红书茶品牌“种草”方式

茶企通过在小红书“种草”茶产品可以增加品牌的曝光度，通过爆款 IP 有效触达更多消费者，通过积累口碑扩大品牌在用户之间的影响力，实现从“种草”到“拔草”的转化过程，为品牌带来更多的销量和更大范围的影响力。

三、信息布局——字节跳动

在互联网时代，品牌推广营销最不可或缺的就是流量和关注。现代茶企只有尽可能地提高品牌曝光率、打造爆款 IP 才能将营销效果最大化，从而提高品牌影响力。微信、微博和抖音等社交平台为品牌推广提供了一个巨大的流量池，让品牌商可以通过广告投放、视频直播和内容创作等方式向消费者传递信息。随着越来越多的品牌加入数字化营销，企业获取流量和关注的难度也在不断增加。对于中国茶品牌而言，需要选择优势最大的社交媒介进行信息布局，从而让品牌能够在最短的时间内有效建立口碑，积累粉丝，促进产品销售量增加。

在信息推广营销方面，字节跳动无疑是互联网行业中具备成功经验和一定规模的代表性企业，字节跳动旗下的两款火爆产品抖音和头条分别拥有 4 亿和 6 亿用户，另外还有西瓜和火山小视频等产品的用户数量也超过 1 亿，如此庞大的用户规模为品牌推广提供了天然的流量聚集地。字节跳动旗下开发的软件如图 3-10 所示。那么，如何利用字节跳动为品牌进行信息布局呢？

图 3-10　字节跳动旗下开发的软件

首先，抖音和头条等软件的运行机制都是大数据算法，能够通过用户平时的浏览纪录、点赞、关注和搜索纪录等数据进行学习分析，从而判断用户的兴趣爱好和行为习惯，再为其推荐可能感兴趣的内容，让用户越看越“上瘾”。所以，茶品牌通过在字节跳动旗下的相关产品中投放广告、发布视频或者直播都能很快地触及目标用户，传播产品和品牌信息，从而有助于实施精准营销。

其次，字节跳动的自动推荐机制可以实现多平台共享功能，茶品牌不需要重复发布内容，便可以以更经济和更省时的方式在更大范围内进行品牌推广，曝光率得到了充分保障，能够在消费者心中留下深刻的品牌印象。

最后，字节跳动对优质内容和原创内容的流量支持及版权保护为茶品牌的信息布局提供了完美的孵化基地，让立足于传统茶文化的中国茶企能够在互联网时代传播茶文化，并且让更多消费者在对茶文化有所了解的同时，将茶产品推广出去，实现较好的营销效果。

第四节　打造个人品牌

IP 的本质是鲜活的作品，是在流行文化基础之上建立起来的一种知识产权。在数字经济时代，爆款 IP 能吸引庞大的流量，产生强大的号召力。中国茶要崛起就需要立足于茶文化，创新茶文化，传承茶文化。其中，打造个人品牌是引爆 IP 的关键，茶企可以从价值性、差异性、故事性、话题性 4 个方面来打造爆款品牌 IP。

一、价值性

品牌价值是品牌能够长期占领市场的精髓所在，它直接决定了品牌能否吸引消费者，俘获消费者的青睐。品牌价值拥有多层含义，既指品牌在某一时间点用资产评估方法计算得出的市场价格，或者是出现在资产负债表上的明确金额，也指品牌可以为消费者带来的价值，包括品牌档次、个性和文化等，这需要根据品牌在消费者心目中的综合形象来评估。一般而言，品牌价值的提高体现在三个方面：更大规模、更高价格和品牌延伸，如图 3-11 所示。

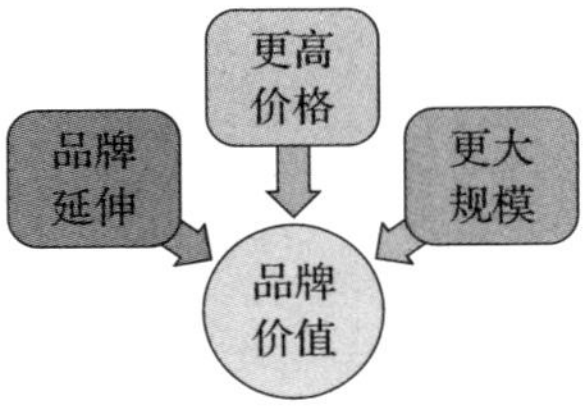

图 3-11　品牌价值的体现

中国茶企之所以会陷入“七万茶企比不过一个立顿”的发展困境中，除因为缺少具有竞争力的领导品牌外，也与品牌价值低有关，缺乏规模经济、产品附加值低及品牌覆盖范围窄等问题的存在制约着中国茶品牌价值的提升。现代茶企可以采用以下几种策略来提高品牌价值。

首先，茶企可以采用“强强联手”战略来提高品牌价值。许多国际大品牌都非常擅长利用其在该行业中拥有的强大品牌号召力与其他行业的知名品牌进行战略合作，从而将品牌推广到更大的市场。“强强联合”使茶品牌可以将产品投放到更广阔的市场空间，迅速在新市场建立品牌价值。除大企业外，中小企业也可以与大型知名品牌达成战略合作，依托强者优势来发挥自身相对优势，最终提升品牌价值。

其次，茶企可以通过“品牌延伸”战略来提高品牌价值。不仅是中国茶行业，大多数中国企业的品牌战略都是以一个品牌覆盖企业的全部产品，如其云正岩、八马茶业还有吴裕泰等茶企，都采用的是“一牌多品”战略。品牌延伸战略主要是指副品牌战略，副品牌战略可以利用消费者对现有品牌的信任和支持，引导消费者迅速接受和认可新产品，促进副品牌产品的销售。品牌延伸战略有助于企业打造不同功能、个性的品牌来满足拥有不同偏好和生活定位的消费者需求。

最后，茶企可以采用“密集渗透”战略来提高品牌价值。提升品牌价值的关键是消费者的购买行为，所以茶企可以通过“密集”销售终端，加快市场渗透，打通线上线下多渠道销售。由此，消费者就能够经常看到该茶企的品牌，购买的时候也更容易产生联想，减少消费者购买时的担心和不信任，有效促进购买行为的发生，从而提高品牌价值。

引爆 IP 专栏 3-3

单店年销售额超两亿元，张一元为何如此火爆

一、品牌介绍

“一元复始，万物更新”是中华老字号张一元茶庄名称的来源，寓意是开张大吉、不断发展创新。茶庄于清光绪二十六年创立，经过 100 多年的发展，成为现在的北京张一元茶叶有限责任公司（以下简称张一元）。张一元总店位于北京，在全国各地有 400 多家连锁店和 31 个名茶生产基地。除经营茶叶的生产加工销售外，张一元还将产业链延伸到了娱乐、休闲和文化创意等产业，为提高产品附加值、拓宽茶品牌发展空间打下了基础。2021 年，张一元荣获年度产业电商十强企业、年度茶业领军企业和年度茶业畅销品牌等荣誉，并且其总店年销售额首次突破两亿元，刷新了单店连续十年破亿元的新纪录，其火爆程度让人惊讶。作为一个百年老字号，张一元深知在新的时代背景下提升品牌文化，挖掘品牌价值显得尤为重要，只有提升中国茶品牌的附加值，提高中国茶的地位和话语权，才能把中国茶文化发扬光大，因此张一元通过一系列品牌战略成功实现了品牌价值的提升，为现代茶企发展提供了经验。

二、商业模式

首先，张一元靠“爆品”战略实现品牌转型升级，拿下茉莉花茶的定价权。张一元最初和许多传统茶企一样，经营普洱、红茶和茶饮等多

品类产品，由于缺乏明确的战略定位，难以实现较快的发展，在多种品类中张一元最终选择了茉莉花茶作为品牌代表性产品。2016 年，张一元企业团队便打造了一款高端茉莉花茶“龙豪”作为标志性产品，定价 1000 元的罐装茉莉花茶让品牌形象实现了从大众花茶到品牌花茶的转型升级。不到三年时间，“张一元龙豪”的年销售额就突破亿元大关，让茉莉花茶回归主流群体，成为茶行业“爆品”。张一元也成功打造了“茉莉花茶领导品牌”，积累了数量庞大的忠实粉丝，品牌价值迅速提升。

其次，张一元通过“电商”战略开启互联网新征程，促进品牌推广，提高品牌价值。2010 年张一元开始布局电商销售，让消费者可以不出门就购买到自己喜爱的茶叶。张一元专门成立了负责互联网营销的电子商务部门，由该部门进行网络宣传活动、促销、客服、发货等工作。除扩大销售渠道外，张一元经常策划一些线上互动活动来加强品牌与消费者之间的联系，比如举办“云茶会”，邀请大众进行品茶、论茶，在为爱茶人士提供交流机会的同时，也让大众拥有了解茶文化和张一元品牌的机会。2017 年，张一元电子商务公司正式成立，为张一元全面进军互联网茶行业按下了加速键。“电商版”张一元连续三年销售额破亿创下了电商奇迹，品牌在京东、天猫、拼多多的旗舰店粉丝也突破了百万，张一元的知名度不断提高，口碑爆棚，品牌价值得以进一步提升。

最后，张一元采用“辐射战略”积累口碑，构建品牌独特形象。张一元作为百年老字号早已在消费者心中留下了一定的品牌印象，张一元利用此点进行口碑传播要容易得多。除在线上线下进行营销推广外，张一元对线下实体店进行了改造升级，专业的服务和高品质的茶产品，以及独特的文化，将门店打造成了“网红打卡地”，吸引更多年轻群体前往线下门店打卡拍照，并且在社交平台上为品牌进行宣传，既为品牌积累了口碑，也培养了消费者对品牌的忠诚度。

三、总结

总之，张一元通过创新爆款“茉莉花茶”实现品牌价值和销量的快速提升，为打造中国茶品牌树立了典范，也让行业内更多茶企业重新认识茶品牌的含义，认识到品质与价值对等是促进品牌转型升级的关键，利用互联网拓宽营销渠道是提升品牌价值的法宝，增强顾客对品牌的黏性是保证品牌持续发展的核心。

（资料来源：笔者根据多方资料整理而成）

二、差异性

品牌差异性是指企业在产品功能定位和文化个性等方面与其他竞争品牌相区别的差异化特质，只有打造品牌差异性才更容易让消费者产生品牌忠诚度，从而使品牌能够从众多普通品牌中脱颖而出，牢牢锁定自己的市场份额。新时代的市场竞争不断加剧，企业打造品牌差异性也越来越难，对有类无品的茶行业而言，迫切需要通过打造品牌差异性来打造爆款 IP，从而在消费者心中占据有利地位。茶品牌差异性策略，如图 3-12 所示。

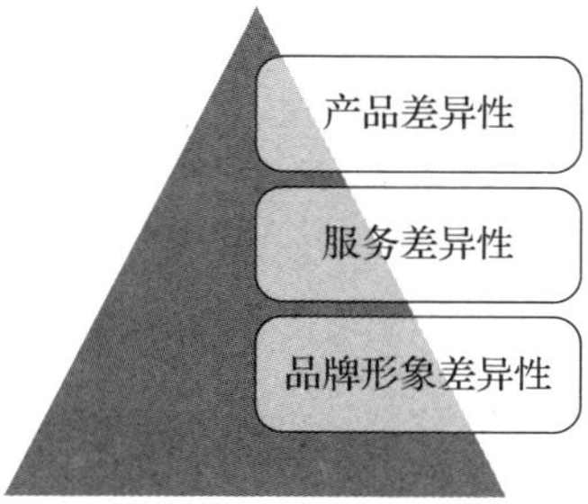

图 3-12　茶品牌差异性策略

首先，是产品差异性，也是最基本的差异。这种差异性可以分为两种。一是垂直差异，是指品牌生产出比竞争对手更好的产品，茶品牌的垂直差异体现在品质、口感和等级等方面。比如两家企业经营同样的茶叶品种，都是西湖龙井，但是其中一家生产的是杭州茗茶基地种植的明前西湖龙井，由非遗大师亲自加工，而另一家则是企业自营茶产地种植的普通西湖龙井，加工技艺也很普通，那么消费者很容易就能判断哪家的茶叶更好，会更倾向于购买高质量的品牌。二是水平差异，是指与竞争对手相比，经营不同的产品。如“张一元”主要经营茉莉花茶的生产销售；而八马茶业主营的是乌龙茶的生产销售，两家的产品并不相同，针对的目标消费群体也就不同。产品差异化战略强调的是产品的创新，而不是概念的创新，一些茶品牌为了吸引消费者的注意力，频繁宣传自己的产品有减肥、抗癌等功效，不仅没有得到消费者的青睐，反而降低了消费者对产品的信任度，对品牌造成了负面影响。

其次，是服务差异性。随着社会经济迎来新一轮的消费需求转型升级，人们不仅增加了对高质量产品的需求，也增加了对高质量服务的需求，所以通过培养差异性服务也能够帮助企业快速打造品牌，获得消费者的认可和喜爱。

最后，是品牌形象差异化。随着经济不断发展，企业在科研创新方面的投入不断加大，未来茶产品在工艺、功能、价格和服务等方面的同质化程度会越来越高，品牌形象差异化则更具有个性化，这是企业差异化的核心所在。茶企可以通过广告投放和名人代言等方式来对品牌形象差异化进行传播推广，同时在品牌的定位、包装设计、命名等方面创新，打造出与自身消费环境相协调的差异化内容。

引爆 IP 专栏 3-4

一物一码营销，武夷星借防伪溯源码打造品牌差异性

一、品牌介绍

武夷星茶业有限公司（以下简称武夷星）于 2001 创立，是福建省农

业产业化重点龙头企业，集武夷岩茶、绿茶、白茶和花茶等多品类的种植、生产、加工、销售和茶文化的传播于一体。20 多年里，武夷星通过连锁加盟的方式迅速扩张，加上独特的制茶工艺，为消费者提供喝得起、喝得放心的好茶。随着互联网时代大数据和人工智能等新技术的诞生，人们的消费行为也产生了新的变化，对社交、体验及品牌价值等更加重视，所以也要求企业进行数字化改革，以消费者为中心实施精准营销。与此同时，在竞争激烈的茶行业中，茶企业需要利用数字营销打造自己的品牌优势，从而与其他竞争对手形成差异，在消费者心中树立专属品牌形象。武夷星作为知名茶品牌，也深刻认识到当前茶行业存在多、杂、乱、差等问题。消费者缺乏判断标准和购买方向，武夷星只有借助数字化营销打造品牌差异化优势，才能获得消费者信任，提升品牌价值，促进产品销售。

二、商业模式

由于地理和历史等原因，我国茶叶种类多达上千种，就算是名茶也有两百多种，同时从事茶叶种植、加工和销售的企业数目也高达 7 万家。地域分布不均，再加上茶产业缺乏统一的质量标准，监督管理的不健全，所以茶行业经常处于无序竞争状态，天价茶叶、假冒茶叶、农药残留超标茶叶等屡屡出现。这不仅损害了消费者权益，降低消费者购买欲望，还严重影响了茶行业形象和品牌形象。武夷星为了获得消费者信任，选择与多米展开战略合作，通过一物一码技术进行营销，解决茶叶的防伪溯源问题，建立品牌与消费者之间信任的桥梁。

首先，多米利用自主研发的赋码技术为武夷星每一款茶产品打造了独一无二的二维码，消费者通过扫描二维码就可以查看有关茶产地、茶品种、茶叶制作手艺还有生产日期等多类信息，通过四大防伪细节：主办方颁发的获奖茶证书、业界权威评委署名、产品收藏编码和二维码防伪查询系统，消费者可以确保自己购买的是武夷星生产的正品茶。

其次，多米采用万能溯源技术对茶产品的产业链环节进行可追溯性标识，一旦茶产品出现健康安全问题，就能够对茶产品生产的各个阶段进行追溯。

最后，多米将每个茶产品的二维码及经销商的详细信息都收录到数据系统中，在消费者扫描二维码的同时，品牌商也可以通过系统后台查看相关销售数据。如果消费者扫码发现产品与对应的经销商所在地区不符时，系统可以快速发现窜货问题并发出警报，让品牌可以轻松解决窜货问题。消费者扫描二维码还可以获得有关茶产品从种植、采摘加工、存储包装到售卖的全部信息。

三、总结

总之，武夷星通过一物一码的营销方式，让消费者参与到产品的监督管理中来，赋予了消费者极大程度的尊重和参与感，对维护品牌及消费者的合法权益都有重要意义。其他茶企在防伪这方面应该学习借鉴武夷星的经验，利用数字技术在产品包装上建立防伪溯源标识，既能触达消费者，也能起到吸粉的效果，同时传播中国茶文化。

（资料来源：笔者根据多方资料整理而成）

三、故事性

正如营销战略大师特劳特所说："做好营销就是讲好品牌故事。"打造品牌最重要的一点就是要有故事性，通过品牌故事的感染力和吸引力，与消费者产生"共情"，从而获得消费者的信任和支持，给消费者提供一个"舍我其谁"的理由。

品牌故事性可以分为两种。一种是品牌创意资产的戏剧化，也就是和品牌价值相关联的一种品牌故事。它可以是品牌主张，也可以是品牌口号标语。无论哪种形式，都是为了让品牌更容易被消费者认识、想起并传递品牌价值观，取得一定的竞争优势。另一种是真实的品牌故事，以品牌发展史或者创始人经历而形成的品牌故事，具有浓厚的人文气息和现实主义，逻辑性和传播性较强，能够帮助消费者快速了解品牌理念，接受并认可品牌。

中国茶企既有“百年老字号”，也有“新起之秀”，需根据自身条件来打造品牌故事性，建立品牌。比如“其云正岩”就以品牌发展史为核心打造品牌故事性，向大众传递它的发展理念与品牌价值观。互联网时代诞生的茶企大多是以打造品牌故事建立品牌，借助网络营销和多渠道推广销售，取得了不错的效果。

四、话题性

在这个流量为王、话题为王的互联网时代，一个品牌如果能够通过话题营销，引爆社交媒体和大众的讨论，那么就能够迅速“出圈”打开品牌知名度，扩大市场销售范围，实现口碑和销售额的更上一层楼。“话题营销”对于拥有千年历史文化底蕴的茶行业来说是一个不错的方式，茶企通过话题营销不仅能够在短时间内获得热度和关注，还能收获更多粉丝和流量支持，从而建立品牌认知度和品牌形象。

微博、今日头条和抖音等社交平台就是热门话题的讨论地和传播地，品牌要想通过“话题营销”打开品牌知名度，就需要按照以下几个步骤走，如图 3-13 所示。

首先，是定位目标用户人群。企业在进行营销活动策划之前进行定位，确定目标用户的个性特点和需求，从而制订个性化营销方案以实现精准营销，根据大部分目标消费群体的兴趣特点拟定话题。

其次，在拟定的话题中选择一个符合品牌特点，并且能够吸引用户参与、传播的话题，进而引发大众的讨论和互动。在话题中添加悲愤、新奇或者幽默等能让人产生情绪点的触发，会使话题产生更好的营销效果。

最后，选择一个合适的平台进行推广。抖音用户流量大，微博大V影响力强，通过抖音和微博等应用发布话题都是不错的选择。品牌还可以与明星及头部网红合作，由其发布话题可以迅速吸引粉丝的注意，通过粉丝的评论转发进一步提升话题热度，引发更多网友的注意，从而打造“火爆话题”，让品牌获得更多曝光量，提高品牌知名度和影响力。

图 3-13　话题营销步骤

引爆 IP 专栏 3-5

八马茶业“茶叶复新”引爆全网

一、品牌介绍

八马茶业股份有限公司（以下简称八马茶业）是由国家级非物质文化遗产项目铁观音制作技艺代表性传承人王文礼于1997年创立的综合茶产品连锁企业，茶产地覆盖了安徽、云南、福建和四川等数十个优质茶产区，形成了以铁观音（乌龙茶）为核心，白茶、红茶、陈皮茶等多品类产品结构。截至2021年，八马茶业不仅拥有线下2000多家连锁门店，还在京东和天猫等主流电商平台设立了品牌旗舰店，全渠道粉丝超过3000万。八马茶业凭借高品质的产品和服务在茶行业中取得了快速发展。它致力于弘扬中国茶文化，让天下人享受茶的健康与快乐。除了积极研发现代化健康茶产品，八马茶业还坚持在当代语境中传播茶文化，通过制造热门话题吸引更多人参与到茶文化的传播中来。

二、营销模式

八马茶业从公众对河南卫视“唐宫夜宴”及三星堆蛋糕等表现出的浓厚兴趣及高度赞同感中意识到，国潮正在崛起，传统的事物对大众来说既亲切又新奇。从中国茶文化入手，营销不仅能够制造热门话题，让年轻人爱上饮茶，还能为品牌带来更多热度，进一步提高品牌价值，因此八马茶业推出了“茶叶复新”活动，打开茶企营销新世界。

首先，“茶叶复新”活动以复刻唐代著名画家周舫的《调琴啜茗图》为开端。该图描绘了唐代仕女饮茶弹琴的场景，但由于被收藏于美国，国人难以感受其魅力，因此八马茶业复刻了这一画作，让大众能够对传统饮茶文化有所了解，感受中华茶文化之美。

其次，“茶叶复新”活动以邀请大众共赴七夕茶宴展开。八月初八马茶业通过在官方微博发出“相约浪漫茶宴”的邀请，浓浓的神秘感引发了网友的讨论和热议。七夕当日八马茶业不仅发布了复刻传世名画的视频和图文，还邀请网友分享自己的爱情故事，从中抽取幸运者赠送七夕好礼。这不仅让大众感受到了茶文化之美，还将活动推向了一个新高潮。活动期间“茶叶复新”在全网的曝光量高达上千万，“茶叶复新”话题多次登上微博热搜，阅读量超600万次，微信和抖音的热度也很高。八马茶业因此获得了更多关注，品牌形象得到进一步升华。

最后，“茶叶复新”活动以“茶器新生”完美收官，作为茶叶的配套装备，茶器的存在感比茶叶要低调得多，但是茶器却是茶文化的重要组成部分，八马茶业借助“茶叶复新”话题热度推出了“八马茶器图鉴”。图鉴包含了多位非遗大师所创作的紫砂壶和建盏等茶器，由新生代茶人为之推广，体现了八马茶业的活力。

三、总结

总之，八马茶业以茶为载体，用创新致敬茶文化，传播茶文化的同时，凸显品牌商业价值。“茶叶复新”活动是八马茶业把握消费新趋势，面向年轻消费群体展现品牌活力、传播茶文化的一次成功实践，创新茶文化，拉近与年轻消费群体的距离，利用互联网传播提高品牌影响力，打造年轻化的茶品牌。

（资料来源：笔者根据多方资料整理而成）

茶企打造爆款 IP 的最终目标是赢利。商业变现能力的大小也是衡量一个 IP 价值潜力的重要指标，因此茶企除了借助互联网传播和平台赋能之外，也需要积极拓展 IP 边界，从开发相关产品、做 IP 衍生品、提供个性服务等方面实现 IP 价值的延伸和重组，提高爆款 IP 的变现能力，提升茶品牌的影响力和商业价值。

章末案例

当老字号遇到“新消费”，看吴裕泰如何打造品牌 IP

一、品牌介绍

北京吴裕泰茶业股份有限公司（以下简称吴裕泰）是由吴裕泰茶庄

发展演变而来，1887年创立至今已有134年历史，是国内知名中型连锁经营茶企。吴裕泰的发展跨越了三个世纪，经历了一系列的变革，始终不变的是坚持“求精、求信、求实”的品牌理念。2021年吴裕泰品牌价值为16.8亿元，是国内茶叶企业品牌平均价值的近七倍，也是年轻人心目中的“国潮品牌”，多个荣誉与殊荣都证明了吴裕泰这个百年老字号面对新时代和新需求交出了一份令人满意的答卷。在消费转型升级、品牌竞争日益激烈的环境背景下，吴裕泰是如何从众多茶品牌中脱颖而出，并且圈粉无数的呢？让我们一起来看看数智化时代下百年茶企吴裕泰的商业模式。

二、商业模式

首先，实施“花茶战略”，打入年轻消费群体市场。吴裕泰茶叶在北京人心目中是不可或缺的日常消费品，但品牌在全国的影响力需要进一步提高，特别是随着新式茶饮的兴起，年轻人的饮茶习惯逐渐消失，社会消费面临新一轮的转型升级。对吴裕泰这样的老字号来说，以产品品质为主要抓手，创新出符合当代年轻消费者需求的产品是在市场竞争中突围的重中之重，因此吴裕泰决定实施“花茶战略”，以此来实现与年轻人的对话互动，让年轻人爱上茶。每一种鲜花都有独一无二的花语，代表着特殊含义，比如兰花代表高尚、玫瑰代表浪漫、茉莉代表淡泊、桂花代表奋斗。在中国传统文化里，许多传统节日也和特定的鲜花存在联系。茶同样有茶语，正所谓“茶有沉浮，人有得失”，从茶中可以看到人生、体验人生。吴裕泰将花与茶这两种产品结合在一起，组成了多样的“花语茶言”，向消费者传递特别的祝福与情谊。2020年，吴裕泰相继开发了兰花花茶、玫瑰红茶、茉莉红茶和桂花乌龙茶，并且于同年9月正式上新。“花语茶言”系列产品不仅将鲜花花语融入了内盒设计，还专门设计了六款颜色不同的珐琅彩杯来搭配好茶，包装优雅别致，花与茶的结合既给消费者带来了全新的视觉体验，也让产品拥有了拟人化的个性。便捷、健康又时尚的茶饮使品牌直击消费者的内心，搭建起了情感互动的桥梁。为了进一步发挥花茶系列的品牌效应，吴裕泰与中国国家博物馆展开了战略合作，以古董画作《百花图》为设计灵感，推出了花语茶言国博联名礼盒，掀起了一股“国潮热”。礼盒内的茶罐是根据中国古代画卷的画轴打造的，每个茶罐身上分别有《百花图》中所画的桂花、茉莉花、玫瑰花和兰花四种鲜花图样，再刻上清代乾隆皇帝的题词，富含传统文化韵味，礼盒内附赠的缩小版《百花图》全景卡片，为产品增添了收藏价值，吸引了更多消费者购买。

其次，是“花样百出”，打造品牌IP。吴裕泰作为百年茶企，深知消费者对企业发展的重要意义，如今90后年轻人已经成为国内消费市场的中坚力量，只有牢牢把握年轻人的喜爱才能让吴裕泰在激烈的竞争环境中保持平稳的发展。而爆款IP则是流量密码，只有让品牌成为爆款IP才能获得更多消费者的关注认同。所以在打入年轻消费市场之后，吴裕泰采用一系列方法来打造品牌IP，以此提高品牌价值，传递品牌理念，让吴裕泰成为年轻人心目中的优质茶品牌。在产品方面，吴裕泰在茶叶的基础上推出了一系列衍生品，如茶冰激凌、茶月饼、茶点心、茶粽子和茶饮等多种产品，不仅满足了年轻消费者的多样化需求，同时也成为许多年轻人在各大社交平台上的打卡神器，通过网络传播效应，此举吸引了更多消费者打卡吴裕泰创新品类，圈粉无数。在体验方面，吴裕泰对线下门店进行了改造升级，引入了自助购物一体机和PC机，让消费者不再像以前一样先开票交钱才能取茶，节约了消费者的购买时间。这是吴裕泰拥抱新零售的体现之一，朝着现代化茶企更进了一步。除了对线下连锁店的服务设备进行升级，吴裕泰还在雍和宫、王府井和南锣鼓巷等热门商圈开设了茶生活体验店，典雅温馨的室内设计给消费者一种宾至如归的感觉，店内的茶具、装饰还有场景设计都烘托出了茶文化的雅趣。消费者可以通过体验泡茶的过程感受茶文化的熏陶，同时也能加深了对茶的认知，这对于喜欢新鲜感的年轻人来说是不错的体验，也吸引了许多人前往打卡，深化了品牌专属印象。在营销推广方面，吴裕泰和品智上观展开战略合作，由专门从事品牌爆款营销的品智上观来帮助吴裕泰实现实力圈粉和高效营销。品智上观拥有丰富的营销经验，深知当代年轻人对时事热点话题的热衷，所以要想让吴裕泰在极短的时间里打开知名度，提高品牌影响力，就必须要抓住时机打造热点话题。品智上观围绕消费者需求，洞察消费者内心，策划了“寻好茶—得好茶—品好茶”春茶季主题活动。在活动开始之前，品智上观在各大社交平台上发布了一支 vlog，该视频展示的是吴裕泰董事长带领一群企业管理人员前往茶叶原产地采茶、选茶、品茶、送茶及最后售卖的全过程，让消费者既可以了解明前西湖龙井的“前世今生”，也可以从中感受到吴裕泰在产品背后付出的努力与汗水。以短视频为索引，品智上观与晨光文具和多力生活家等多个知名品牌在微博上传递春茶背后的故事，传播吴裕泰这个百年老字号的品质与魅力，由此为“寻好茶”环节打下基础，吸引更多消费者参与。对“寻好茶”vlog 感兴趣的消费者可以通过 H5 小游戏担任一日店长，以第一视角体验“寻好茶”的全过程，从茶园采摘到加工配送，突破重重关卡之后完成售卖任务就能够获得抵用券，可以用来购买吴裕泰相关产品，由此进入“得好茶”环节。这种新奇的营销方式不仅让消费者获得了充足的参与感和体验感，也为促进吴裕泰春茶销售积累了热度。接着品智上观又通过“吃喝玩乐在北京”公众号鼓励消费者前往吴裕泰在王府井的连锁店购买产品，并且在抖音、今日头条和微博等多个平台宣发，近千万流量齐发力，把吴裕泰打造成了北京美食新地标、北京知名网红店。为了打破年轻人对传统茶叶的刻板印象，品智上观邀请了汉服达人“走路摇 ZLY”到点打卡，唯美的古风与吴裕泰的典雅相得益彰，让人有种穿越到百年前的吴裕泰的感觉，“国潮”打通了传统茶企和年轻人之间的代沟。“走路摇 ZLY”将自己在吴裕泰品茶的视频发布在抖音和微博平台上，得到了许多粉丝的点赞和评论，网友纷纷表示去北京一定要去吴裕泰体验，这进一步提高了吴裕泰品牌的曝光率。品智上观的精准化营销还不止于此，以品牌 IP 形象 boss 吴为故事主角，为消费者打造 H5 电子期刊《茗鉴》，用精彩的故事情节将 IP 形象与吴裕泰春茶完美结合在一起，既为吴裕泰春茶销售增加了热度，也让吴裕泰品牌 IP 形象更加深入人心。

最后，运用互联网展开精准营销，构建线上线下一体化营销体系。产品是老字号的核心科技，但创新发展才是老字号不断发展的动力，在新零售崛起的 21 世纪，吴裕泰必须打破传统，积极朝着数字化方向改革，才能永葆生机和活力。2013 年中国的电商经济爆发出了强大的生命力，吴裕泰决定打破传统茶企的经营方式，开始布局线上销售。吴裕泰陆续在淘宝、京东和微信商城等多个平台开设了旗舰店。线上销售和线下销售的区别在于，线上销售的产品基本是小包装，而且在品牌、品线及包装方式上都尽量与线下区分开，由此减少线上线下竞争，全面覆盖不同类型的消费者群体。吴裕泰在入驻电商平台之前进行了认真的思考，是拼价格还是做品牌，考虑到品牌定位大部分是中高端产品，拼价格与企业的发展理念不适应，所以吴裕泰坚持品质优先，不会随意打折调整价格，高性价比是吴裕泰的核心竞争力。打通线上线下多渠道营销为吴裕泰的发展注入了新动能，百年茶企积累的品牌影响力为品牌线上营销奠定了基础，这些都使得吴裕泰的线上销量迅速提升，对吴裕泰产品感兴趣的消费者都能通过网购购买自己心仪的产品。线上营销也对线下门店的销售产生了积极影响，吸引更多消费者前往线下连锁门店消费。吴裕泰同时也在抖音、微博及微信等多个社交平台进行社会化营销，通过短视频将吴裕泰品牌和茶文化、茶体验融合在一起，为品牌带来了更多流量。美团和京东到家等配送平台则是吴裕泰推广点心、茶饮等茶叶衍生品的战略阵地，进一步拓宽了品牌销售渠道。

三、总结

总之，面对老字号许多人都抱有刻板守旧的看法。吴裕泰这位 134 岁高龄的“老先生”偏偏不服老，不仅用一系列创新产品和营销推广打破了年轻人对于“父辈们手中那杯茶”的传统认知，还敢于变革，积极拥抱数字化技术，通过互联网拓宽产品销售渠道，利用社会网络实现精准营销。这些让吴裕泰成为国内最具影响力茶品牌之一。这是百年茶企的自我突破，也是百年茶企走出的一条创新之路。吴裕泰的品牌之魂是创新，不管是培育出契合当代年轻消费者需求的新产品，解锁国潮新玩法，还是利用电商平台扩大销售范围，又或者是采用新媒体营销补齐流量缺口实现精准营销，吴裕泰都展现了百年茶企在面对新时代与新消费时敢于创新的勇气与魄力，也彰显了吴裕泰传承、保护和发扬传统茶文化的优势，让更多人认识茶、爱上茶是吴裕泰的品牌理念所在，也是茶行业需要做并且一直在做的事情。只有像吴裕泰那样，不忘初心、不断创新，才能培养出企业品牌的核心竞争力，让品牌成为爆款 IP。

（资料来源：笔者根据多方资料整理而成）

本章小结

数智化时代中国茶行业迎来了新的发展机遇，也带来了新的挑战，打造爆款 IP 也是新时代茶品牌营销的必然选择。充分利用 IP 思维来对茶产品进行营销，不仅能够实现销售量的提升，也能为品牌带来更高的商业价值，在市场竞争中取得更有利的地位。本章为现代茶企如何打造爆款IP、增强粉丝黏性和扩大市场影响力提供了战略方案。爆款IP的基础是流量和粉丝，社交传播平台和电商平台则为爆款IP的形成添柴加火，爆款IP的价值最终体现在品牌竞争力上，茶企要善于利用数字化营销来打造爆款IP，吸引消费者关注，积累忠诚粉丝，实现流量和品牌价值的双重变现。

第四章

流量迸发

流量在实际意义上指的是单位时间内流经封闭管道或有效明渠界面的流体量，当流量处于互联网上，则指的是连接网络的设备在网络上产生的数据流量，也可以是指一定时间内打开网络地址的人气访问量。一般来说，一个产品得到的流量越多，也就说明有越多的用户对产品感兴趣，产品受到用户的关注越多。正如娱乐圈的“流量”明星一样，相较于其他明星人物，“流量”明星更容易得到群众的关注，微博上常年霸占热搜榜的明星即“流量”明星。“流量”明星的作品比其他人的作品有更强的吸引力。茶叶企业的产品想要更多、更快地俘获用户的喜爱，应将自身产品打造成“流量”明星，促使流量迸发，扩大茶品牌的影响力。我国是拥有 14 亿人口的大国，流量基础雄厚，茶产品的销售市场广阔，茶品牌发展空间巨大，茶行业的潜力有待进一步激发。

未来电商的核心是私域流量，是产权。给那些内容生产者产权是每一个平台都会争取和塑造的核心运营模式。而短视频、直播、优质的货源和服务，也将是每一个商家的核心竞争力。

——有赞创始人兼 CEO　白鸦

开篇案例

新式茶饮——喜茶的流量开拓之路

一、公司简介

喜茶，起源于广东省江门市的一个普通小巷，凭借一杯芝士茶成为新茶饮的开创者。喜茶也曾叫“皇茶”，是聂云宸在2012年创立的中国连锁茶饮品牌。截至2021年6月，喜茶在中国、新加坡等国家和地区的55个城市拥有超过800家门店。

喜茶作为国产品牌饮品，既传承了中国的传统文化，又加入了自己的创意，同时还搜集了世界各地优质的茶品并将它们呈献给消费者，新式茶饮风潮因为喜茶的创新之举而开始。近些年来，越来越多的新式茶饮品牌开始出现，喜茶却一直都是茶饮界的网红，其成功之道是通过营销将流量最大化。在2021年7月，喜茶完成了5亿美元的D轮融资，估值已达600亿元。

二、喜茶流量聚集之法

如今茶饮界网红遍地，不少明星也开始做起了茶饮生意，但无论加入多少新玩家，喜茶始终在茶饮界占有一席之地，究其原因便是喜茶的引流能力。那么，喜茶是怎样打造自己的流量获取能力的呢？

1. 打造线下特色门店汇聚流量

喜茶虽然是一家茶饮店，却十分注重艺术设计，走进每家喜茶的线下门店，可以看得出喜茶在认真做茶饮的同时，也在认真打造自己的艺术风格。喜茶的每一家特色主题店都堪比艺术馆，每个到店体验的消费者都会忍不住拍照打卡留念。喜茶的每一家店铺装修风格都不尽相同，有的是以黑白灰三色为主要颜色的极简风，有的以黑金为主色调打造金属感，还有的以粉色为主题走可爱风。除此之外，喜茶还打造了宠物主题店。在宠物主题店内，消费者在品尝饮品的同时还可以和店内的宠物进行互动交流。另外喜茶还与很火的五条人乐队合作，共同推出“一喜行街”主题店。“一喜行街”是“一起逛街”的粤语版，他们通过方言来唤起消费者的熟悉感，使店铺更加具有趣味性，吸引了更多的消费者来门店亲身体验。喜茶这些独具创意的灵感设计，精准满足了年轻人喜好拍照分享的社交需求，使越来越多的消费者来到店里消费，为喜茶带来了更多的流量。

2. 跨界营销吸引跨界流量

跨界营销指的是企业跨越本行业的合作，和不同于自己品牌的行业进行合作以此产生新价值，让属于各自的用户了解彼此的行业情况，同时也为用户创造更好、更新的品牌价值和消费体验，企业进行跨界就是进行资源整合。喜茶擅长跨界合作，它的跨界范围很广，喜茶曾经和服装、彩妆、酒店等行业进行合作。喜茶选择的合作对象通常是与自己品牌相适应的企业，喜茶自己的品牌偏向酷和灵感，因此深受年轻人喜爱。喜茶根据自己的品牌形象挑选合作对象，这样的合作给喜茶带来更多的流量，同时喜茶也借此机会向消费者更加全面地诠释了喜茶的品牌形象。

3. 宣传跟进增加喜茶流量

互联网的到来，让企业有了更多的平台去进行产品宣传，未来的互动功能和可视性也让企业品牌在网络营销中更加突出。喜茶面对的消费者群体主要是年轻人，他们是活跃在网络中的绝大部分，因此喜茶非常看重网络营销。年轻人的特点之一是拥有强烈的好奇心。喜茶充分利用各种媒体资源，如公众号、微博、小红书等社交媒体进行产品和品牌的宣传，从而引起消费者的好奇心。喜茶每次在开设新门店之前都会在互联网平台上进行宣传，向消费者介绍门店的设计理念及它与其他门店的区别。在连续多天的宣传之后，消费者对新门店便有了期待，等到正式开店期间就会有大量的消费者前来消费体验。喜茶线上宣传的成功使这种“消费者在经历了长久的等待，终于与喜茶相见”的营销模式也逐渐变成热潮，不少的商家也开始学习喜茶。喜茶采用朋友圈、小红书、微博等多种平台同步进行的宣传模式，和以往只靠商家自推的宣传模式不同，喜茶让第三方以自己的角度向消费者分享喜茶的产品，更能让消费者接受，同时还使喜茶在产品和品牌上有着更强的社交特征，提高了消费者对喜茶的消费黏度。除了在公共平台上进行品牌宣传，喜茶还打造了自己的App和小程序。在这些平台上，喜茶根据目标消费者群体的消费习惯进行精细化运营，同时还利用收集到的后台数据对消费者进行分析，调整营销策略。喜茶利用互联网和自己的私有平台，为消费者带来了更好的体验，吸引了更多的消费者成为自己的流量。

4. 以创意趣味内容获取流量，撩拨用户心智

前面讲到喜茶善于利用跨界营销，一个品牌的跨界营销通常都具有自己的创新性和趣味性内容，而这些内容往往最能吸引消费者的关注。消费者会主动接触企业的相关信息，企业品牌理念的输出就会更容易成功，企业的影响成功率就会得到进一步提高。喜茶在一次次的跨界营销中成功地构建了自己的品牌力，在有趣且富有创意的活动中吸引流量的汇聚。

5. 营造多样化玩法吸引流量

每个人的喜好都存在不同，想要吸引更多人的喜爱，就要让营销变得多样化，只有这样才能满足不同人群、不同圈层的喜好。喜茶喜欢与别的品牌进行合作，所以每次展现的内容都在变化，让消费者始终对喜茶保持新鲜感，同时还多方位展示了品牌的不同面。如喜茶与多芬合作，推出“芝芝桃桃”粉嫩嫩的单品，完美契合女性消费者追求的“浪漫与梦幻”；而在与清洁品牌威猛先生合作中，就来了一波去油的趣味营销。两种不同的营销满足了不同人群的喜好，让更多的群体对喜茶产生了兴趣。

喜茶在自己的有效营销下形成了自己的独特优势。喜茶一直在扩展自己的品类，力求使不同消费者的偏好需求得到满足。喜茶曾经致力于打造饮品，通过拓展，拥有了饼干、青团、冰激凌等周边产品，丰富了消费者的消费体验。除推出周边产品外，喜茶还设立了自己的子品牌，强化了喜茶的品牌竞争力。“喜小茶”就是喜茶推出的一个全新品牌，它一经面世就引起了全网的热议。“喜小茶”与喜茶的最大不同就是它的价格定位，它的定价更实惠，喜小茶最便宜的茶饮晨间翠玉只需 6 元，另外它还有两款冰激凌同样也只需 6 元，剩下的产品价格也是在 8 元至 16 元之间徘徊。喜小茶的高性价比吸引了不少消费者，也为喜茶开拓了更广的消费市场。和其他企业一样，喜茶认为新品的推出可以增强自身的竞争力，因此喜茶非常重视企业的研发能力，同时在产品的研发上增加力度，以保证产品的推陈出新。喜茶在研发部门配备了 30 名研发人员，同时还设有茶饮研发实验室、烘焙实验室、茶叶品评室和品控化验室。在这些团队的努力下，喜茶每年都能将自己的产品进行一个比较大的迭代，以保证所有的在售产品都是消费者真正喜爱的。而当消费者口味变化时，喜茶也能及时抓住消费者胃口，推出新产品。

喜茶流量聚集之法如图 4-1 所示。

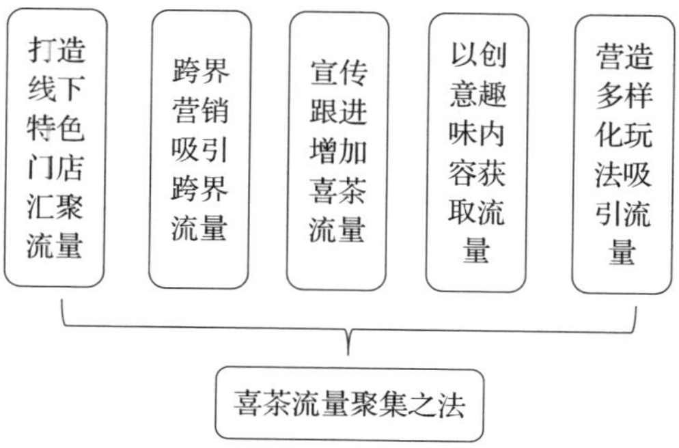

图 4-1　喜茶流量聚集之法

三、总结

喜茶通过打造线下特色门店吸引线下流量，给消费者提供了不一样的消费体验，与消费者建立了更加深层次的情感沟通。为了企业的更好发展，喜茶开拓了自己的子品牌，同时加大自己的研发力度，使产品更好地迎合了消费者的喜好。同时，喜茶还紧跟时代步伐，在互联网上进行全网营销，与其他品牌跨界联动。这些都让喜茶吸引了更多消费者的目光。这是一个拼核心竞争力的时代，喜茶以强大的产品力和不断创新的营销手段，把品牌打造成中国茶饮行业的一个现象级品牌。未来，我们也更加期待喜茶用源源不断的创新力带给茶饮品牌更多的无限可能！

（资料来源：笔者根据多方资料整理而成）

现在是“流量为王”的时代，可以说谁能抢先获得更多的流量，谁就能占领更多的市场，获取更多的用户。近几年兴起的“网红”正是让更多的用户看到自己，他们汇聚了自己的流量让自己变得有价值，从而从一名普通人变成了一名“红人”。在信息技术还未运用至如此程度时，茶行业内的许多企业已经开始了自己的流量迸发之路，他们通过投放广告、发布宣传单等一系列操作扩大自己的知名度，将企业的流量运用最大化，打造自己的流量池。如今网络信息技术的运用使流量获取路径不再单一。对于企业来说，累积自己的流量可以从三个路径入手，分别是公域流量、私域流量和商域流量，如图 4-2 所示。

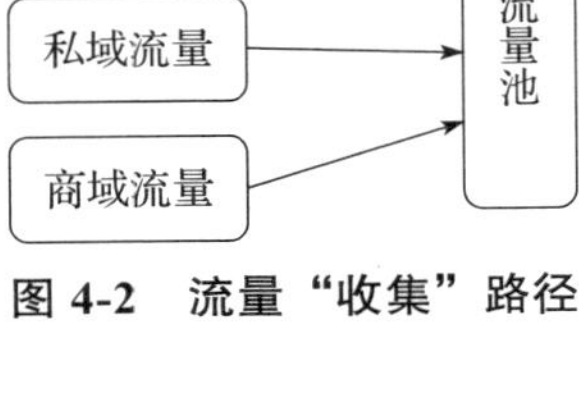

图 4-2　流量“收集”路径

第一节　公域流量

公域流量，简而言之就是公共平台、公共区域内的流量，进入该区域几乎不受限制，因此任何商家和个人都能进入。比如我们所熟悉的淘宝、京东、拼多多等平台都属于公域流量平台，在这些平台上的流量是公共的，大家所共有的。通常情况下，商家都是直接入驻平台去实现流量的转化，但也存在一些平台需要付费进入。进入平台并不代表就一定能获得流量，企业想要在平台上获得自己的流量，就要基于平台打造属于自己的流量。应用的多样化衍生出多类平台，面对不同的平台，茶企应采取不同的营销手段。通常每一个平台的用户都有其各自的特点，如B站、小红书、豆瓣等平台的用户就偏年轻化，使用这些App的用户大多数是年轻人，企业在这些平台上运营就需要迎合年轻人的喜好。本小节按照应用的不同进行分类，以便帮助茶企了解不同的平台的特点，以及如何在这些平台上寻找合适的运营方法使企业的流量达到最大。根据不同的平台流量，这里将公域平台流量分为三大类：电商直播平台流量、资讯平台流量和短视频平台流量，如图4-3所示。

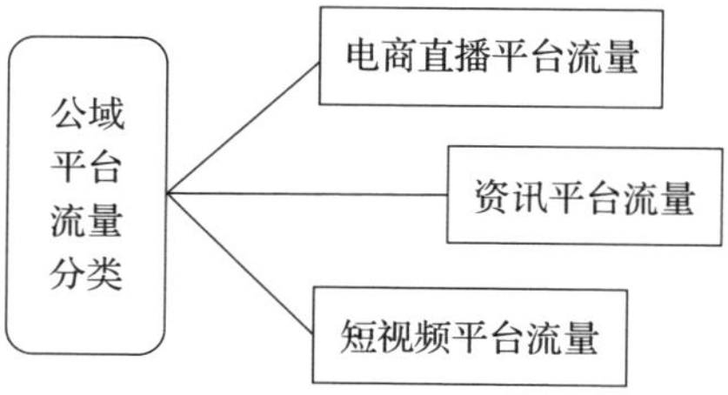

图4-3　公域平台流量分类

一、电商直播平台流量

随着时代的发展，人们的生活方式发生了巨大改变，原本我们购买产品必须去实体门店进行挑选采购，现在则只需要动动手指，在电脑或者手机上就能下单。购物形式的改变让消费者可以接触和购买更丰富的产品，产品体验更加多样化。但线上购物存在弊端，那就是消费者收到的实物与预期可能会不一致，因为文字和图片并不能很好地将产品的实际情况有效地传递给消费者。但是如果在文字和图片的基础上，加上商家的视频直播，就能让消费者更加完整地掌握产品信息，对产品有了更加准确的认识。这种现代的购物方式，正在变得越来越流行。

电商直播平台流量即在电商直播平台上产生的流量。随着电商直播的火热，近几年几乎所有的购物平台都推出了直播带货的功能。就拿淘宝作为例子，我们发现无论店铺的大小，粉丝有多少，几乎每一家网店都开启了自己的带货直播。他们聘请专业的员工在直播间向淘宝用户们介绍自己的产品，回答用户的疑问。一些营销茶产品的企业也正在跟上时代步伐，积极投身到电商直播中。例如，八马茶业曾在一次直播中销了近 10 万份的茶叶，合计下来在那场直播中八马茶业卖出了约 50 吨的茶叶，这意味着八马茶业的消费者众多。不仅如此，在直播的帮助下，八马茶业的品牌曝光度也得到了提高。直播前八马茶业的搜索指数日均为 834，而在直播之后，八马茶业的搜索指数提高到了 1062。这说明直播让用户对八马茶业产生了更多的兴趣，人们在互联网平台上搜索八马茶业了解它的相关信息，这让八马茶业能够更好地深入人心，让用户在关注八马茶业的同时还关联到自己的用茶需求，为八马茶业带来了更多的潜在用户。

电商直播平台流量是公域流量的其中一个支流，更多的电商直播平台流量的获取意味着产品有更多被消费者喜欢的可能。为了在电商直播平台上获取更多的流量，商家在直播时需要注意以下几个问题。

1. 产品质量过硬

质量一直都是用户最看重的方面，产品的质量符合用户的需求才会被选择，可以说质量过硬是所有行业的共识。无论是主打多样化的企业，还是关注产品特色的企业，其首要的前提依旧是过硬的产品质量。

2. 重视粉丝价值

流量的争夺是用户之争，电商直播平台流量的争夺是在平台上争夺直播间的粉丝。随着电商直播行业的发展和竞争的加剧，如今的争夺重点已从追求流量增量转变为对流量存量的追求，即对于电商直播来说，流量增量固然重要，但更重要的是能否留住那些流量，即直播间的流量存量的增长，如图 4-4 所示。现在的淘宝直播间里已有不少的明星进驻，他们同样也在直播带货。作为已是明星的他们，天然就有不少的粉丝，但在销售产品时他们的成绩却常常比不过一些淘宝主播。例如，歌手杨坤出道已久，但是近期的直播成绩却差强人意。因此，直播间的销售业绩并不是由主播的粉丝数量决定的，而是由愿意为直播付费的粉丝数量决定的。茶业企业在直播时必须要把握住粉丝的价值，让直播的流量留存达到最大，同时，选择有粉丝且粉丝价值高的平台和主播，才是避免踩雷、提升企业效益的最有效方法。

图 4-4　电商直播对流量的心境转变

3. 选好适合自己的产品直播平台

目前国内已有多家电商直播平台，电商直播平台之间竞争激烈。为了有更多的流量，不少企业选择在每一个平台注册账号进行直播，但这未必是最明智的选择。因为运营多个账号需要企业花费更多的人力、物力和财力。众所周知，每一个平台都有目标客户群，不同的消费者也会根据自己的不同需求而去不同的平台购物，如消费者在购买水果和一些价格较为低廉的产品时通常会选择拼多多，若是购买衣物和一些价格相对更高的物品则选择淘宝、唯品会等平台。茶叶作为中国日常生活中常见的产品，它的定位可以高端化也可以平民化，为了减少企业的直播运营费用，茶叶企业应根据企业所面对的消费层去选择相应的平台，选择最适合的平台来向用户介绍自己的产品。

流量进发专栏 4-1

德化商城：茶具行业的领路人

茶是我国传统饮品，已有四千七百多年的历史。随着人们生活水平的日益提高、茶叶饮品需求的扩大，大家对于茶具也提出了更高的要求。目前国内已有不少茶叶品种、品牌，但说到茶具，大家了解最多的还是德化茶具。

一、公司简介

德化商城全称为泉州德化商城电子商务有限公司，位于福建德化电子商务创业园。德化是我国陶瓷文化的发源地之一，该地的陶瓷产品销往了 190 多个国家和地区。德化电商正式开通于 2013 年，是一家网络销售德化陶瓷的商城平台，主要销售茶具、茶盘、餐具等陶瓷用品。德化电商作为国内领先的陶瓷电子商务平台，将现代电子商务模式与传统产业进行融合，仅在2018年，德化茶具在茶具网络零售中就达到了33.6亿元，占领了全国市场份额的80%。德化因此还连续四年进入阿里研究院发布的“中国大众电商创业最活跃的50个县”的前十名。

二、德化商城商业模式分析

作为全国知名的电商平台，德化商城有着自己的商业模式，从成立公司起，德化商城的目标就是成为国内领先的知名电商，因此在一开始德化商城就搭建了一个属于自己的电商平台。2013年，消费者对于线上购物还不熟悉，他们购买商品通常是在线下完成。德化搭建的自有平台无疑是给企业的产品销售提供了一个新的销售渠道。茶叶作为中国消费者的主要饮品，大家对于泡茶的用具有着一定的要求。茶具作为德化商城的产品之一，电商平台的搭建让德化的茶具得到了更广泛的推广。如今电商已经成为一个主流趋势，德化电商平台的搭建显示了自己的先见之明，不仅在未来的发展中提前布局，还带动了整个陶瓷产业的提升和发展。

除了依靠自身搭建的平台，德化商城还与第三方平台展开深度合作。德化电商入驻了淘宝、京东、苏宁等多个平台，在每个平台上都建立自己的德化商城馆，消费者几乎能在每一个平台上找到与德化有关的产品，并进行消费。德化商城与其他平台的合作这一动作有效提升了德化商品的知名度，帮助德化商城迅速地占领市场，让德化的陶瓷在市场上占据了主导地位。

德化商城不仅非常关注线上用户的发展，而且也非常注重线下用户的获取。德化电商建立了实体商品展示中心，消费者可以在展示中心现场体验产品，体验满意后再去网上下单。这种线上线下相结合的商业模式优化了用户的购物体验，为德化商城俘获了不少的新用户。德化商城商业模式进程如图 4-5 所示。

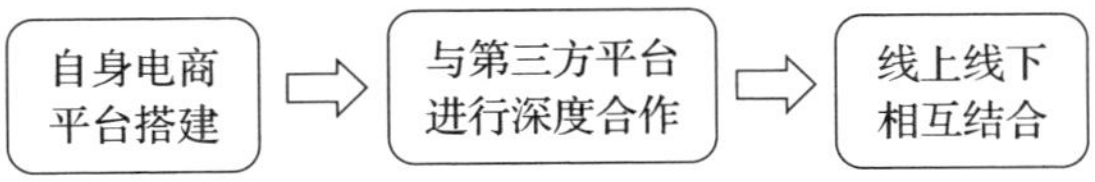

图 4-5　德化商城商业模式进程

三、陶瓷 + 直播，助推德化商城的流量汇集

信息技术的发展给消费者提供了更多消费方式，企业有了更多的销售渠道，电商也有了一个新的销售方式——直播。德化商城看到了直播带来的变化，它抓住时机，开始转变自己的营销方式。抖音作为一个热门短视频 App，2021 年它的日活跃用户峰值达到了约 7 亿人次，全年的平均日活跃用户人数已超过了 6 亿。德化商城看中抖音强大的用户流量，携手抖音，开启了合作之路。2021 年 1 月，德化商城开始和抖音合作，建立抖音直播基地，打造电商的新生态。

为了让企业更好地学会使用抖音的电商直播功能，德化抖音直播基地会定期开展商家直播培训活动。一开始，大部分商户对于直播并不熟悉，直播技能欠缺，培训活动的开启可以很好地帮助企业提升自己的直播能力，进而提高企业自己的带货能力。商家在直播运营的同时，还可以选择与直播平台上的直播达人合作，通过直播达人的带货让更多的用户看见德化瓷。总之，德化抖音直播基地为德化的茶具产品乃至整个陶瓷产业的升级注入了新动力，为德化产品吸引了更多的关注度。

四、总结

德化商城走在了时代的前列，从一开始就瞄准了网络销售，搭建自己的商业平台，让商城的产品有了更多的曝光度和接触用户的机会。随着信息科技快速发展，德化商城看到了电商直播的潜力，迅速地开始与抖音达成合作意向并搭建德化商城的抖音直播基地。商城内各商户可以选择通过平台上的直播达人带货，还可以选择培训专属于自己的直播间主播，有效提高了企业的直播能力。德化商城在不同的时期总能快速跟上时代的潮流，走出具有自己特色的发展道路，相信在未来的日子里，德化商城有了抖音平台的流量将会取得更好的成绩。

（资料来源：笔者根据多方资料整理而成）

二、资讯平台流量

说到资讯平台，我们想到的是百度、谷歌等平台。我们可以在这些平台上了解来自不同地区的各种信息。我国的资讯服务早已出现，早期的用户资讯大多是信息资讯，用户希望从平台上找到解决问题的办法，百度是我们最熟悉的资讯平台之一，是众多资讯平台的佼佼者。除了百度以外，还有其他资讯服务平台，如知乎、微博、凤凰新闻、今日头条等。

如今越来越多的企业开始关注资讯平台的流量，希望通过在平台上发布产品信息，可以有效地增加产品的曝光度。另外，在资讯平台上发布的信息通常都自带权威的光芒，茶叶企业若是在资讯平台进行产品营销，产品必定会给平台用户留下一个好的印象，增加企业流量的同时还能提高企业自身的品牌影响力。比如在百度平台上，当消费者搜索国内的知名茶业企业，就能看到很多关于茶企的信息，如提问中国的十大品牌茶叶是哪十个？中国的茶叶企业是哪几家？这些信息可以提前占据用户认知，在为企业带来更多流量的同时，甚至能让用户成为企业的潜在消费者。

如今企业对资讯平台越来越重视，这使资讯平台的需求和服务能力都有了一定的提升，越来越多的茶企愿意在资讯平台进行营销获取流量，相信在未来资讯平台可以在营销上起到越来越重要的作用。

三、短视频平台流量

短视频作为信息的一种形式越来越受人们的欢迎，和其他形式的内容相比，它能让用户更加快速地了解信息。在如今的快节奏生活下，人人行色匆匆，只有一些零星的碎片时间去娱乐，而短视频就是此时最好的选择。因为视频的时长通常在一分钟内，用户可以完整地接受视频的信息，如果是观看文字信息就不能达到这样的效果。短视频的发展已经是一种趋势，无论是个人还是企业，都应关注、参与甚至推动短视频的发展。

截至 2021 年的 8 月，在中国的短视频用户数量已经达到了 9.44 亿，在全体网民总量中占比近 90%。生活节奏的加快让人们更加喜欢那些简短、精练的信息。在移动互联下，短视频已经成为当今的流量高地之一，它的价值受到企业关注，企业愿意在短视频的影响上进行投资，越来越多的行业也开始进入短视频，茶叶行业也是如此。越来越多的茶企通过在平台发布企业相关产品的短视频内容来推广产品和获取流量。逐渐地，短视频平台成为企业的主要流量阵地之一，许多茶企在短视频平台上获取不少流量，助力企业发展。

那么，茶企如何才能更好地在短视频平台上获得流量呢？短视频流量可以给茶企带来发展，但这并不代表茶企只要在短视频平台发布自己的视频就能获取自己想要的流量。企业在短视频平台的创作和发布都需要投入精力，这样才能有效地获取流量。对于如何获取短视频平台流量，我们应该做好内容创作的这几个要点。

1. 重视内容信息的创作

加入特别的创意让短视频内容在平台上成为爆款。一个短视频能被大家真心喜欢必定离不开它的内容，可以说短视频的核心就是内容。短视频之所以能够吸引更多的用户加入，就是因为在短视频平台上用户可以看到很多自己喜欢的内容。B站之所以吸引了大量的年轻人聚集，是因为在B站的平台上，有着年轻人喜欢的动漫、二次元等内容。此外，在B站上，每个人都可以在平台上发布视频内容，有的人分享美食，有的人分享游戏体验。各个短视频平台上都有自己的热点视频，而成为热门或热点的短视频，一般都是内容优质的短视频。短视频上了热门，内容的输出就拥有被看见的机会，曝光度的增加将使内容在各个渠道中更好地流动，这样便形成了一种良性循环的局面。

2. 明确方向和定位

在制作短视频之前，制作者会设定一个预期目标，企业或制作者将根据预期目标来确定短视频内容的方向和定位。例如，西湖龙井作为绿茶的一种，短视频的方向是向用户介绍绿茶和茶叶产地的特殊性，目标是向用户传递西湖龙井绿茶与其他绿茶的区别，从而为后期用户的转化做准备。

3. 内容垂直有价值

内容只有垂直精准到用户，才能为用户提供精准化的服务，企业产品包括茶叶种类和品类才能更加有针对性，才能更加明确地满足服务对象的所需和所求，制作出的短视频也更能打动精准客户的购买欲望。

4. 展示独特性和丰富性

短视频的展现方式需要个性，需要融入企业或者个人的风格特点，以便与其他产品有所区别。同时，短视频也需要丰富性，以满足人们多样化的需求。一个丰富多元且富有个性的短视频可以满足更多用户的需求。

流量进发专栏 4-2

云南下关沱茶利用短视频寻找流量突破

一、公司简介

下关沱茶是云南的一种古老茶叶，因为创制于云南下关，由此得名下关沱茶。下关沱茶开始制作于1902年，至今已有120年的历史，是云南下关沱茶股份有限公司（以下简称云南下关沱茶）的主打产品。云南下关沱茶的前身是云南省下关茶厂，1994年改名为云南下关沱茶股份有限公司，随后逐渐转为民营。在多年的改制发展历程中，云南下关沱茶逐渐成为一家集茶产品研发、生产和销售为一体的企业。

目前，云南下关沱茶主要生产的产品有沱茶、砖茶和饼茶等一系列普洱紧压茶，产品种类已有200多种，年平均产量达到5000吨，云南下关沱茶是云南茶企中产量最高的企业。除了产量高，公司对于产品的质量也有自己的高标准，目前云南下关沱茶是全国唯一一家同时拥有八项国家级桂冠的茶业企业，百年下关沱茶曾三次荣获世界食品金冠奖，累计荣获50余项国内外大奖。如今，云南下关沱茶在全国已有一千多家专卖店，产品远销至欧盟、俄罗斯、日本等18个国家和地区。

二、商业模式

众所周知，中国的茶市场群雄争霸。虽然中国茶行业的市场规模已经达到了2700亿元人民币，但品牌化的茶叶企业仍旧是少数，我国茶农种植出来的茶叶总是以低廉的价格销往世界。大家都意识到一个问题，在茶叶市场上缺少一个有影响力、有流量的茶企，所以每个企业都在努力争取得到更多用户的喜爱，为企业、为产品增添更多的流量号召力、影响力。目前，短视频已经成为人们生活中不可或缺的一味“调剂品”，人们通过观看短视频打发时间、娱乐身心。对于企业来说，短视频是绝佳的信息交流媒介，企业可以将自己的企业及产品以短视频的形式传递给用户，从而为自己获取更多的流量。云南下关沱茶正是众多开始短视频运营企业中的一员，它在多个平台上以短视频的形式向用户传递信息，让更多的用户从陌生到熟悉，渐渐了解与企业相关的产品、文化、理念等一系列信息，为企业获得了不少短视频流量。

云南下关沱茶流量汇聚之路如图 4-6 所示。

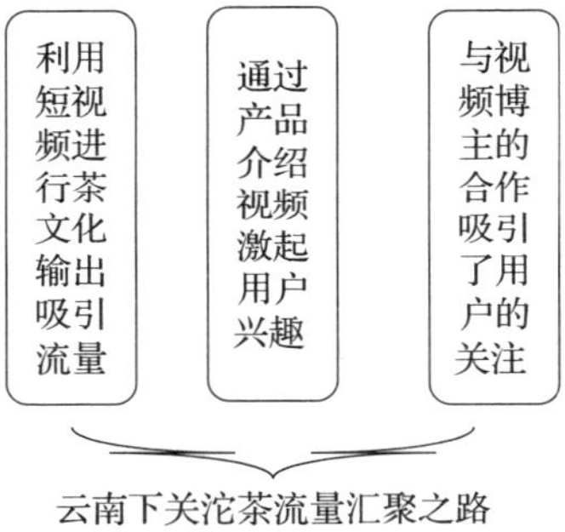

图 4-6　云南下关沱茶流量汇聚之路

首先，云南下关沱茶利用短视频进行茶文化输出吸引流量。下关沱茶作为一个有着悠久历史的茶种，它的发展历程可以追溯至唐代以前。如今下关沱茶被列为国家地理标志保护产品，它的制作技艺已被列为国家级非物质文化遗产，因此向用户介绍下关沱茶的文化是必不可少的环节。云南下关沱茶为了更好地让用户了解下关沱茶的文化底蕴，制作了多个视频，如《下关沱茶非遗活态展示》《景迈寻香插饼》《下关特沱沱茶》等短片。另外，为了向用户展示云南下关沱茶产品的特殊性，让用户能买到、品尝到“正版”云南下关沱茶产品，云南下关沱茶还发布了《茶山鉴茶》系列视频，让观众在观看视频学习后能够鉴定出正宗的下关沱茶。这些视频在制作时将下关沱茶的文化融入其中，让观众更加了解下关沱茶的文化，从而为云南下关沱茶吸引更多的流量和认同。

其次，云南下关沱茶通过产品介绍视频激发用户兴趣。下关沱茶除了有悠久的历史，其产品种类也是相当丰富，为此云南下关沱茶拍摄了短片，对不同系列的产品进行详细介绍。例如，下关沱茶的金瓜茶就有吉庆金瓜茶、苍耳之贡金瓜茶、福合家欢金瓜茶等多个产品，云南下关沱茶推出《吉庆金瓜》和《我和我的祖国——如意金瓜》视频来介绍这些产品，为产品带来了更多的关注。此外，云南下关沱茶还创作了《日照金山》视频介绍了日照金山茶，《下关龙珠》和《下关龙珠与金花》视频则介绍了下关龙珠和金花龙珠等茶叶。总之，下关沱茶的多种沱茶在短视频的助力下得到了广泛传播，为云南下关沱茶带来了更多流量。

最后，云南下关沱茶与视频博主的合作吸引了用户的关注。随意打开一个短视频应用，在该应用上搜索下关沱茶就会出现不少相关视频，在各个视频中，有的是介绍下关沱茶的历史，有的是评测下关沱茶的各种茶叶，有的是品尝鉴赏下关沱茶，还有的是教用户如何泡好一杯下关沱茶。总的来说，这些视频大多都是从正面或侧面向用户介绍并推荐下关沱茶。视频博主的“种草”更容易被粉丝接受，因此在他们向自己的粉丝介绍和推荐下关沱茶时，无形中会将视频粉丝转化为下关沱茶产品的粉丝，让更多的用户关注下关沱茶。

三、总结

总之，云南下关沱茶利用短视频向用户介绍自己的产品，让更多的用户在了解产品的同时看到下关沱茶悠久的历史，让用户能更加地信任下关沱茶品牌，通过与各视频博主的合作让更多的用户对下关沱茶产生兴趣，进而转化为下关沱茶的粉丝。这一系列的短视频都在帮助下关沱茶获取更多的流量。虽然云南下关沱茶的短视频营销运作时间不长，但在长久运营之下，相信云南下关沱茶将会在短视频平台上获得更好的流量成绩。

（资料来源：笔者根据多方资料整理而成）

第二节　私域流量

公域流量平台竞争激烈，平台上进驻的商家企业数量巨大，企业想要有属于自己的稳定流量非常困难。因此很多企业开始将目光转向了私域流量的获取。私域流量与公域流量相反，私域流量是属于某个企业或个人，只有拥有者才能利用，因此私域流量私密度高，流量的黏性也较高。通常每个企业在微信公众号运营公域流量，在朋友圈运营私域流量，或者是建立粉丝群，将用户集中起来进行统一运营。这些身处不同区域却属于同一个企业的流量，企业将它们有机结合起来形成一个私域生态系统，私域流量的集合可以帮助企业更好地做好流量的变现。私域流量的分类如图 4-7 所示。

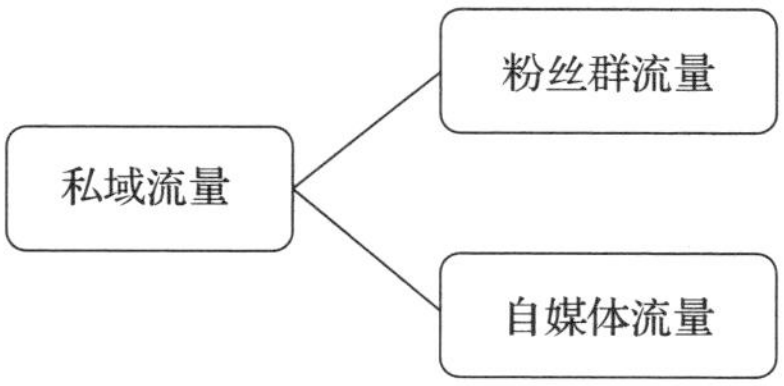

图 4-7　私域流量的分类

一、粉丝群流量

在行业竞争激烈的今天，流量不像以前那样集中，多平台的出现使流量开始分散，企业因此开始对用户流量进行细分，并对其展开精准营销，以求让企业的流量获取达到最大化。流量竞争开始加剧，企业获取流量的成本越来越高，同时用户转化为产品粉丝的成功率也越来越难，因此更多的企业开始建立自己的粉丝群，通过运营粉丝群来增加流量获取，以提高用户的转化率。难以获取自己的流量的茶企同样需要精准营销，同样需要关注粉丝群流量。

何为粉丝？简单来说，粉丝就是企业产品的支持者，可以和企业、产品产生情感连接的人或者组织。吸引或培养粉丝的重点在于精准地抓取用户、提高用户转化率，尽量让用户与企业之间取得某种联系，培养用户对产品或企业的情感联系，这样的流量才对企业发展有意义。如今，粉丝经济已是一种很重要的力量，企业重视与粉丝之间的良好互动，粉丝能让企业在市场上拥有更大的知名度、美誉度和业绩。对于企业来说，粉丝的价值可以分为以下几类。

一是营收价值。企业粉丝数量和企业的营业收入成正比，一个企业粉丝越多，营业收入就越多，这是粉丝对企业最直接的价值体现。一个粉丝只有在真正喜欢企业的产品时，才会选择购买该产品。

二是口碑价值。口口相传能让更多的人知晓产品。在信息时代，许多消费者在购买了产品之后会主动和他人分享对该产品的看法或使用心得。例如，在淘宝和小红书等 App 中，很多博主分享自己的使用心得、介绍产品到手的具体情况，这对产品的口碑起到了极大的推动作用。

三是渠道价值。传统商业模式将渠道和传播区分开，现在的电商社交时代则让渠道和传播连接在了一起。粉丝同时具备两种角色，他们是消费者，同时也是产品的传播者，这极大地增加了企业的品牌影响力。

粉丝对于企业意义重大，因此如何留住粉丝值得每个企业学习，以下有几种方法可以帮助企业更好地获取更多的粉丝。

一是老粉丝带动新粉丝。例如，当老粉丝带动新的用户成为新粉丝时给予老粉丝一些激励，这个激励可以是更多的优惠，也可以是更大的折扣。总之，这个激励能让粉丝有动力去带动新粉丝的加入。

二是适当的平台会员折扣。根据研究人员的调研，相较于其他地区的消费者，中国地区的消费者对折扣的敏感度更高，因此利用适时会员折扣可以有效地吸引新用户。

三是给予新用户某些特权。这是一个很多企业都在采用的方法，他们会给新的用户专属的特权，给新用户更多的优惠券。

当企业有了粉丝之后，如何留住粉丝也是一个值得重视的问题，企业仅仅是增加粉丝还不够，有了粉丝和流量的获取之后还需尽可能地留住粉丝。对于如何留住企业用户，下面介绍几种方法。

一是建立多个渠道接触用户。多渠道意味着多了解。随着用户对产品的接触次数增多，用户就能更加了解产品的信息，企业就能利用这些渠道让用户成为长久的粉丝。

二是多样化活动激励用户的留存。在多样化活动的激励下，新用户更容易发生转变而成为企业留存用户，同时对产品产生黏性。

三是对用户进行分层服务。通过用户分层，给予用户精准的服务，满足用户的差异化要求。

四是优化产品流程。用户转化在某些流程中更为关键。通过优化产品流程，企业可以有效地提高用户转化率。

五是给予用户更加优质的服务。对于每一个企业来说，想要得到用户的喜爱必须提供优质的服务，优质稳定的服务是用户能够保持长期稳定的“强心剂”。

流量迸发专栏 4-3

湖南网红——茶颜悦色的粉丝运营秘诀

茶作为我国自古就有的饮品，大多数消费者都是按照以往的冲泡方式来品尝。有一家茶饮却致力于中茶西做，将中国的茶叶以西式饮品的风格呈现给消费者，在保有中国风的前提下，给消费者不一样的用户体验。这家饮品店就是茶颜悦色。

一、公司简介

茶颜悦色成立于2015年的3月，是湖南长沙茶悦餐饮管理公司旗下的一个品牌，它是将茶饮和甜品作为自己的主打产品，在借鉴粤港台饮品的基础上，结合自己的创新思维进而推出的一个新一代的立体复合型餐饮业态。目前茶颜悦色很火爆，诸多游客来到湖南旅游的必打卡项目就是去茶颜悦色喝一杯饮品，因此不少网友也将茶颜悦色称为“湖南网红”。

2014年快饮市场正在寻求产品转型，那时的茶颜悦色带着自己的中式“文艺范”走进了快饮市场，让人眼前一亮。在短短几年中，茶颜悦色发展了22家直营门店，在众多茶饮品牌中杀出自己的一条路，在2021年8月，茶颜悦色入选艾媒金榜（iiMedia Ranking）发布的“2021年上半年中国新式茶饮品牌”，排行Top15。

二、商业模式

粉丝量越多常常意味着企业的号召力、影响力越大。粉丝对于企业来说至关重要。作为企业产品的粉丝，他们会自发地成为品牌的发言人和维护人，向自己身边的人推荐企业产品，刺激并吸引更多的消费者去尝试产品，在无形中成为企业的一个广告，为企业带来相对稳定的销售量的同时也带来源源不断的流量。茶颜悦色明白粉丝对于企业的重要性，因此积极获得消费者对于其产品品质的认可，提高消费者的用户体验，让尽可能多的消费者转化为自己的粉丝。那么，为了吸引更多粉丝流量的流入，茶颜悦色是如何做的呢？

一是茶颜悦色致力于满足消费者的美味需求。为了给消费者更好的体验，为了给每一个饮品找到最好的原料，茶颜悦色的掌门人吕良一直对茶颜悦色的产品原料要求甚高。除在原材料上抓得紧外，茶颜悦色在店铺推出了“一杯鲜茶的永久求偿权”的服务，即只要消费者对奶茶不满意，不管什么原因都可以更换。这一服务的推出让消费者对茶颜悦色增强了信任，成功制造了一波话题和热度，吸引了更多的消费者前来消费。

二是茶颜悦色注重与粉丝的深度互动。茶颜悦色经常在微信和微博上和粉丝一同互动，以抽奖的形式作为福利。每次茶颜悦色的官方微博发出送福利的微博，就会吸引大量的用户前来参与，而福利的获取是以成为茶颜悦色微博账号粉丝为前提，因此这一互动为其增加了不少的粉丝。除了线上互动，茶颜悦色也注重门店与消费者之间的互动。茶颜悦色时常更新小票单上的文字，在饮品包装上留下温暖的小句子，这些举动同样也为茶颜悦色带来了更多的粉丝。

三是茶颜悦色为消费者提供更多的关怀。茶颜悦色除了在门店推出“单品免费续杯”“集卡点免单赠杯”和“雨天指定饮品第二杯半价”等营销活动，同时还免费提供雨伞、药箱、创可贴等应急物品。当消费者遇到紧急情况时，找到茶颜悦色的门店就能得到这些免费的服务。这样的贴心服务也让茶颜悦色深入人心，有口皆碑。

三、总结

总之，粉丝流量对于企业来说是一种含金量极高的存在，但想要获取如此高品质的流量，需要品质和服务端的长久耕耘。企业若想要让消费者替你说话，而不是自我感动和单一灌输，就要注重消费者细致的感受，摒弃追求暴利的短期行为，深耕产品线，做到始终如一。茶颜悦色的产品价格相对较高，却丝毫不影响消费者对它的热情，这与它多年的默默耕耘打造粉丝群体密不可分。

（资料来源：笔者根据多方资料整理而成）

二、自媒体流量

自媒体又叫公民媒体或个人媒体，每个用户都可以开通自己的自媒体账号来发表观点。一般来说，我们将自媒体分为广义和狭义两种，如图 4-8 所示。广义自媒体可以追溯到 20 世纪末，个人主页、BBS、个人专辑都可以叫自媒体。狭义自媒体是以微信公众号为标志的平台，其中包括以今日头条、百度、腾讯为主的新媒体开放平台。

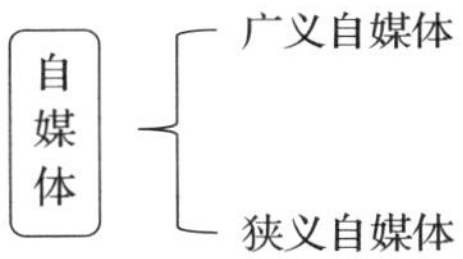

图 4-8　自媒体分类

现在我们正处于一个自媒体时代。相较于其他的传播方式，自媒体更加私人化、平民化和多样化。私人化主要是因为自媒体账号由私人注册运营，内容由自己完成，因此内容丰富多彩、各具特色。人们在各大平台上建立自己的自媒体账号、向所有个人传递信息。由自媒体产生的流量属于私域流量。现在越来越多的个人和企业开始创建自己的自媒体账号，如著名茶企八马茶业就在微信平台上创建了自己的公众号“八马茶业官方旗舰店”和小程序“八马微商城”，微信平台用户可以在公众号上了解八马茶业的企业及产品信息，去八马微商城下单。茶企既能通过在自媒体账号发布优质的内容信息吸引用户的关注，从而构建自己的流量池，又能提供一个转化场地帮助茶企发展。

每个企业都想拥有自己的流量池，通过自媒体运营来打造自己的私域流量是一个很好的途径。为了能够获得更好、更多的自媒体流量，茶叶企业可以打造专属于自己的自媒体矩阵。自媒体矩阵顾名思义就是一系列的自媒体的集合，茶叶企业在多个平台上建立自己的自媒体账号来发表企业的相关内容信息，从而获取更多的流量关注。在内容创作之后，茶企可以将内容发布在各个自媒体账号上，这样企业的内容就可以在多个平台、多个渠道被看见。这就意味着成交的概率变大，从而达到企业的商业目的。

当然，扩大茶企自媒体流量不能只靠组成的自媒体矩阵，企业在自媒体的选择和自媒体的运营方面需要下重功夫。自媒体运营思路如图 4-9 所示。

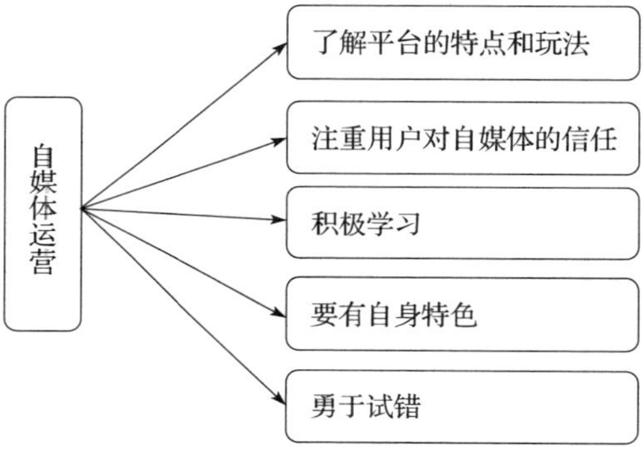

图 4-9　自媒体运营思路

一是了解平台的特点和玩法。企业要在合适的自媒体平台上发布产品的相关内容和信息。另外在内容创作上，企业应有针对性地根据平台的特点去进行内容的创作和发布，切忌简单地复制粘贴内容信息。

二是注重用户对自媒体的信任。粉丝越多并不意味着它就越能变现，流量的变现更多的是出于用户对自媒体的信任，只有当用户信任你了，他才会选择体验和成交。成交又会促进用户对自媒体的信任。

三是积极学习。自媒体有很多，但是做得出彩的并不多，能够坚持下去的更是少之又少。对于自媒体的运营，企业可以先向头部自媒体进行对标、模仿和借鉴。头部自媒体之所以能够成为头部，必定有自己的运营法则和成功之处。这些都值得企业学习和效仿，以便获取更多流量。

四是要有自身特色。如今的自媒体竞争激烈，要想从众多自媒体账号中获得更多的流量就必须打造自身独特的魅力，以便脱颖而出，这样才能更多地吸引流量并转化流量。

五是勇于试错。凡事都有一个过程，没有任何事能够一蹴而成，自媒体的运营也是如此。企业开始了自媒体内容创作之后并不意味着能够马上吸引到流量，自媒体在初期运营时应勇于试错，探索市场需求、用户喜好，只有这样才能改进和升级，最终获得用户、获取流量。

除上述几个方面外，我们还可以巧妙地借助外力帮助自媒体运营。以微信公众号的运营为例，通常公众号的内部循环较慢，许多公众号运营者会先去更大的流量平台上获取流量，然后再将这些流量导入公众号。和这个做法一样，企业同样可以去微信公众号注册账号收集流量，在获取流量的过程中将自己的其他自媒体账号信息发布在公众号上。为提高关注度，企业可以给关注其自媒体账号的用户一些激励，从而让自媒体的流量达到最大化。

除自媒体账号互通外，企业在运营自媒体时还可以通过互推来提高自己的流量。互推的方式有很多，比较常见的做法有以下几种。

1. 朋友圈互推

这是最简单、最直接的一种方法，通过向自己的朋友推荐从而让更多的用户看到内容。就拿茶企为例，茶企可以号召员工向自己的亲朋好友推荐企业的自媒体账号，带动更多的人了解企业的相关信息。

2. 互相转发

企业可以和其他的自媒体进行合作，互相推送对方的内容信息，交又吸引用户注意。

3. 与流量大 V 合作

通过头部自媒体账号给企业做推广，这能让头部自媒体的粉丝关注到企业，了解企业的自媒体内容，从而吸引新的流量关注。

自媒体要想获得流量、留住流量，运营者首先要做好内容创作，其次做好推广工作，既可以从自身出发去做好自媒体运营来获取流量，同时也能借助外力，通过与其他自媒体合作互推来增加自己的流量。

流量迸发专栏 4-4

茶饮界的销量王者——古茗的自媒体运营之路

一、公司简介

古茗是现下深受消费者喜爱的一款茶饮品牌。2010 年古茗的第一家门店开张，由此开始了自己的发展历程。古茗是王云安创立的浙江古茗科技有限公司旗下的一个品牌，在创立之初就致力于为自己的用户打造一个日常化的极致喝茶体验。古茗在发展探索中精益求精，进而形成了自己独有的古茗风味。为了更好地发展，古茗积极打破茶饮市场的区域界限，不再只是面向国内，还将视野放大到国外，让多种品类的产品能够互相融合，满足不同市场中不同用户的口味偏好。此举使古茗的市场与品牌格局得以迅速扩展。

古茗自创立开始就积极寻找属于自己的经营模式，2010 年古茗第一家门店开业，而在第二年古茗就开设了第二家合作门店，自此古茗开始了自己的连锁经营模式。为了保证自己的经营模式能够顺利进行，古茗还一直致力于产品的口味升级，曾多次进行改革，对产品进行升级换代，让越来越多的用户爱上了古茗的茶饮。在经历了12年的发展之后，古茗目前的门店几乎辐射全国各地，截至2021年已有门店近6000家，店数涨幅达45%，可以说在中国的每个城市中都可以接触到古茗的产品。

古茗的成绩喜人，在它发展的12个年头中立足产品本身，结合网络自媒体营销将产品推广给更多的用户。

二、古茗：打造用户喜欢的产品

没有需求就没有消费，一个产品只有被需要了才会有消费，产品是一个企业的中心。古茗以产品为重心，花费心思，打造产品，如图4-10所示。

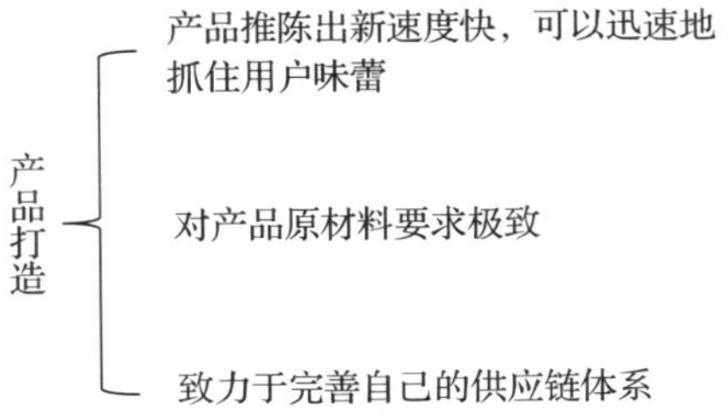

图4-10　古茗的产品打造

首先，古茗的产品推陈出新速度快。仅在2021这一年，古茗就推出了53款新品，同时还对古茗长期在售的11款产品进行了配方升级，新品的推出和产品的更新使古茗的产品在消费者中引起了巨大响应。就在这一年，古茗卖出了将近1亿杯的好成绩。

其次，古茗对产品原材料要求极致。每一杯好喝的饮品都少不了新鲜的原材料。在古茗的产品中，水果和茶叶是原材料，因此水果的新鲜与否和茶叶品质的优劣对于古茗来说至关重要。古茗从一开始就向消费者承诺每一杯古茗水果茶都使用当季水果，为了践行承诺，古茗在水果选择上也有自己的一套标准。古茗只会选用当季最新鲜的水果，现切、现场制作。在茶底使用上，古茗以 14 种茶叶为底打造属于古茗的独特风味。

最后，古茗致力于完善自己的供应链体系。古茗知道，供应链速度的快慢直接决定了稳定、新鲜的原材料供应，决定了各个地区的消费者是否能够品尝到相同味道、相同品质的饮品。2021 年古茗搭建了 14 个仓库，拥有冷链司机 700 余人。当天采摘的新鲜水果，两天左右就能配送到门店。供应链的完善让古茗产品的口感得到保证，也让门店的拓展得以顺利进行。

三、打造古茗自己的自媒体矩阵

现今，人们越来越习惯在网络上了解和消费产品。古茗顺应时代潮流，在各大平台上打造古茗的自媒体账号，在让更多用户了解产品的同时吸引他们去线下体验产品，让用户时刻保持对古茗的新鲜感。截至目前，古茗在小红书、微博、抖音、B 站、视频号、快手等平台上都有自己的账号，品牌曝光度持续增加。

一是升级小程序功能。古茗在小程序中升级了会员体系，按不同等级提供不同的福利，用户在消费产品之后产生的积分也可以用来兑换周边产品，这些限量产品吸引了大量用户的参与。目前古茗小程序的使用人数已经达到了 3000 万人。

二是拓宽多条下单渠道。古茗顺应时代潮流，主动接入支付宝、抖音等平台，用户除了在微信小程序上能下单古茗的产品，还可以在支付宝和抖音平台上找到下单渠道。

三是跨界联名互动。古茗积极和其他的产品、品牌、电影和艺术家进行跨界联名，不少用户在平台上通过联名产品了解到古茗这个品牌，同时古茗也借此机会将自己的产品带给了更多的消费者，和消费者构建了更加多样化的连接。

四、总结

多年来，古茗坚持以产品为中心，通过完善企业供应链，将最好、最新鲜的产品带给用户。古茗还时常推出新产品以满足不同时期用户的喜爱和变化，这让古茗始终能够抓住消费者的味蕾。古茗还顺应潮流打通了多个平台，在各个平台上运营自媒体，让消费者能快速、便捷地享受到一杯古茗饮品。同时古茗在小程序上升级会员体系，给予会员用户更多的福利，吸引越来越多的用户爱上古茗的产品。现今古茗门店的增加、小程序会员的增长，这些都表明古茗产品受到认可和自媒体运营的成功，相信古茗未来的发展将会更加引人注目。

（资料来源：笔者根据多方资料整理而成）

第三节　商域流量

商域流量不同于公域流量和私域流量，既不是借助平台流量，也不是借助粉丝群和自媒体流量，商域流量的来源主要是商品本身，是由商业活动产生的流量。商域流量有两个特点，如图 4-11 所示。一是稳定性强，对于想要做广告的企业来说，它在支付一定数量的金钱之后就能获取相应质量的流量。二是黏性差，商域流量通常都是通过广告投放来获得，而投放广告的平台会有各种产品的广告，而且广告时长不长，用户面对大量的广告必定不会产生强大的黏性。以抖音为例，用户在刷抖音时，算法设定用户几乎每隔 12 条就会看到一次广告。而抖音每一个视频的时长都很短，只有不到一分钟，这意味着刷抖音的用户将有机会看到数量众多的广告，因此很多企业会选择在抖音上播放广告，尽力争取让目标受众优先看到自己的广告。有了接触目标受众的机会，企业进而想方设法通过这次机会，将受众转化成自己的流量。

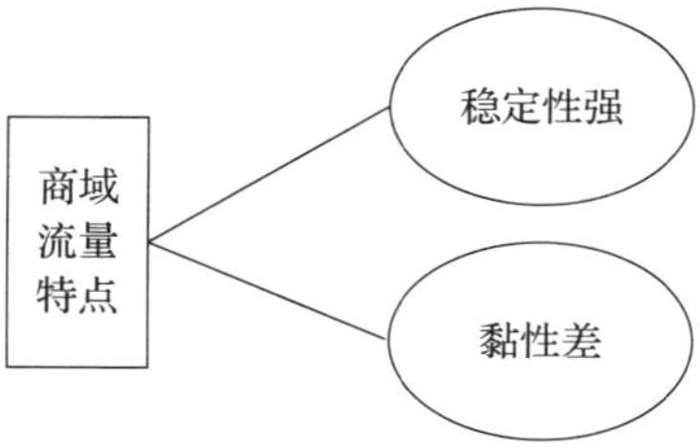

图 4-11　商域流量的两个特点

商域流量主要分为品牌广告流量和效果广告流量，如图 4-12 所示。品牌广告流量指的是商品的品牌本身携带的流量。如联合利华，它的旗下产品种类丰富，并且针对不同层次的消费群体推出相应价格的产品，尽可能地让更多的消费者能够选择使用本品牌的产品，久而久之消费者对品牌产生信任，当品牌推出新的产品时，根据以往的购买体验，消费者对产品有着天然的好感，对产品的性能、质量会更加信任，产品的品牌作用即在于此。效果广告流量指的是产品符合消费者预期的效果，给消费者带来了很好的体验。这些好的体验就会带动更多的消费者选择产品，进而拥有自己的忠实客户，从而形成了自己的流量。

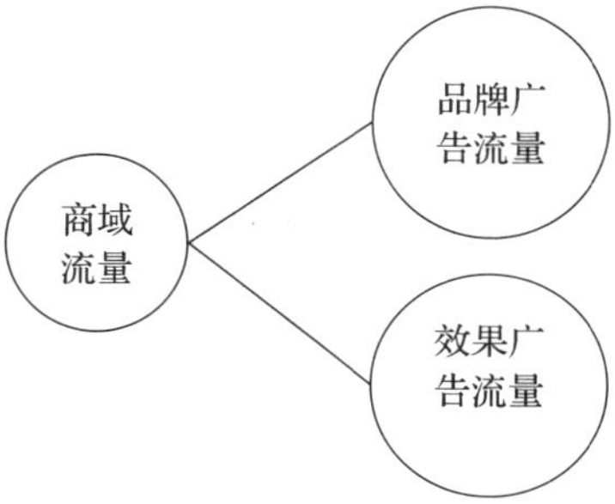

图 4-12　商域流量分类

一、品牌广告流量

品牌广告流量指的是商品的品牌本身携带的流量。品牌不仅仅指产品，也包括个人，即人也可以成为品牌，拥有个人的品牌流量。一个品牌想要自身携带流量首先就得成为主流品牌。在消费品市场中有多种多样的产品，而相似的产品根据其不同的功能效用又可以分为不同的产品，在这样激烈的竞争下，只有少数产品能够打出名号成为市场主流品牌，获得市场的红利。对于茶叶行业来说，茶叶品牌和品类众多，茶企想要成为主流品牌并不是一件易事。从前茶企主要是通过销售产品来打造品牌，随着茶叶消费次数的增多，良好的用户体验让消费者更加认可茶企及品牌。但随着网络信息技术的发展，单纯靠销售额的做法已经行不通了，茶叶市场上存在着太多的替代产品，不同的品牌产品在一起竞争使消费者的选择难度增加，想要在激烈的竞争中获胜就得成为消费者的第一选择，就得让消费者更信任你的茶产品，使消费者在面临产品决策时能够快速地做出选择，会主动购买你家的茶叶，这样才能在市场上占领一席之地。

随着线上营销的火热，随着数字化时代的到来，短期快营销变得流行起来，茶企更加注重当下的收益而忽略了品牌的长期建设，忽视了品牌广告。对当下的茶企来说有两条路可以走：一是不走品牌路线，通过低价的产品来俘获消费者，进而迅速地占领市场；二是坚持走品牌路线，不在乎短期收益，努力营销品牌溢价，期待品牌带来的未来利润。通常来说，前者很难发展成为一个大的企业，企业的产品是低价的，这也意味着产品容易被替代，企业或许可以在短期依靠低价得到发展，但这种发展不能长久。走品牌路线虽然很艰难，但往往成功之后就能降低成本，在品牌的带动下，许多消费者自然会成为品牌的忠诚粉丝，企业的销量就更能得到保证。品牌的力量是可持续的，消费者认定了就不会轻易变化。茶企有了自己的品牌影响力，产品才能有自己的号召力，才能获取更多的流量。

为了更好地发展茶企，推动品牌主流化，品牌广告是让品牌主流化的必经之路。为了更好地走好这条路，企业在做好品牌广告时应注意这几点。

1. 利用品牌广告实现引爆效应

企业规模有大小之分，因此每个企业的广告预算也存在不同。当企业规模小时，应找准目标，做好精准营销。但是当广告预算足够时，有的企业却盲目投入，不再精细化市场，而是一股脑地进行撒网式传播。其实企业无论预算多少，都应做好市场选择，让企业的支出能够取得最大的效用。“现代营销学之父”菲利普·科特勒认为，一个企业在市场上采用没有目的性撒网式营销是没有效率的，因为消费者在市场上是分散的。因此菲利普·科特勒提出了市场划分的重要性，他的 STP 理论指出，一个企业必须明确自己的目标用户，找到对于企业来说最关键的细分市场，聚焦一个对企业最关键的细分市场，在此基础上再以一个高密度的广告覆盖消费者，才能更好地抓住目标用户群体，引爆整个市场，实现品牌广告效用的指数级增长。企业在饱和式的广告攻击下实现引爆效应，让市场内的消费者都能接收到品牌信息。因此茶叶企业在做品牌广告时首先需要思考自己的预算有多少，能否有效地利用品牌广告让消费者接受品牌，如果预算不足，那就将预算集中于关键的目标市场，在这些茶叶市场上进行饱和式攻击，从而实现引爆效应。

2. 品牌广告要聚焦场景痛点

每个产品都有自己的消费场景，当消费者消费某一样产品时，如果门店能够提供一个舒适的环境，就能让消费者的体验得到提升。做品牌广告也是一个道理，将消费者使用产品的场景考虑进去，为消费者呈现更多的品茶场所体验，让消费者在观看广告时就与实际使用体验联系起来，更容易唤起消费者对产品的好感。只有实现了生活场景与购买场景的无缝对接，才能更好地防止别的产品乘虚而入，消费者才可能将注意力转化为消费力，从而增加产品的销量。

3. 以品牌广告树立品牌，形成属于自己的长效流量

通常来说，要检验一个企业是否成功地树立了自己的品牌，就是看品牌的流量有多少。茶企在打造品牌广告时非常重要的一点就是要做好自己的广告投放地，广告的投放位置会直接影响消费者对企业的印象。例如两个不同的茶叶广告，其中一个投放在小红书，另一个投放在央视频道，其中的效果差别是毋庸置疑的。有许多一开始籍籍无名的产品就是因为重金打造广告、投放广告，在消费者心中成功树立了品牌形象，形成了自己的品牌影响力，从而使自己企业得到关注并发展壮大。在品牌广告下，这些品牌在消费者心中形成了一个条件反射，企业由此能够保持长久、稳定的流量。

产品的营销策略制定源于企业的价值观和未来愿景，拥有一个有影响力的品牌，让自己获得更加长远的盈利，是每一个茶企都想做的事。因此一个企业在制定营销策略时不能只看见短期效用，而是要把眼光放得更加长远，加大对品牌投资建设的决心和毅力。虽然对品牌的建设和投资需要花费大量的预算，但只要消费者认可了企业的产品和品牌，就能有效地提高消费者对品牌的忠诚度，同时带动更多的消费者选择使用企业的产品。品牌是企业产品的一面旗帜，品牌与消费者之间产生的情感共鸣，能使沟通和交易的成本降低，同时也让消费者对企业的未来拥有了更多的期待，这些都为茶企的发展注入了更多的动力。

流量迸发专栏 4-5

天福茗茶广告发力打造品牌效应

一、公司简介

天福茗茶是漳州天福茶业有限公司的产品名称，1993年天福茗茶成立，是第一家在香港地区上市的茶业企业。天福茗茶的企业宗旨是“天然、健康、人情味”，将“香传全国，茗扬世界”看作企业的发展目标，始终秉持着“取之于茶，用之于茶”的精神做好自己的产品，希望让自己的茶叶带着中国文化传播到世界的各个角落。在天福茗茶29年的发展历程中，天福茗茶设置多个茶叶产地，以此来保证产品的质量稳定。目前，天福茗茶共有3家茶叶工厂及2家茶食品工厂。为了取得消费者的信任，天福茗茶还将自己的生产车间对外开放，消费者直接可以参观、监督产品生产过程，了解天福的产品是怎么制造出来的，让消费者更加认可天福茶业。

二、天福茗茶的数字化商业模式

茶叶有着悠久的历史，在我们的生活中是一个必不可少的商品。在一些较为重大节日，茶叶还会以一个必需品的身份出现。茶文化已经成为我们传统文化中一个重要的部分。中国是一个茶叶生产和消费大国，作为一个有品牌影响力的茶叶企业，天福茗茶本着发扬中国茶的使命创造了自己的商业模式，为企业注入了新的动能，弘扬中国文化的同时也推动企业更好地发展。天福茗茶的数字商业模式主要可以归结为以下几点，如图4-13所示。

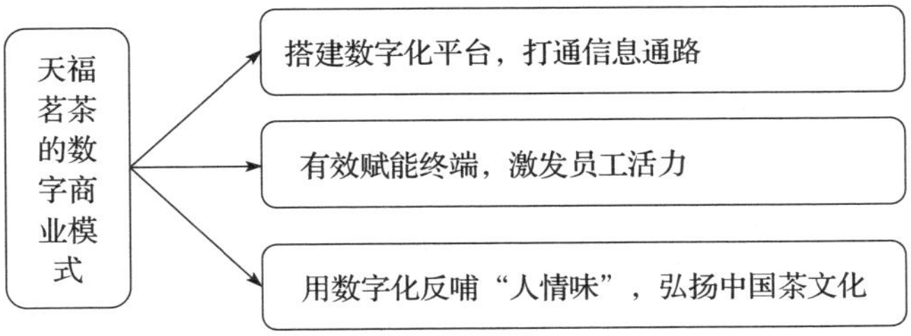

图 4-13　天福茗茶的数字商业模式

1. 搭建数字化平台，打通信息通路

天福茗茶业务范围大，覆盖面广，因此形成了复杂多样的业务形态，这让天福茗茶对纵向业务管控和横向业务协同升级有了更高的需求。为此，天福茗茶确定了“3 个面向 +3 条主线 +1 个平台”的数字化转型方案。3 个面向即面向消费者、面向员工、面向终端的目标，3 条主线即销售供应一体化、工厂运营协同化、财务管控精细化，1 个平台即集团一体化的运营管控平台。过去从工厂到销售公司再到终端门店，天福茗茶在各个层级用着不同的数据流系统，业务人员为了处理不同的数据就要进入不同的系统，而在数字化的推进下，天福茗茶联通了分销平台和终端，可以自动化处理业务，有效缩短总部对于门店终端要货需求的快速响应，提升了分销供应及工厂运营协同的效率。

2. 有效赋能终端，激发员工活力

数字化给一线员工带来的改变更为直观。由于门店数量众多，库存盘点一度对存货管理人员造成了不小的压力。以一个地区 50 家店为例，完成一次存货盘点仅需一周时间。如今在数字化平台的协助下，2 ～ 3 天就能完成盘点工作，节约下来的工作时间用来校对、培训，并指导接下来的工作规划。数字化平台上线后，从天福茗茶工厂到门店，端到端的库存周转率提升了 10%，前端业务处理效率提升 10%，人为差错率降低 20%——工作更高效，员工更轻松。这些正是天福茗茶数字化建设取得成

效的直接体现。

3. 用数字化反哺“人情味”，弘扬中国茶文化

中国茶具有三千年的历史，别有风味，并富含人情味。自创立时起，天福茗茶就坚持“茶味就是人情味”的理念，不仅将其融入产品，更贯穿到企业管理中，并借助数字化建设落地。茶企的数字化建设是一项长期工程，相信天福茗茶在数字化平台的帮助下能走得更远。

三、天福茗茶的广告营销

为了让自己的品牌深入人心，天福茗茶对于广告的投入也非常重视，天福茗茶每年都会在社交媒体上投放广告。天福茗茶的广告大多都是单元剧的形式，这些广告大多都是以茶桌为原点，书写极具中国味的故事，这是天福茗茶的一大特色。

在短片中，人物以茶为媒介进行个人情感表达，让每一个广告的拍摄都呈现出具有中国味的故事，每个观看广告的用户都能在短片中找到自己家庭的影子，天福茗茶将“人情味”与品茶场景相结合，潜移默化地将受众的情感需求嫁接到品牌上。在天福茗茶2021年的广告片《天福茗茶：2021转运添福》中，短片以饮茶为线索，演绎了在2020时代背景下，三位不同身份的主角与身边人情感互动的故事，以此来呈现中国人含蓄内敛的人情味。天福茗茶作为主人公们故事的见证者，展现了一盏茶背后细腻的中国式亲情。

如今中式客厅功能已发生转变，天福茗茶敏锐地洞察到这一情况，因此除了在广告短片中展示情感，天福茗茶还在2020年提出“咱们的第二客厅”的品牌定位。“咱们的第二客厅”指的是以茶为媒介，为大众提供一个展开心扉的交流场所。在广告片中，天福茗茶将“咱们的第二客厅”打造成一个留得住人情味的地方，“咱们的第二客厅”除了提供一个交流的舒适空间，还承载了家的温度。经过一年的运营，天福茗茶从传播层面打造出“咱们的第二客厅”的烟火气息，从品牌层面去赋予有人情味的故事，让一盏茶中蕴含的情感变得可感可知。通过持续不断的优质内容输出，天福茗茶刷新了过去一个卖茶的品牌形象，在消费者心目中建立全新的品牌感知：一个新中式社交空间，探索出茶叶品牌与众不同的营销路线。

四、总结

天福茗茶通过打造自己的数字化平台，将企业内部的信息通路打通，不仅有效赋能终端，激活了员工活力，还用数字化反哺“人情味”，弘扬了中国茶文化，让企业有了更好的发展可能。同时，天福茗茶重视广告效用，以茶桌为原点拍摄广告短片，引起消费者的共鸣。另外，天福茗茶还确立“咱们的第二客厅”的品牌定位，让消费者接受茶也可以作为一个媒介，向大众提供了新的交流场所。无论是情感共鸣还是新的品牌定位，这些都在向消费者传递产品信息，也为天福茗茶带来了更多的用户流量。

（资料来源：笔者根据多方资料整理而成）

二、效果广告流量

一个产品要想获得销量，就要尽可能地让产品和消费者产生联系，企业也一直致力于寻找连接产品与消费者的桥梁。目前最普遍、最简单的方法就是进行广告投放。广告的形式有很多，通过广告建立品牌形象是获取流量的一种方法，除此之外，企业还会采取另外一种广告营销，那就是效果广告。

效果广告指的是以效果为目的的广告，效果广告是按成交或者是广告产生的销售结果等方式进行定价，这类广告投放通常是可以量化的结果。电商广告、搜索广告和信息流广告都是典型的效果广告。效果广告的最大特点就是见效快，做效果广告的企业通常是根据广告的投放效果进行付费。如当一个企业在网络平台上投放广告，广告的点击量、转化量、评论量和阅读量可以进行数据统计，企业根据统计结果付费。

效果广告的效果体现在哪里呢？其实不同产品的广告有着不一样的效果体现。以应用推广广告为例，评价广告的效果通常是以应用的下载量、注册量等数据作为考量。不同的产品可以满足不同的用户需求，因此对应地会有不同的产品诉求和与之对应的效果考量。读书应用，它的广告效果可以表现为新用户的增加量、用户的阅读增加量和用户的阅读时长等数据。对于茶叶企业来说，它的广告效用可以体现为人们对茶文化的了解程度和人们对茶叶的需求改变，但我们很难用数据来表示人们对茶文化的了解变化，因此大多都是用茶叶销量来看茶叶产品的广告效用。最能体现广告效果的还是互联网广告，即企业在投放广告时，以广告的点击量、下载量、观看量等数据作为考核指标，借用精准营销进行投放的广告形式。近几年，效果广告作为流量驱动的核心策略让企业爱上了这种方式，他们通过在各大平台向消费者“种草”产品、加大产品曝光次数、通过直播销售产品等一系列效果型的营销让企业的产品销量快速增长，增加产品流量。

品牌广告和效果广告具有不同的特点。品牌广告一般是以树立企业的产品品牌形象为主，主要目的是占领更多的市场让产品品牌能够在消费者的心中占得一席之地。品牌广告无论是以视频、图片还是以文字的形式，都是为了突出产品的卖点，积极地向消费者传达产品的信息。同时，品牌广告要达到自己的预期效果，还得保持广告投放的持久性。通常品牌都会持续关注一个卖点，如脑白金、可口可乐这些品牌就是一直关注一个卖点，在长期营销中逐渐占领了消费者的心智。但凡事都是有利有弊，品牌广告也存在自己的局限性。品牌的树立需要时间的积累，品牌的推广不能一蹴而就，它的成效是慢慢显现出来的，需要持久的投放才有效果，而这将是一笔不小的花费，会对企业的现金流产生不小的压力。效果广告，从短期来看，可以为企业带来新流量，但新的流量通常来说黏性不高，流量流动的不确定性导致效果广告带来的流量效果是有限的，在这种情况下，茶企很难形成自己的品牌。

效果广告引流多，投入少，用时短，不长久。品牌广告效果好，时效久，却费时又费钱。两种广告都有各自的利弊。对于茶企来说，选择什么样的广告去获取流量关键看茶企本身想要什么样的效果，若是茶企想要品牌长久发展，那么企业就要更加关注品牌的树立，在做广告时更加注重自己的品牌形象，为自己收集品牌流量。若茶企只是关注线下企业的流量，希望在短时间能看到效果，那么企业追求的就是效果广告流量。而有着更加雄厚实力的茶叶企业也可以进行“混合投资”，既能在短期看到效果，又在为品牌的建立做长期准备，以两种不同形式的广告可以让产品得到更多的曝光，引导更多消费者成为自己的新用户。相信在未来的营销中，品牌广告和效果广告的混合营销将会成为茶企的共同选择，通过将两种广告进行融合，使各个领域相互渗透，让两种广告的优势得到发挥，从而助力茶企更好地发展。当然，不同的企业有不同的情况，选择哪种广告，最终还是要看茶企的实际情况。

章末案例

奈雪的茶：流量运营助力发展茶行业

一、公司简介

奈雪的茶创立于2015年，总部位于广东省深圳市，它是深圳市品道餐饮管理有限公司的茶饮品牌。奈雪的茶在一开始就将目标用户放在20至35岁的年轻群体，因此创新性地以“茶＋软欧包”的形式走进茶饮市场。为了保证产品的口感和品质，奈雪的茶始终坚持制作饮品的茶底4个小时就换一次，软欧包只上市一天绝不过夜，奈雪的茶对产品严格要求让其成为市场中的佼佼者。奈雪的茶将自己定位为高端茶饮品牌，因此它的出现打破了以往消费者对于国内茶饮市场主要是处于低中端品牌的固有认知。奈雪的茶用优质的食材来创作新式的茶饮，同时在开设新门店时，奈雪的茶都是选择城市的商业核心地段，将自己的门店打造得富有设计感，给消费者提供更加优质的消费体验，奈雪的茶以此走出了一条高端现制茶饮的发展路线。这既是品牌创新的成功，也是茶饮品牌高端化的成功。

为保证每个门店提供的饮品质量，奈雪的茶所有门店都是直营店，不接受加盟。截至2021年，奈雪的茶门店数量达到817家，会员数超过4200万。凭借自身的快速发展，在2019年7月奈雪的茶入选了“中国茶饮十大品牌”，并在2020年6月入选“2019年中国餐饮企业百强”。2020年7月，奈雪的茶获评艾媒金榜（iMedia Ranking）发布的“2020年中国新经济准独角兽垂直领域榜单本地生活TOP15”，榜单第2名。在2021年6月30日，奈雪的茶作为“全球茶饮第一股”正式在港交所挂牌上市，直至今日，奈雪的茶仍然以一个佼佼者的身份屹立于茶饮市场。

二、奈雪的茶流量迸发渠道

茶饮是一个竞争相当激烈的行业，除奈雪的茶外，还有许多热门茶饮店，如古茗、茶百道、CoCo、喜茶等，他们都是以茶为底向消费者提供一个新潮的饮品。在众多的茶饮品牌竞争中，奈雪的茶在多个区域获取流量，在为发展增添了更多助力的同时还巩固了自己的行业地位。

首先，奈雪的茶入驻电商平台，通过电商直播为自己获取更多的公域流量。2020年3月，奈雪的茶以奈雪官方旗舰店的名称正式入驻天猫。奈雪的茶为了庆祝新店的开业，为消费者提供了多项福利，消费者进入奈雪官方旗舰店可以领取一些无门槛券和满减券。奈雪官方旗舰店开店至今，已获得了102万的粉丝，让我们看到奈雪的茶在电商平台上的粉丝号召力。如今直播越来越受欢迎，奈雪的茶在天猫的邀请之下也开始了自己的直播，在与淘宝头部主播的合作中，奈雪的茶以“一杯霸气橙子+一杯霸气芝士草莓+一个霸气榴莲王软欧包”为一个组合订单，以此吸引许多直播间观众下单消费，当天奈雪的茶就卖出了37000单。主播在直播时引导消费者在线上下单，消费者购买了之后就能在门店出示使用，若是超过一个月消费者未到门店使用，下单花费的钱将会返回原账户。此次消费者下单并不是直接和淘宝连接，而是与口碑App连接，消费者下单之后，相对应的券就会到达消费者的口碑账户上。为了给消费者更好的体验，奈雪的茶也表示目前正在积极打通渠道，帮助产品在更多的平台展露和推广。除了在天猫有直播外，奈雪的茶还与网络红人罗永浩进行直播合作，以88元售卖奈雪的茶价值100元储值卡。截至直播当天的24点，直播间一共售出近10万件商品，销售额约900万元。奈雪的茶之所以选择与罗永浩进行合作，是因为他身上的网红效应，罗永浩是国内的第一代网红，奈雪的茶和罗永浩的合作引起了网络的热议和关注，双方也在这次的合作中又一次“出圈”，擦出了更多的火花。如今，电商直播已经成为品牌的重要的流量入口，奈雪的茶入驻电商平台，给消费者提供了更多的接触渠道，通过电商直播为自己获取更多流量的同时还带来了更多的用户转化，相信未来电商直播将会成为奈雪的茶的一个重要阵地。

其次，奈雪的茶分别进行线下门店、小程序、微信公众号和社群运营，构建了全方位的私域流量运营。一是线下门店的引流。奈雪的茶在门店的引流主要是依靠二维码的使用，这是奈雪的茶的私域流量入口。在消费者进入门店前，他们就可以通过扫描“扫码点单”海报进入点单小程序进行下单。对于消费者来说，扫描海报上的二维码进行点单可以有效减少等待时间，更加方便了自己；而对于奈雪的茶来说，通过二维码来点单可以更好地引导消费者成为会员，更好地完成私域的引流。若是消费者选择进店后点单，他同样可以在餐桌和吧台处找到店里的二维码，在扫描二维码之后再下单。二维码的设置很好地减轻了工作人员的压力，同时也是更人性化的设计。消费者先扫码下单就能先取餐，让点单方便又快捷。对于奈雪来说，消费者在下单后跳出的取餐码页面上，就能看到进入社群的入口，只要消费者进入社群，品牌就能更好地引导他们进行复购。二是小程序精细化运营，帮助奈雪的茶进行用户转化。微信小程序是奈雪的茶私域用户成交最主要的工具载体，因此小程序主要是围绕便利、社交与服务三大维度实现精细化运营，用户可以在小程序上查看自己的会员等级、会员权益、积分、卡券、余额等，以及进行签到、储值、修改地址、联系客服等操作，培养用户日常签到获取积分、多储值、多用券消费、提升自己会员等级的习惯。三是公众号运营，奈雪的茶主动触达用户，以此推动用户多下单、多复购。企业之所以想要有更多的私域流量用户，就是希望在将用户引流到私域后，企业能够长久地留存用户，并让用户再次消费。品牌如果想要主动触达并且留存用户，公众号运营就十分必要。因此奈雪的茶除了在订单页有社群的入口，在线下门店里也同样设置了让用户加入社群及关注公众号的入口。奈雪的茶将公众号与小程序、社群及门店进行打通，完美打造整个私域变现闭环链路，目前奈雪的茶的公众号用户数量已达800万。四是奈雪的社群运营。对于不同品类、不同品牌特点，每个企业采取的社群玩法都不一样。奈雪的茶对产品有严格的标准，同时奈雪的茶用户基数大，奈雪的茶的产品复购率也更高，因此对于奈雪的茶来说，社群运营更多的是关注用户的下单、复购和留存，为此奈雪的茶在社群运营中投入了更多的心思。例如，粉丝在进群前，奈雪的茶就会告知用户入群的好处，还会用入群专享券来吸引更多用户的进入。奈雪的茶还会在群里向用户推荐产品，以便更好地吸引用户下单。在每天的上午十一点半左右或者下午两点半左右，奈雪的茶就在群里做产品推荐，同时还会附上小程序链接，让用户看完后就会有下单的冲动。除入群福利和产品推荐之外，奈雪的茶还会经常在群里发布一些活动，比如用户在群里可以抢先获得新品首发福利，固定的每周三会员日的双倍积分和每周五社群日活动能够让用户养成到点必蹲群的习惯。当然，除了固定日的活动外，奈雪的茶还会在一些特别的节日推出限定活动，如在情人节期间，奈雪的茶就推出情人节浪漫限定活动，在元宵节推出猜灯谜抽好礼活动。这些活动把群里的节日气息和氛围感拉满，让群里的小伙伴感受到过节气氛，促进群里用户的消费。

最后，奈雪的茶运用广告营销获取商域流量。一个广告的成功在于能否让用户对产品产生认可，对产品产生无限的遐想。许多品牌在广告中向人们讲述品牌故事，传递着产品的核心信息及品牌的营销诉求，让人身临其境，让品牌的信息与特色深入人心。奈雪的茶也没有忽视广告对于用户的影响，为此它精心打造自己的每一个广告。去年奈雪的茶出品的一支广告吸引了大众的注意力，它就是《油柑茶》。不少用户在被广告内容营造的味道吸引之余，注意到了广告中的“3 秒微涩，5 秒回甘”台词，自此“3 秒微涩，5 秒回甘”的 slogan 迅速传播。奈雪的茶在广告视频中以“故事挖掘”的方式建立起与消费者的情感共鸣，奈雪的茶新品“霸气玉油柑”由此爆火。这次的爆火不仅在行业中掀起“油柑热”，也让全国人民都认识了油柑这款神奇的小众鲜果，让其从一个比较冷门的鲜果成为各个茶饮品牌争相使用的产品，大家对于油柑的追求也让上游油柑的收买价格上涨近十倍，“霸气玉油柑”更是获得了“2020—2021

年度杰出品牌营销”荣誉。最近奈雪的茶正式官宣品牌大使——Nayuki。Nayuki是来自美好多元宇宙的IP人物，将在虚拟空间和现实生活中穿梭，探索每一个充满美好的宇宙空间。Nayuki深受用户的喜爱，在尚未完全揭开Nayuki的面纱时，Nayuki带来的充100元得150元的储值卡，72小时斩获GMV近2个亿，可见这个品牌大使对于年轻人的吸引力有多大。在广告中融入了特色的语言与内容，将人的思绪带到广告中，此举既传递了产品特点，也带给人无限的情怀。为了更好地贴近年轻人，奈雪的茶还创造了自己的品牌大使，让品牌与年轻人的连接更加紧密，为奈雪的茶品牌获取了更多的流量。

四、总结

流量对于企业来说是一个必需品，有流量才会有关注，有流量才会有消费，奈雪的茶为了获得更多的流量做了很多工作。首先，奈雪的茶打通电商之路，给用户提供了更多接触点，同时奈雪的茶还积极开始自己的电商直播，将福利送给用户，吸引了大量用户观看，为奈雪的茶在公域平台上获取了更多的流量。其次，奈雪的茶将线下门店、小程序、公众号和社群营销这几个场景连接起来，把大量的线下的用户进行转化，给用户提供了更佳的用户体验，为奈雪的茶带来了更多的私域流量。最后，奈雪的茶打造有情怀的广告，与用户引起情感共鸣，同时还推出了一个IP人物作为自己的品牌大使，为奈雪的茶带来更多的年轻人的关注，品牌的流量得以增加。总之，奈雪的茶从用户角度出发，在用户的需求之上，打造了自己的流量迸发渠道，多渠道的流量汇入也必将帮助奈雪的茶得到更好的发展。

（资料来源：笔者根据多方资料整理而成）

本章小结

在数智时代，任何产品都离不开流量二字，茶产品也是一样。只有当产品有了自己的流量并让其最大化，企业才能掌握时代的话语权。本章介绍了流量获取的几个路径，分别是公域流量、私域流量和商域流量。公域流量讲的是所有人都能去获取的流量，这里主要介绍了三个平台流量，分别是电商直播平台流量、资讯平台流量和短视频平台流量，这三个平台的平台流量都是当今比较热门、企业较为关注的流量。私域流量讲的是属于个人的流量，是企业的私有流量，它们通常是企业从公域中获取转化而成的，这里主要介绍了如何进行粉丝群和自媒体运营，从而更好地利用私域流量。商域流量主要介绍了品牌广告流量和效果广告流量，两种不同广告的运用给企业带来不同的好处，一个关注于品牌的建立，一个关注当下的效果。如今每一个企业都非常关注自己的流量，每个人都想要提高自己的流量，而流量不是那么轻松就能获取的，因此企业在今后要拓宽自己的营销渠道，进而才能提高企业的流量获取能力。

第五章

循环变现

网络革命和各种网络平台的出现带来了一个全新的流量时代，在以网络流量为主的年代，公域流量对获客的争夺也越来越激烈，因此各个企业都要发掘一些新的流量方法来扩大私域流量池，以提高产品销量。公域流量基数大，但漏斗时间过长，转换速度慢。私域流量黏性强，但是转化率高。企业应扬长避短，在流量领域实现循环变现。

我们以技术为中心和以客户为中心，两者要像拧麻花一样，一个以客户需求为中心，来做产品；一个以技术为中心，来做架构性的平台。

——华为创始人　任正非

开篇案例

扎根土壤，枝繁叶茂
——其云岩茶的传承理念

其云是一家主要以售卖武夷岩茶（大红袍）为主的福建省著名茶叶品牌。作为土生土长的武夷山人，我自然对家乡的茶情感浓厚，体会深刻。正如2021年习近平总书记在福建考察工作时指出的那样："要统筹做好茶文化、茶产业、茶科技这篇大文章，坚持绿色发展方向，强化品牌意识，优化营销流通环境，打牢乡村振兴的产业基础。""要深入推进科技特派员制度，让广大科技特派员把论文写在田野大地上。"我努力研习、学习、继承与发展着武夷山传统制茶做茶的手工艺技术，同时将茶树栽培与土壤保持、生态多样性相结合，保证栽培的茶树品质一流，保障茶树种植、茶园养护的有机化打理，将农业与科技相结合，将传统手工与现代模式相作用，共同谱写着武夷山种茶、制茶、"写"茶的新篇章。

一、其云正岩，正本清源

武夷山岩茶之所以曲高和寡，价格常常居高不下，一切都源于武夷山独特的风土与物候地貌。"风土"的概念最初源自一场反对饮食全球化的运动，以及一种反对市场廉价化与同质化的地方生产体系保护，如麦当劳等速食快餐对世界各地饮食市场的入侵，间接打击了本土地方的特有餐饮。在风土的叙事下，源于本土的生产工艺应区别于机械化农业工人的体制化（也可以说是无场所差异的）生产劳动，这是风土论支持者的观点。如今我们大家耳熟能详的“匠人”“手工艺人”等理念的提出是这场运动的“手工”版，是风土概念的衍生版，它强调了“人”在一连串生产加工活动中的特殊作用及这些人带来的不同结果。从20世纪武夷山颁发地理认证标志开始，武夷山茶叶的产区开始有了明确的地理概念上的区分：正岩、半岩和洲茶（也称外山），即在武夷山风景名胜区70平方千米以内的岩茶是“正岩”，随着半径的扩大，外围的半岩和距离核心景区较远的洲茶被称为外山茶。地质专家刘尚仁教授在《福建武夷山风景名胜区及其附近地区的地貌研究》中说：“正岩区主要以丹霞地貌为主，半岩区位于丹霞地貌和河谷地貌的过渡区，洲茶则大多属于河谷地貌。”这种划分得到了国内专家同人、茶人、茶业界的一致认可。

我是率先启用“正岩”作为商标品牌名的茶人。将“其云正岩”作为品牌名，一方面突出强调其云茶的出处是系出名山、名产地，正本清源；另一方面也为普及岩茶的内在价值做出一定的贡献。以前，人们一直不了解岩茶价格居高不下的原因，这是因为岩茶产地的稀缺性直接决定了武夷山正岩产区的岩茶产量必然较小，但是大红袍、岩茶又声名远扬海内外，武夷岩茶供不应求，物以稀为贵，这也就是为什么武夷岩茶曾被炒作到天价的原因。

二、精耕细作，匠人坚守

武夷山做茶制茶的历史可追溯到唐宋时期，作为当时天庭的贡品，武夷茶自古便已经黄袍加身、赞誉不断，武夷岩茶的制茶技艺得到了很好的传承和传播。随着近现代化的历史发展，武夷茶的制茶技艺越来越加入了机器和工具的影子。工具的出现和机器的诞生，一方面帮助茶人与企业制茶效率得以提升，产量得以提高，但另一方面却对传统的手工制茶提出了新的挑战。岩茶的加工技术属于非物质文化遗产范畴，早在国务院2006年颁发的18号文件中，福建武夷山市武夷岩茶（大红袍）制作技艺就入选了“传统手艺项目”，是国家首批唯一入选的茶类非遗项目。所谓的“非物质文化”关键就在于岩茶的制作加工过程中的“不可量化”的特性。在摇青（其中一个制茶环节）的过程中，制茶往往需要鼻子的嗅觉、手摸茶叶叶片褶皱程度的触觉、眼观叶脉收缩情况的视觉等全身通感的直观感受，而这些过程非亲历而不能言、不能授。我深知岩茶制作的这一特性，特地建造了完整展示整个武夷岩茶制作过程的“大师技能工作室”。当碰到宾客前来观赏、同行之间切磋、制茶季节的授徒授课之时，我就会亲自上阵，带领工厂的员工和自己的学徒们进行全程的手工展示和制作。也因此，我的大师工作室被授予了“省级大师工作室”的匾额，它同时也是当地的职业技能学校的合作单位，用以培养和培育武夷岩茶传统手工制作的接班人。

三、深入源头，把控细节

武夷岩茶的特殊和珍贵除了体现在土壤、气候和制作工艺之外，还体现在茶叶的采摘过程、茶树的种植小环境等细节的控制和掌握中。

在武夷山《印象大红袍》的舞台上，梯形舞台被布置成依山而建的茶园，一排排，一垄垄，采茶女工身着鲜艳的长衫，一个个穿插在绿色的茶树丛中，指尖轻点，青叶飞扬。看着美丽的采茶女工，满目青翠的茶山，茶叶采摘的过程是如此地赏心悦目。但在其云的工厂却完全是另一番景象，我的高标准、严要求在茶叶的采摘环节中体现得淋漓尽致：采茶工在采摘的过程中要认真辨认出三叶一芽，采摘时间需在晴天，一般在上午9点到下午2点之间完成，如果采下的是单片或双片的树叶将是作废材料，被剔除。在武夷山最忙碌的制茶季，我要求采摘工人们一个人一天最多只能采摘30斤青叶。如果茶叶采摘数量过大，茶树也会一次性损伤较为严重，最好的采摘方式是分批、分阶段、分区域，有理有节地进行循序渐进式地采摘。此外，茶树是一种自然植物，茶树的自然周期性的管理、培育、栽种和护理这些都是农业科学的一部分，受生长周期等植物学、生态学规律的作用和影响。其云正岩长期与福建农林大学茶学专业的专家和教授进行沟通和学习，随时随地检测茶树生产发育的情况，改良改善茶叶种植区域的生态环境、土壤结构，力求培育出最安全和优质的茶叶原料，从而为制作加工出一泡好茶提供基础。

四、总结

其云正岩从细微处入手，从茶叶的源头——种植、栽培开始抓起，层层审核，层层把关，因此其云岩茶在消费者心目中一直存有茶叶品质稳定、工艺上乘、包装新颖、不断推陈出新的良好印象。我的努力不仅被消费者记在心中，也得到了更为广泛的社会和官方的认可。

2019年，其云获评福建省农业产业省级重点龙头企业。

2021年，我本人获得福建省个人科技特派员的殊荣。

同年，我带领的“其云岩茶手工制作培训服务”获得福建省团队科技特派员的殊荣。

这不仅仅是我个人的荣誉，更是对我全体公司员工努力的认可。就像我常说的一句话：“一个人的成功没什么，能够带领一群人一起成功才是真正的成功。”如今的荣誉，不仅仅是对我个人的认可，更是对我公司同人的认可，也是对我这句话最好的诠释。

（资料来源：笔者根据多方资料整理而成）

第一节 新式手段

随着网络与移动互联的蓬勃发展，个人心中“创业梦”的扩大，越来越多的个人或企业开始走进自媒体平台。另一方面，众多自媒体平台也在同步发展壮大，社交、资讯、问答、百科、论坛、视频和音频等领域的平台覆盖广泛，这些都为在某一领域有一技之长和特殊技能的用户和企业提供了千载难逢的机会。通过新媒体这一新兴媒介，个人和企业都能在网络平台上实现自我变现和价值变现。

一、新媒体

据统计，在中国一个中等的普通城市，人们每天要面临上千条的广告轰炸，然而大部分的广告费用都浪费在了无用之处，只有那些能够与消费者的消费诉求产生共鸣的广告才能发挥它应有的营销作用。传统“机关枪扫射”式的粗放型营销方式已经走到尽头，“点射”式的精准营销才是企业发展的大趋势，让传统营销转型，其实难的是在新媒体背景下的营销如何又精又准。

精准营销，是指充分运用各类新媒介，把营销资讯传递至相对精准的受众人群中。2005 年菲利普·科特勒最先提出了精准营销的概念，其本质特征在于六个合适：在合适的时间、合适的地点，以合适的价格，通过合适的渠道向合适的客户提供合适的广告信息。

大数据分析的统计源头往往是多元的，多平台化的信息收集技术能对网友行动的刻画更为全方位与精准。DSP 网络广告是跨媒体、跨平台的广告投放形式，其涵盖的网络广告形式非常多样化，有在普通网络媒体上投放的各种展示式网络广告，也有在移动终端投放的信息流和音频式网络广告，并涵盖了在 PC 端和移动端的网络渠道。DSP 精准营销可以整合 PC 端和移动端的大量媒体资源，打通多个平台的互动营销。精准营销操作流程如图 5-1 所示。

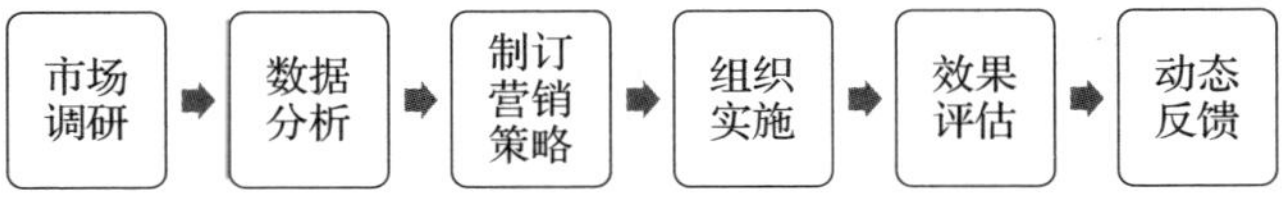

图 5-1　精准营销操作流程

第一，市场调研。首先经过调研对当前茶叶市场情况和环境有了初步的认识，企业才能够对自身的营销目标和销售对象有所了解，才能更有针对性地开展接下来的营销管理工作，从而使企业的有限资源得到最充分的利用，最优化企业的资金利用率。

第二，数据分析。通过消费者市场的调查研究，企业应对所采集的粗放式资讯做出整理比对，再通过专业市场统计分析师的分析后，整理出一份针对不同茶类、不同目标消费人群的消费行为指数权威报告。

第三，制订营销策略。企业应以市场调研的综合分析报告作为市场营销战略制订的基础，并根据企业本身的经营状况和目标市场消费人群的特点，制订出针对不同茶叶品类和不同消费偏好的茶叶消费者的市场营销策略，然后再配合具体的商业活动加以实施。

第四，组织实施。根据制订的营销策略，在此基础上整合企业各方面的资源，对当前的营销策略予以实施和监控，确保广告可以精准地针对不同茶叶偏好的群体进行投放。

第五，效果评估。精准营销策略在当前环境下实施之后，该项交易是否达成，以及顾客的满意程度如何，这些都是企业后续需要关注的，都需要企业定期对精准营销的结果进行评估与考核，观察购买该类茶叶的消费者与企业所瞄准的目标群体是否一致等，从而判断是否达到企业预想的营销效果。

第六，动态反馈。作为上下沟通的重要环节，反馈是极其重要的一环，顾客对产品是否满意及所推荐的产品是否帮助顾客更快地达成了交易，都是企业需要考核的内容，企业只有及时对这些数据进行收集和向上反馈，才能确保精准营销策略得到有效应用，找到存在的突出问题并制订进一步的改进方案。

基于上述对精确市场营销运作过程的阐述，精确市场营销可主要遵循如下过程进行：首先，企业经过调研，对当前市场和环境有初步的认识；其次，在汇总出一个目标消费人群的消费行为指标的报表之后，再根据报表内容并结合企业本身的经营状况，根据目标消费群体的特性，制订出相应的营销战略并予以正确地实施；最后，企业应定期对精准营销的结果进行评估与考核，实现上下沟通和反馈。

循环变现专栏 5-1

CHALI 茶里：一代人爱上一袋茶

CHALI 茶里，诞生于 2013 年，是一个定位为做茶叶包品牌和专门茶叶服务供货商的公司，其主打产品为花草果蔬拼配茶。

制作出适合中国人的袋泡茶、中国人认可的袋泡茶、年轻一代也能喝袋泡茶，这整个流程中不仅仅需要淘汰偏见、建立规范，更需要一家公司具有极大勇气。以 CHALI 茶里等为代表的中国新型茶叶企业，正凭其领先的经营理念、规范的管理体系、精良的生产质量，加之其对中国国内新一代消费者的深刻认知和互动，从而取得了迅速发展。

在2020年“双十一”促销活动中，CHALI茶里的总销量已经突破亿元，而作为2013年才诞生的新锐茶企，在较短时间内能快速脱颖而出并博得广大消费者的喜爱，实在是一个亮眼的成绩。

率先开创了袋泡茶市场发展的立顿，一开始的切合点就是西式茶包，但较少涉及国内的传统茶，而且自从被美国联合利华并购以后，专业茶背景优势已经不再，逐渐转向以传统渠道为主。CHALI茶里则用时三年，搭建起与茶交易市场之间良好的沟通。

CHALI茶里使用了纯天然原叶和清晰辅助品，同时聘请全球权威检验机构SGS对产品做农药残留物和土壤中重金属检测，以确保产品的纯天然、无添加剂。三次冲泡后，香气依旧醇正。由于袋泡是把质量最好的原叶封装入袋进而冲泡的特殊形式，所以消费者不需要繁复的泡茶流程就可以喝到最好的茶叶。

区别于传统茶企，CHALI茶里的外观也充满了潮流感，有颜值又有品味，让青年人眼前一亮。同样，CHALI茶里拼配的红茶种类也更为多样，它将玫瑰花、茉莉、桂花、蒲公英、金银花等花材和适合的红茶科学搭配在一起，口感上也更为接近于年轻人。另外，CHALI茶里采用的是“线上全网营销+零售体验馆+线下大客户”及高级定制服务，强调体验感，以符合年轻一代消费者的购物习惯。2021年7月，CHALI茶里在广州市建立了全国首家零售店，与传统茶饮店注重于香料调制、轻茶品质的贩售模式有所不同，CHALI茶里零售店让好喝、专业、健康的经营宗旨更实实在在地深入消费者。

目前，CHALI茶里已经形成了茶种植园基地的标准，并且利用强大的复制与扩散能力来确保产品标准化。它已有137个供应商及1个国际茶学研究所，并且有超千万粉丝客户，茶包日销达到了80万包。

（资料来源：笔者根据多方资料整理而成）

二、新视角

在移动互联网时代，人们利用自媒体营销方式给企业带来了巨大的收益。在营销宣传活动之前，我们首先要对其宣传的内容做好定位，并分析用户到底喜爱怎样的宣传内容。

1. 做好用户定位，达到最好效果

如今，自媒体营销和宣传深入我们日常生活的方方面面，但是如何开展自媒体营销，应该怎样做，很多商家依旧不得其门而入。进行新互联网时代的自媒体营销的第一步是对所要营销的茶叶商品有个清晰的市场定位，包括用户定位、服务定位及平台定位。接着，再利用自身的市场定位来设置广告的内容，并以此形成自己的茶叶品牌形象。

目标用户群体定位，主要做到两件事：一是寻找目标用户群体；二是精准描述目标群体的主要特点。做好这两件事对于中小企业以后的产品定位和平台定位大有帮助。所以一般来说，中小企业对目标群体特征的剖析主要从以下两个方面着手，如图 5-2 所示。

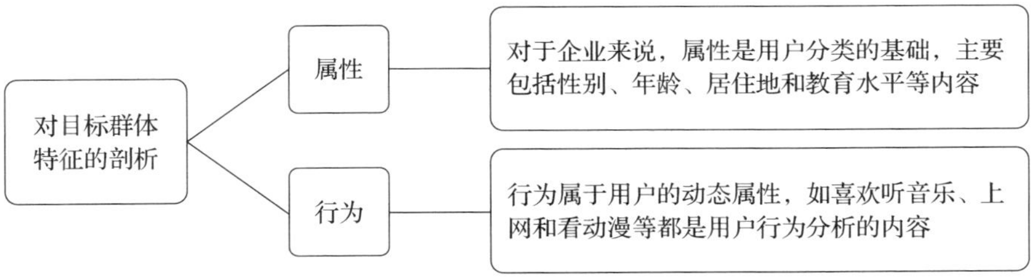

图 5-2　中小企业对目标群体特征的剖析

一名出色的自媒体经营者，还必须对目标用户群体做简要的人群特征剖析。群体特征剖析的几个特性如图 5-3 所示。

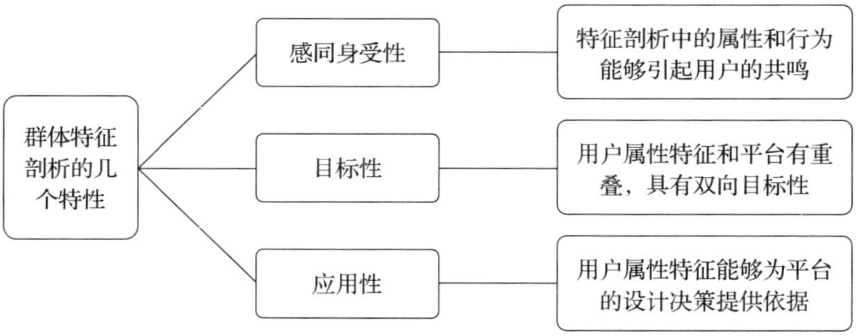

图 5-3　群体特征剖析的几个特性

讲完了对目标群体特征剖析的基本内容，接下来给大家讲述目标用户定位的过程。一般来说，对目标用户定位的三个步骤如图 5-4 所示。

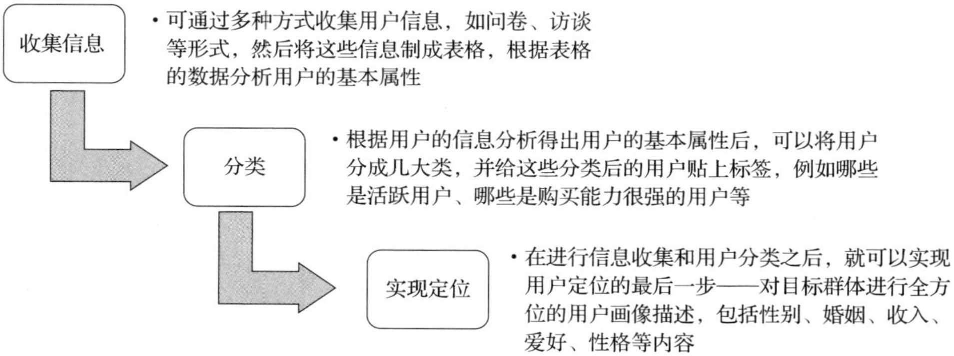

图 5-4　对目标用户定位的三个步骤

2. 构建用户画像，洞悉用户行为

对于自媒体平台的经营者来说，如果想要找到最好的运营方式，就必须十分了解用户，将目标用户的角色变得更为具体、个性和形象。比如说喜欢喝茶的人群多是什么行业与职业的人群？具有怎样的性格特征？不同的人群有怎样的消费偏好及年龄分布区间等。用户的心理特性，对于自媒体营销与推广来说有着重要的参考价——用户画像通过大数据分析技术，给营销人员提供了一个更加方便、精确的大数据分析，使营销人员在投放广告、投放平台内容的时候，可以更加精准地把握目标受众的心态，把他们所需要的资讯更加精确地投放出去，实现自媒体运营和营销的目标。

那么，营销人怎样建立用户画像呢？首先，运营者需要知道用户画像需要满足的条件，如图 5-5 所示。接下来，必须知道怎样建立用户画像，图 5-6 所示为构建用户画像的主要步骤。

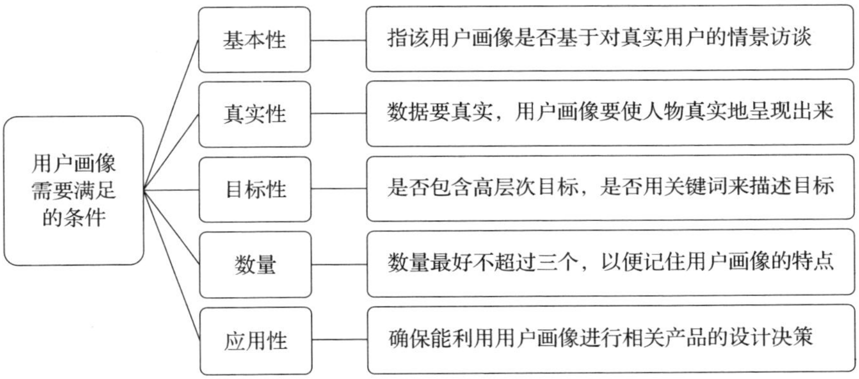

图 5-5　用户画像需要满足的条件

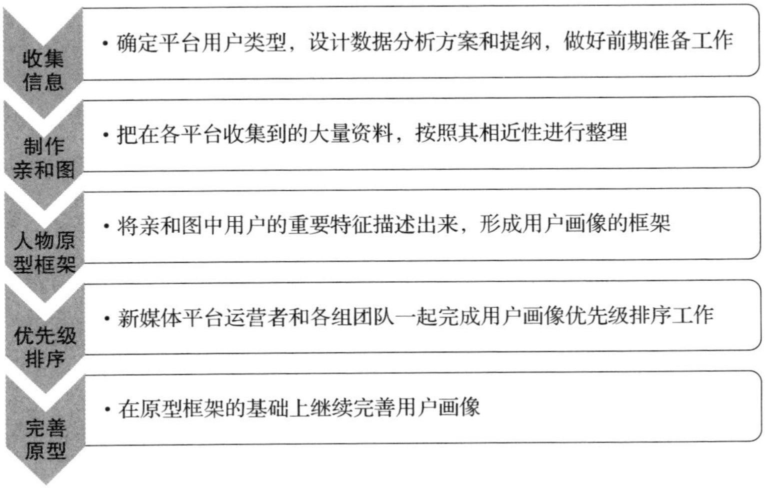

图 5-6　构建用户画像的主要步骤

利用如上图所给出的工作流程，对用户的真实形象信息做出了精确地分类，从而能够勾勒出一个个生动而立体的真实形象人群，企业也能够通过用户画像进一步认识目标用户。

3. 做好服务定位，打造特色平台

企业若想切实投身到自媒体运营和宣传工作中，就必须深入了解企业本身的产品特点，针对性地进行产品服务与价值定位。所以，茶企业可以通过茶叶的品类和特性锁定各个年龄段的目标用户，从而实现产品精准化宣传与推广。此外，企业必须从消费者的角度去提炼他们最感兴趣的差异化业务，真正满足目标用户的需要。

在网络信息时代，在自媒体平台数量庞大的情况下，为了占领营销和推广高地，在自媒体平台的多个账号和自媒体人中脱颖而出，企业就需要打造独具特色的自媒体账号体系，那又该如何建立呢？

企业也可以给自己的自媒体账号或者产品，做出相应的产品设计或者业务定位。差异化的产品开发与业务定位需清晰认识竞争，进而分析自身和竞争者之间的差距与优点，最后打造属于企业自身的特色业务。企业针对品牌定位和目标用户的锁定，将茶叶进行差异化定位和宣传推广，进一步实现精准的销售，同时还要清楚同领域竞争对手的实际情况，实现求同存异，发挥自身品牌的特色。

4. 做好内容定位，清楚运营方向

网络与移动互联作为一个新兴的资讯传播媒介，其对信息内容的定位需求是非常严苛的，不但需要信息内容包罗万象，也需要利用各种资讯载体及各种媒介形态来传递资讯。在互联网上，企业呈现信息内容的方法分为文字、照片和音频等。

企业进行自媒体运营与推广时，首先要对内容的形式做出抉择。除了用文字、照片和视频等方法来呈现内容以外，也需要采用更加独特的方法去呈现内容，以便对展示平台有一定的认识。

5. 了解来源网站，获取更多素材

就自媒体平台而言，所有的图文信息不需要完全都是原创产生的，百分百的原创对于时间和精力的消耗比较巨大。所以，运营者若想掌握更多的素材，就需要掌握最适宜素材的来源网站，从不同的权威或者小众茶叶、茶文化网站进行信息和素材的搜寻，从而辅助图文信息的完整性和多样性。

6. 清楚提供者和方法，收集内容

运营者要获取内容，除了要注意从相关网站上获取素材外，还应该注意从多个渠道获取内容。收集内容的渠道如图 5-7 所示。

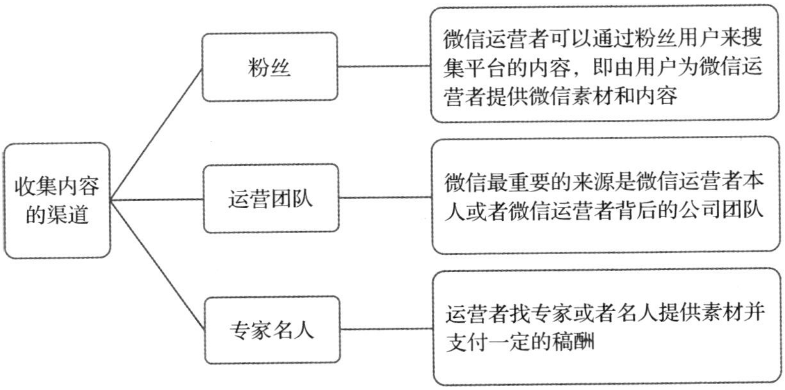

图 5-7 收集内容的渠道

7. 避开内容误区，占据大众视线

随着网络与移动互联时代的来临，各类营销资讯也随着泛滥，过多毫无价值的资讯掺杂其中，抢占大众的注意力，同时在内容创作中造成了很多误解。企业在进行平台内容创作时应该尽力避免以下三大误区。

一是无创新，内容千篇一律。吸引眼球是每个商家最常做的事。但是据了解，绝大多数的商户的信息内容类似路边的宣传单页，让人丝毫提不起阅读的兴趣。假如商户平台的信息都是千篇一律，用户们也就不会注意，而商户所预计的推广目标也就不会达到。

二是太烦琐，信息推送过多。自媒体平台上发布消息的达到率高，特别是在微信等公众号，消息到达率达 100%，商家们都很乐意投放广告。但是“被看到”不等于被认同、被认可，有时候过多的消息有可能会让消费者心烦，并产生逆反心理，其结果是消费者不仅不会阅读，反而对商家产生不好的印象。

三是无技巧，广告硬植入。不少运营者的自媒体平台用户数量庞大，而商家又急需推广，所以往往在平台信息中硬性植入广告，根本不顾及使用者的体验。这样做的结果是广告投放效果差，商家收益不高，得不偿失。

三、新渠道

近年来，中国国内网络的广泛应用极大地促进了在互联网中个人与企业之间的信息交易，而人们也通过网络能够更随时随地地认识品牌、查找资讯。网络的出现、电商的发展从根本上转变了中国消费者的购买习惯，并为营销者带来了一个全新的为中国消费者提供价值、引导中国消费者积极参与和形成更良好的社会互动关系的新方法。尤其是移动互联网的快速发展，在很大程度上改变人们的消费和购买习惯。近六年的统计资料表明，中国网络经济增长尽管有所放缓，但增长率仍然维持在 20% 以上，远高于 GDP 的增长速度。

网络销售渠道前景广阔，传统线下的企业也纷纷开始建立自己的线上营销渠道，如银泰百货、苏宁易购在几年前就开始着手建设自己的网上平台，也有很多企业建立自己的线上客服、品牌社群等来加强与顾客之间的联系和互动。往往多渠道营销比单纯的线上经营或者单纯的实体店会更成功。同时，也出现了很多网络营销的渠道，如网站营销、邮件营销等，社交媒体如微商营销、微博营销等，移动营销如淘宝、京东、聚美优品等购物 App，接下来我们就介绍这三大类营销渠道。

1. 网络营销

网络营销，是指利用网络或借助企业网页、线上广告宣传和促销、邮件、在线视频和微博等方法所开展的商业销售。

第一，网站营销。对大多数企业而言，开展网络营销的第一步是建立一个属于自己品牌的官方网站。各个企业的官方网站根据展示的内容和目的的不同，设计的风格和类型差别很大。这些网站大多是商品宣传网站，是为了专门吸引消费者，或刺激人们开展购买活动或实现某种宣传目的而开设的，比如张一元茶叶，大多是企业简介和商品简介及宣传。这些网站通常都属于品牌社区网站，不以销售产品为主要目的，仅仅为了介绍品牌内容、吸引消费者和建立客户的品牌社群。这类网站一般会提供各种丰富多彩的品牌资讯、视频、活动，可以密切与消费者的联系、增进与客户的交流。当网站建成后，吸引消费者、提高网站访问量是接下来的重点。

第二，网络广告。随着更多的消费者通过互联网或在网站上实现消费，许多企业也在网络广告上投入更多的费用，来增加品牌销售或引导感兴趣的消费者浏览其网页或网上店铺。网络广告的主要形式包括在网页显示的网络广告及与当前搜索内容有关的网络广告。网页显示广告可以发生在浏览屏幕的任意地方，或者是正在访问的、当前浏览的、与操作内容有关的网络广告，也就是说大数据会给你推荐你很可能会感兴趣或者购买的商品。例如，当你在网上购买了某一款茶叶时，网页页面会有同类茶叶的不同品牌的广告推荐等。近几年随着手机App的广泛使用，各大类新闻App也多是这种类型的广告。比如，在今日头条App上，如果你经常关注与茶相关的推文时，后台就会对你的兴趣习惯进行分析，然后某一天你打开该软件时，向你推送的文章里面就会含有不同茶类与相关品牌的信息，这些都得益于互联网时代及大数据的支持。另外一种广告形式是搜索内容关联广告，这类网络广告一般会出现在搜索引擎网站上，比如百度搜索、搜狐搜索等。这类与搜索内容和图片相关的广告图片及其链接会随着百度、搜狐等搜索引擎的搜索结果出现在页面的下部或旁边。比如，在百度上搜索“什么牌子的黑茶会更好喝一点”的时候，在搜索结果列表的顶端和旁边会看到10个或更多关于不同黑茶的广告，有安化、白沙溪、雅安茶厂等。

第三，网上视频。视频营销有两种形式：一种是在优酷视频、腾讯视频、爱奇艺视频等视频网站上发布宣传内容；另一种是当下流行的短视频平台，如抖音短视频、快手短视频等平台。营销者当然希望自己的视频能被更多的人看到，能有效实现这一目标的一个方法是病毒式营销。所有类型的视频都可以进行病毒式传播，吸引用户并给品牌带来正面的曝光。近两年，自从抖音这样的短视频App火起来之后，在抖音平台上一个受欢迎的视频点赞数和转发量可以达到百万量，很多企业也开始借助这样的平台进行品牌曝光，并且加入产品销售链接，以便增加销量。茶企也可以选择短视频App进行产品的宣传和销售，在推广茶文化的同时也可以达到企业宣传的效果。但是，并不是所有的视频都能实现病毒式传播，只有发布的内容能够在消费者之间实现共鸣，才能实现百万量级的转发和关注，否则就达不到效果。企业发布的这些内容就像在网上散播的种子一样，从企业角度来说是希望这些种子能够成为参天大树被人们喜欢。而只有当人们热爱这个创意，才会主动传播，火遍全网。

第四，电子邮件营销。电子邮件营销也是一种正在发展的网络数字营销工具。尽管它不像前几种销售方法一样被企业普遍采用，不过它能够使企业把带有高度针对性、个性化并有助于构建关系的讯息传达给消费者。

2. 社交媒体营销

第一，社交媒体的普及。移动互联网的快速普及、数字技术和移动设备的迅猛发展掀起了网络社交媒体和数字社区的浪潮。微信、微博等带有商业性质的社交媒体网络的诞生，为消费者创造了一种可以相互聚合的互联网虚拟空间环境。当下微信、微博仍是网民们大量使用的社交软件，而这些消费者聚集的地方就是营销者重点关注的地方。很多企业都是社会化媒体与网络营销组合的一员，都注册了官方微博，在微博上进行品牌与产品的宣传。同时，企业也将其微信公众号、朋友圈、个人微商等作为推广途径之一。营销者可以通过两种方式参与到社交媒体之中。一方面是利用现有社交媒体，比如微信、微博等，不仅方便、简单，而且也可以依靠现有社交媒体的流量优势来降低营销成本。在微博上我们可以看到，白沙溪、品品香、卢正浩等这些企业都拥有自己的官方微博粉丝，这些社交媒体可以为企业创造一个品牌社群。另一方面，除微信、微博等规模大、使用人数多的社交媒体外，也存在很多小型社交媒体，以迎合不同兴趣的细分市场的需求。茶企可以通过小型社交媒体或者大型社交媒体定位喜爱喝茶的群体，并进行相对精准地营销。

第二，社交媒体的优点与劣势。利用社会化媒介有好处也有挑战。

好处是社会化媒体针对性较强，同时具有高度的个性化，营销者能够为个体用户和企业社群创造并共享高度定制化的品牌信息。社会化媒体是即刻的，也是即时的。社会化媒介的飞速发展也带来了实时营销的兴起，营销者可以设计游戏进行与消费者的对话，同时营销者也可以密切关注市场动态，并提供相应的信息内容来引导消费者加入市场互动。

社交媒体的成本效益很高，企业使用大多数社交媒体都是免费或低价的。社交媒体营销是建立品牌社区的最好方法。在品牌社区中，品牌的忠实追随者能够随时共享经历与观点。目前，茶企在品牌社群的建立和维持方面仍存在不足，很多茶企不重视社群的维系，作为拥有深厚茶文化纽带的众多茶企，社群将会是一个很好的途径，客户们、茶友们的意见和心得可以通过社群进行线上反馈，从而促进茶企的进一步发展，让传统产业跟上时代发展的步伐。不过，社交媒体营销也面临诸多挑战。许多企业仍然在探索如何才能更有效地使用社交媒体，使产品和品牌宣传达到预期的目的。社交网络的选择权大部分被用户掌握在手里。建立企业社交媒体最终目的是创造与用户交流的机会、融入用户聊天的平台或圈层、创造全民讨论的话题。所以源源不断的、可吸引用户讨论的内容是企业社交媒体主要关注的内容。

第三，整合社交媒体营销。目前，大多数大企业现在相互推动社交媒体之间的建立和互动，以实现效益最大化。成功运用社会化媒介的企业并没有随心所欲地通过不同的销售途径开展市场营销，而是融合各种媒介，提供与品牌有关的社交分享、互动和客户社群。

3. 移动营销

移动营销指向移动终端的消费者，利用他们的移动设备，传递销售讯息、促销活动及附加营销的内容。随着智能手机的普及，网民们浏览移动互联网，积极使用各种移动应用App，手机已经迅速变成人们的“首选屏幕”。与此同时，移动设备市场也给营销者们提供了一个更高效的平台，通过跟踪移动广告系统等工具，带动了消费者的深入参与和快速购买。据不完整调查，人们每天平均查看手机超过150次。人们越来越习惯使用手机满足工作、生活和娱乐等多方面的需求。用户注意力的移动化、碎片化催生了许多新鲜现象和玩法。

循环变现专栏 5-2

张一元：百年茶企，茉莉飘香

张一元茶叶有限责任公司（以下简称张一元）诞生于1900年，至今已存在超过百年的历史，张一元专注于茶叶制作与生产，其经营理念为“金般品质、百年承诺”。2021年6月21日，张一元总店（大栅栏店）再次宣布销售额破亿，从2012年首次宣布销售额破亿以来，已经是第十年了，这说明张一元总店已经连续十年销售额破亿了，这一次，仅用了172天。这种成绩，不管在哪一个行业都是非常优秀的，只是在如今这个网红饮料遍地的年代，这么一个茶叶老字号又是怎么能够做到百年屹立不倒的呢？这个问题值得我们去探讨。

综观眼下的整个中国茶叶市场，打着“新茶饮”“网红茶”等旗号的茗饮公司此起彼伏，在新兴茶企们铆足了劲儿在销售上下功力之际，张一元却一直专心于“做好茶”。“吃点心找正明斋，买茶叶认张一元”，这句老北京人的顺口溜，足见人们对老字号张一元的认可，好品质带来的好口碑，是张一元最好的营销。

一盏热茶，芬芳四溢，沁人心脾。但鲜为人知的就是，为了这杯上好的茉莉花茶，茶人做出了如何的不懈努力。据张一元在广西横县茉莉花茶企业标准化园区基地的员工所讲：“张一元只采用最优良的茉莉花原材料，筛选也极为严格，而且用一次、取头道精华，把用完的花渣全部清理不再用。”张一元茉莉花茶制作工艺、工序都十分严格，茶叶从采集、制作茶坯、窨花等工艺到上市，时间长达半年之久。在窨制环节，每一窨次都要进行连续几十天的不间歇施工，以使茶坯充分吸入茉莉花的芬芳物质。通过几个窨次，张一元茉莉花茶“香味不断浸润茶树肌底”，使制出的茉莉花茶香味浓烈，多次冲泡余香依旧。

作为第一批被列为国家级非遗的“绝技”，传播了百余年的张一元茉莉花茶制造工艺得到了代代传播，并绽放出了更加耀眼的光彩。

在坚守着百余年来传承至今的非遗技艺的同时，中华老字号企业也顺势而为，借助网络打开了更大的市场空间，并迎来了线上线下双突破亿元的好业绩。不光是张一元的线下门店，其天猫旗舰店销售额也已突破亿元。我们可以发现，中国百年老字号品牌张一元正得到更多年轻人的青睐，其影响范围也由京城传播到了国内各处，甚至变成了许多饮茶客们的“心头好”。

总之，“食罢一觉睡，起身两碗茶”，而时至今日，人们对饮茶的爱好已经传播至寻常百姓家中，甚至变成了人们日常生活中不可或缺的一部分。张一元用它的事例告诉我们，不论何时，踏踏实实用心做好茶方是根本。

（资料来源：笔者根据多方资料整理而成）

第二节　平台变现

网络信息平台的商业模式发展大体经过了三个阶段：免费服务模式、用户体验服务模式和补贴服务模式，这三个服务模式代表着网络发展的三个阶段。在这一系列的发展进程中，部分已经成熟的网络平台公司都是在各个阶段的典型代表，已经形成了自己的商业模式，而更多的一些网络平台公司也搭建起了已经形成的平台体系，从产业平台向盈利网络平台发展，再向生态网络平台的路线上不断地探索与尝试。

一、社群营销

我们先用一个简单的例子来说明什么是社群。相信许多人都有自己的 QQ 号，而 QQ 应用里也有个版块叫“兴趣部落”，其中有游戏、明星、情感、综艺、爱好等不同的兴趣类别，而在各个类别下又分别汇集着对话题感兴趣的人。这些由于相同的兴趣而凝聚在一起的人，其实就是一个小小的社群。

因此，人们也可以如此定义社群。社群是在某一种虚拟的空间里，将一批互不认识的网民根据共同的兴趣或者特定的需要而聚合到一起，并相互之间进行沟通交流，根据最终达到的归属感或认同感所建立起的一个社会群体。社群的本质是在一个虚拟的空间内实现的人与人之间的关系的总结。

社群的三个明显特征如图 5-8 所示。

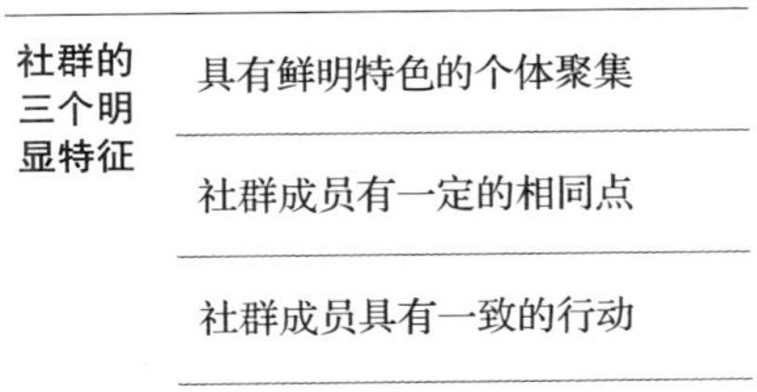

图 5-8　社群的三个明显特征

除具有以上三个明显的特征外，在一个社群内，按照社群成员的活跃程度，里面的成员可以分为以下几种类型，如表 5-1 所示。

表 5-1 社群成员种类

社群成员种类	特点
新用户	加入社群不久，有着较高的参与活动的热情
很少参与活动的成员（潜水党）	对群内环境不了解，处于了解活动阶段
资深用户	对社群活动有着极大热情，可能成为社群领导
意见领袖	领导社群发展，管理社群成员，组织社群活动
退出社群的成员	由于有了新的方向或者失去了对此社群的兴趣，从而离开了社群

了解了社群成员的类型，接下来我们来看一下社群的分类。

分类一：按社群属性的不同，分为以下六类，如图 5-9 所示。

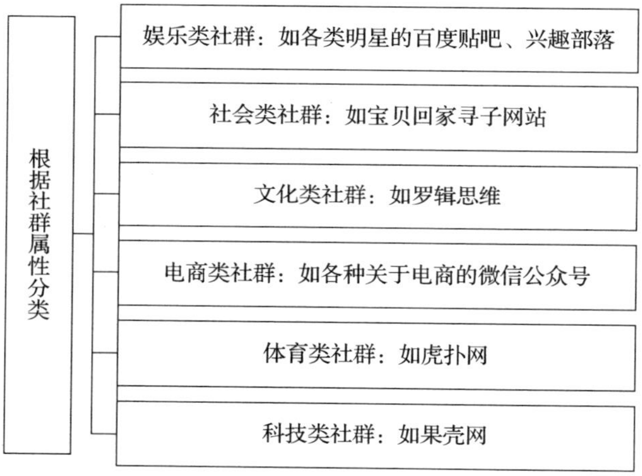

图 5-9 根据社群属性分类

分类二：从社会学的角度来讲，社群按照不同的标准可以分为以下三类，如图 5-10 所示。

社群运作主要由五个基本要素所组成，它们依次为同好、结构、产出、运作和复制。

同好是社群建立的先决条件。所谓同好，是指社群中的用户对某种事物有着共同的认可。这些用户可以基于某一个产品、某一种行为、某一种标签、某一种空间或者某一种情感而聚集到一起。结构因素确定了社群的生存，是社群组成的第二基本要素，它也确定了社群的生存。而产出因素确定社群的价值，是社群组成的第三基本要素，它也确定了社群的价值。运作确定了社群的“寿命”，是社群组成的第四个基本要素，它确定了社群的“寿命”。复制确定了社群的规模，是社群组成的第五个基本要素。通过社群营销实现价值变现的方式有许多种，下面我们总结了社群商业变现的三种典型模式。

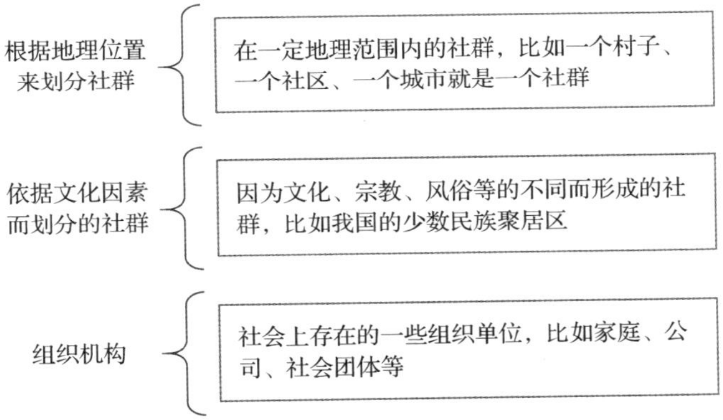

图 5-10　从社会学角度分类

1. 自建社群

一旦人们明白了建立社群的方法，就能够建立自己的社群并在合适的时间实现规模复制。社群构建工作完成之后，如何从中实现商业变现呢？一般来说，自建社群商业变现的 10 个模式如下。

一是产品式。企业将产品作为主打头阵，产品先行，社群成员因为产品而聚合。

二是会员式。会员既是投入门槛，又是主要传播途径，是多数运营良好的社群的传播方法，也是目前绝大多数兴趣爱好、理念型社团的主要变现形态。群会员形式中最常用的方法就是月费制，也就是群成员如果每年或每月支付相应的费用，就能够获得相应的利益，这也是极易掌握并运行的付费模式。

三是咨询式。在实践中看到，不少带有宣传软文的商品宣传效果未必很理想。这时运营者就可以采取咨询模式建立社群为这些人提供建议。

四是电商式。社群本身规模不大，运营者通过自己的专业能力让群成员相信社群的专业度。

五是流量式。在社群流量达到一定规模后，可以开始收取广告费。因为社群是精准用户的集中地，大家因为某种相似性走到一起，必然也带来消费定位的相似性。

六是服务式。在这个模式中，企业品牌已经具备了核心竞争力，运营者不要求企业在短期内进行商品变现，只要求企业好好地花费时间与精力来维持社群。

七是众筹式。运营者可以通过在社群中发起众筹，利用社群精准性的特点，使一些小众商品获得群成员的青睐。

八是智库式。比如，由某网络文案专家所成立的社群，采取集体授课、集体学习的形式，调动群体成员的集体智慧为众多前来询问的商户进行推广咨询服务。

九是抱团式。在市场中，有一部分的手艺人拥有比较高超的技术，但是因为是个人式或者是小单位型的生产单位，所以对于大订单就显得难以胜任，因此只能凭口碑传播。但是如果能够将一部分手艺人进行集合，并以此为单位进行生产，大量的手艺人形成的社团，就有机会拿到大订单。

十是跨界式。利用差异性较大的两个社群或两种行业（反差越大越能吸引消费者眼球），跨界碰撞，共同经营产生的流量并导流，以此获得经济收益。

2. 承包社群

有一部分艺人的粉丝也会自发地建立粉丝群体，群主（俗称“粉头”）

与专业经纪公司对接。对粉丝而言，社群是由群主创办，群主作为明星和粉丝之间“中间人”的角色而存在，群内一切琐碎事务由群主负责，公司利用经济利益或影响力对社群进行“承包”。

3. 打入社群

打入社群，是指运营者理解社群的架构，掌握对社群的喜好，针对性地找出社群的适当定位，从社群成员们的心态与行动出发进入社群。运营者先锁定一个目标用户，从他开始，顺藤摸瓜地进入具有与他相似特点的社群，以此发现新目标用户，从而发现更多定位相近的社群。

对于茶企来说，建立社群并利用社群进行特色化营销是一种不错的思路，在宣传中国茶文化的基础上实现品牌的宣传和营销目标。

循环变现专栏 5-3

品品香：小品类茶的营销之道

福建品品香茶叶有限公司（以下简称品品香），是集茶树栽培、加工、营销、研发、出口和推广白茶文化于一身的农村产业化国家龙头企业。相比于中国大众茶叶类的茶叶企业，小众茶的国内产品称得上是凤毛麟角，而中国白茶叶企业——品品香便是其中之一。

一、聚焦白茶，小品类的市场之道

在六大主要茶叶品类当中，单论产能及市场占有率，白茶还只是一个“小弟”，而论及健康指标，白茶则堪称“大哥”，“一年期茶、三年药、七年宝”是对白茶市场发展价值最大的俚语体现。林姓贵族世家的第十二代传人林振传先生，将祖传的祠堂式白茶工艺技术推陈出新，开创了全国性的茶叶知名品牌。

得天独厚的自然环境条件，是保证生产高品质白茶的重要基础。品品香的白茶种植园基地，一般散布在贯岭文洋、磻溪中国传媒大学南广院、柘荣涧口山等地。太姥山得天独厚的地理、气候和水土，为茶树提供了得天独厚的良好生长发育的环境。先天的自然环境条件结合了标准化的科学管理要求，形成了品品香得天独厚的茶树品质。而良好的茶树品质的稳定，有赖于传统制茶工艺技术的革新。品品香在继承了祖传制茶传统工艺的基础上，不断推陈出新，与中国茶叶研究所及多个白茶生产研发组织联合，独立开发了恒温恒湿系统，以保证白茶质量的稳定性；针对企业的加工需要，开发了中国国内第一条日光节能型白茶连续化生产线、智能化产品的精加工流水线。

聚焦于白茶，使白茶的特有文化价值在广大受众群体当中广为流传，一心专做白茶的品品香从茶园建立开始，完善制茶工艺技术与流程，建立技术标准，打造了拥有浓厚地域特色的白茶产业。好的商品往往需要强大的渠道支持，品品香在商品丰富过后启动的连锁加盟体系，为这一品牌的发展与壮大插上了腾飞的羽翼。

二、连锁加盟，取势与优术的成长逻辑

1998 年，品品香在北京马连道设立了中国国内的第一家白茶营销中心，第一次将中华白茶的品牌立到了京城。这对于一家发展时间还不长的中国白茶企业而言，是一个巨大的挑战，但同时也是企业努力争取向外发展的第一个造势之举。扎根在京城，依靠北京的政策与人文资源优势，品品香可以率先树立白茶名牌专营店的形象，以期进一步推广白茶文化，并建立白茶品牌形象。

2007 年，品品香国内首家连锁经营加盟门店正式开张。2009 年，品品香建立了连锁经营加盟门店的网络化运作管理模式，统一并规范了连锁经营加盟门店的文化形象，陆续在上海、厦门、济南、郑州、成都等城市成立了品品香白茶运作及宣传管理中心，以提高品品香白茶品牌的

认知度。在着力开拓市场，持续提升品牌市场占有率的同时，品品香也注重于健全服务体系。在市场营销服务上，品品香完成了完整的品牌连锁运营，建立了一个完整、规范的服务架构，并以“热忱专业的服务水平”“诚实营销的宗旨”，留住每位与白茶事业结缘的好朋友。

三、营销提升，“晒白金”的品牌物语

白茶热的出现，直接促进了福鼎白茶产业的快速发展，后续的企业品牌也纷纷跟进。究竟怎样才能在市场当中突出企业优势，打造具备更高人文价值与内涵的优质白茶？历经了多年的探索与筹备，品品香在2013年隆重推出了一个崭新的子品牌——晒白金。“晒白金”系列的白茶产品原材料均取自太姥山余脉生态茶园，周围无村庄农田，远离城市污染，自然环境条件良好。这里雨水充沛、空气清新，是茶树生长发育最适合的自然环境。

“品品香·晒白金”系列产品为福鼎白茶产业树立了标准：从产品源头生态基地进行标准化管理，对茶树的栽培、加工、包装及茶树的生长年龄等方面实行全面把控，按茶树的年龄、级别、产区等进行统一编号，从而给白茶上了一个身份证，让白茶的市场经营真正走向了规范化，推动白茶产业迈向了规范化的大门。

四、总结

作为一个茶类成就的品牌，品品香一直以自身的专注力和坚持引领着一大茶类的发展；高质量要求和品质保证，以及在工艺技术、标准创新等方面的探索精神，是造就了这个品牌成功的基础保证；而以加盟连锁为形式的渠道扩张，更是为产品的品质升级提供了最强大的保障力量。从茶园管理入手到茶叶加工技术创新，再到通路建设，品品香的整个渠道营销体系也在逐步清晰，越来越完备。

（资料来源：笔者根据多方资料整理而成）

二、直播营销

直播的意思，就是人们可以在事件发生过程中，双方一起进行记录和发布，是符合双方信息流动工作过程的网上发布形式。2016年是直播元年，更多的企业希望通过直播实现企业立体化的宣传，众多茶企跨入直播浪潮，赋予了茶叶更新的含义和年轻化的内涵。

直播让购物过程更逼真，人与物更鲜活。因此，一个主持人若在直播间中兜售自己的产品，一定要全方位解读这些商品。对于用户来说，为什么厌倦了传统媒介，喜欢去看直播，因为用户都喜欢跟随自身意愿的立体化视频。对于茶叶来说，如今受众群体愈加广泛，市场上对于茶叶的需求也在发生着日新月异的变化，人们对茶的热情越来越高。在这种情况下，乘着时代的东风，在新媒体时代运用“年轻”的营销方式，也是一种新思路，用直播的思维看待茶业的发展，利用直播来销售，也有利于茶叶向更年轻的群体渗透。

1. 直播间让用户快速深陷

直播的强劲之风吹过的地方，都焕发了新鲜的生命力。大直屏、面对面、实时互动、实时参与等这些全新的销售互动和售卖方式让初来乍到的消费者大呼过瘾。其中，互动性的直播广受欢迎。打个比方，在过去人们如果想要购买茶叶，就可以自己到商店或是委托他人进行购买；现在，由于电子商务和直播技术的发达，人们可以随时随地用一个手机或一部电脑就能购买全球各地不同品质和类型的茶叶，而且还能够通过直播实现即时下订单购物。

在未来，直播技术将会和视频网络融合，产生一个崭新的市场格局。而部分影视剧、综艺等也将采用移动手机直播视频方式与普通大众相见，消费者选购商品的方式更加多元、更加丰富。直播容易吸引眼球、吸引关注、吸引流量，人们在直播间内可以聊天、娱乐、互动、游戏和购物，直播已然是人与人之间构建社会关系的新途径。

2. 直播让用户轻松乐活

直播能为用户提供“轻松玩乐”的体验，并且轻松玩乐的“营养价值”也极高。现代人各方面的压力较大，由此产生的情绪性的精神问题也较多，如焦虑、失眠、烦躁、郁闷等。首先，直播的低门槛能够为都市人提供一个全新的情绪发泄途径。其次，直播形式自由。例如，你的直播方式可能是做饭、睡觉，也可能是打游戏、销售商品，轻松、简单又随意即可完成直播的过程，这是以往任何一种类型的媒体播放方式均难以达到的，由此带来的轻松和放松自然不在话下。最后，直播内容直白简单。喜欢直播或正在直播的人一般都喜欢用本真的面目示人，这也是最能打动观众和消费者的地方，不必费力讨好，不用假装社会人的那一面，用本真的姿态去诠释对生活、对日常、对各类社会状况的理解就是直播主播最常做的事。直播的“营养价值”如图 5-11 所示。

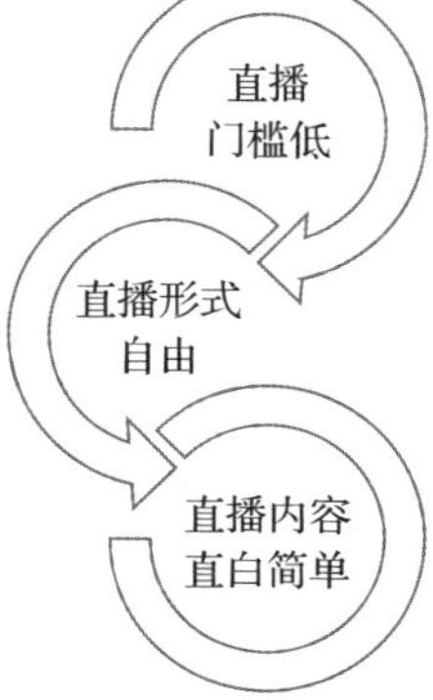

图 5-11 直播的“营养价值”

上述三种方式让直播轻松自然地迅速进入了社会的主流人群。这让众多企业和公司开始推进企业直播的步伐，同时直播也调动了用户的主动性，由一开始的观众转变为直播主播的不在少数，这些都极大地促使了直播行业的蓬勃发展。茶行业的直播也是如此。在诸多直播平台担任茶直播主播的人群一类是实体店店主、茶山茶人、茶厂或茶企，另一类就是茶消费者、爱好者、钻研者。这两类人群均汇集到直播的平台上，对促进茶行业的销售起到了极大的影响和带动作用。直播的娱乐价值如图 5-12 所示。

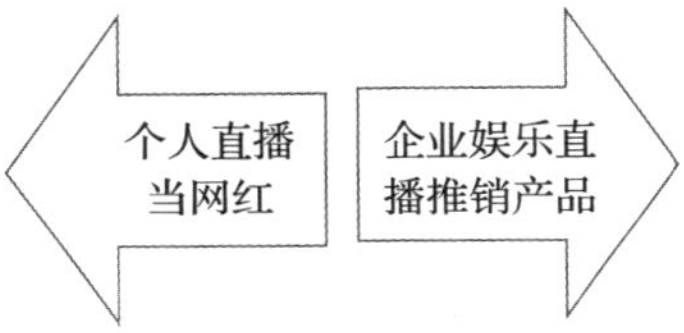

图 5-12　直播的娱乐价值

3. 直播让营销简单明了

直播带来了全新的推广方式，在微博、QQ、微信营销的基础上，结合现代的电子商务的平台和形式，讲述了新的自媒体的故事。

从个人方面来说，举个很常见的例子，在几年前，如果你想要卖茶叶，就要开个小茶馆或者小店，每天驻守等待客人光顾，这是传统意义上的销售。如今你如果想要卖茶叶，只需开辟一个仓库，坐在家中，申请一个网络店面或者一个直播账号，通过线上的形式销售你的茶叶就可以了；也可以通过网络直播，与买家进行实时交流，向买家更详细和清楚地介绍你的茶叶，打造自己的粉丝团，进行口碑传播与营销。直播大大降低了人们的参与门槛，很多普通人就是通过直播在一夜之间迅速成为网红和著名主播。

三、粉丝营销

粉丝，即Fans，意思是对某个人、某个品牌或某个事物呈现出极致喜爱状态的个人。粉丝是一种强烈的情感和情绪的表达，在实际的行动中可能变现为某种狂热和追求。对于商家而言，关注、培养和塑造自己的粉丝群是做大做强自己客户深层联结的关键。达成深层联结显然并非易事，关于粉丝营销，有一个黄金法则，即粉丝营销三角法则。

1. 基本逻辑——圈层

人是社会化的人，社交媒体营销的关键是圈层。这种最基本的通行法则运用于各行各业当中，包括茶行业、茶人圈、茶客圈等。互联网时代，与之相对应的是各类App应用程序的诞生。不同的App针对不同的社会圈层，人与群分、人与圈层而分成为这个时代的典型特征。虽然与同好相交是人们进行人际交往的典型倾向，但由此衍生的问题是圈层容易固化及易被大数据、算法等互联网技术牢牢掌控自己的喜好和倾向。这种结果导致了人的认知范围始终无法突破，只能在自己的所属圈层中生存。不利的一面是人的认知边界很难被拓宽，但有利的一面是人的认知由于圈层而得到加强。若某一商品或品牌能够获得圈层的认可和喜爱，就较易获得成功。例如，岩茶品牌其云正岩的成功很大程度上也是来自对圈层认知的准确把握，将武夷山正宗原产地的标签打入每一个岩茶茶客的心中，由此在茶客圈层形成强大的影响力。

圈层逻辑与市场细分有所类似又有所区别。圈层主要针对的是以人——消费者为核心出发点的划分。而市场细分既可以根据人群划分，也可以根据地域划分，还可以根据地域、气候、产品的市场占有率、品牌文化等因素进行细分。从人出发的粉丝圈层的划分包括了核心层、影响层，还有外围层，如图 5-13 所示。

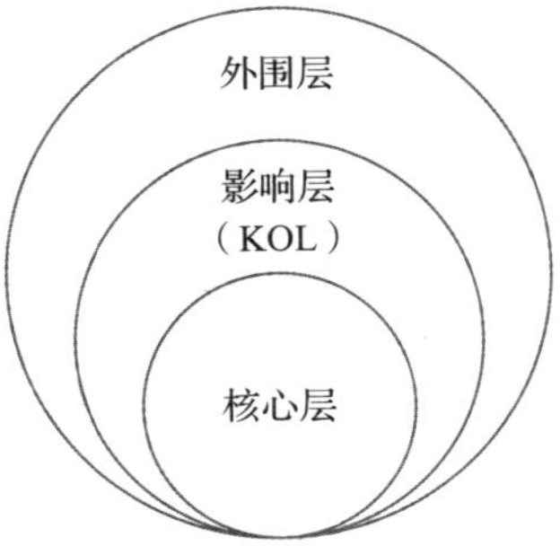

图 5-13　圈层：核心层、影响层、外围层

第一，核心层。核心层的意思即粉丝与品牌之间的关联度最高，其重要性不言而喻。核心层的人以质量为首要考虑因素，不以数量为首要考虑因素。

第二，影响层。影响层仅次于核心层，影响力次之但人数较多，对外的直接影响力更大。影响层的 KOL 具有四大特征：专业度、影响力、爱尝鲜、爱分享。我们将专业度、影响力归类为产品和品牌之间的配合程度；将爱尝鲜和爱分享归类为性格特征和信息整合能力。

第三，外围层。外围层指的是一般的、最大范围的消费者。这一层的特点是流动性很强，但是基数大、人数众多。当一个产品或一个话题能够从核心层一直蔓延到外围层，说明产品的理念、话题和活动的效果已经成功展现，达到了一定的市场影响力，具有一定的知名度。

2. 关键抓手——情感

人是理性和感性的综合体，情感的出发点是同理心，即作为共同的物种——人类，可以将心比心，将情比情。人与人之间的情感具有可唤起、可凝聚、可共情的特征。

情感有强弱之分，可以分为两个不同的层次：情绪与价值观。情绪是人的本能和直接的心理反应，价值观则是人的思考、理解、判断后的感知，是间接的心理反应。

情感的区分可以让我们体察粉丝和受众的所思所想，以便我们做好粉丝的情感管理和情感引爆。情感是无形的，但情感又是可以捕捉并加以引发的。只要我们从将心比心的角度出发，站在粉丝的角度思考，找对合适的契机就可以引发和引燃粉丝的情绪和情感。较深层次的价值观念的情感则需要长期、持续、重复性的观念的表达和传递，以便形成深层记忆。

3. 动力之源——认可感

认可感能够产生成就感与归属心，最终形成对品牌或产品的忠诚度。

人既是单独的个体，但又是群体中的一员，人的双重属性赋予了人既要求有一定的自我展现的自由空间，但又有融入群体和参与群体活动的需求，前者能够体现消费者作为一个单独个体的个人所需要的自由程度，后者则能够体现消费者作为群体中的一员、作为社会中的一员所需要的认可感。

圈层、情感、认可感是我们整个深度粉丝营销体系的三大黄金法则。三大法则之间具有一定的关联性，相互影响、有机融合，将三者根据不同的市场、不同的商业背景、不同的行业，配置不同的情感和认可感，就会取得不俗的效果和佳绩。

循环变现专栏 5-4

柏联普洱茶庄园：用时间积淀的普洱香

柏联控股成立于 1995 年，目前已形成了一家规模庞大的跨产业、多样化蓬勃发展的公司群体，业务范围涉及旅游文化、酒店业、房地产开发、商业百货、茶产业等行业。

柏联早在 2006 年就深入学习借鉴国家发展庄园经济的经验，并对标法式葡萄酒庄，从2007年开始建立了全国第一个普洱茶庄园。柏联作为庄园市场经济发展的探路者，为全国发展庄园经营树起了一个标准和范本。柏联庄园于2006年开始筹建，收购了有着50多年发展史的国营惠民茶厂，并引进了法式葡萄酒庄园管理模式。庄园集栽培、加工制作、游览、文化、服务于一身，在中国普洱茶业界开创了一个崭新的经营模式，通过发掘普洱茶文化底蕴，从而促进了旅游观光业、服务业、销售业、酒店业、慈善业等多种产业的联合发展。借助葡萄酒庄园的经营模式，柏联建立了全球第一的普洱茶庄园，旨在把中国普洱茶与其所擅长的旅游文化产业发展紧紧地融合到一块，把景迈山普洱茶庄园打造成中国普洱市场的周边三县——“普洱绿三角”，形成当地的一大亮点。

柏联普洱茶庄园就是以普洱茶为主体，第一、第二、第三产业相融合，将茶叶、旅游观光、休闲养老三个业态相互融合的综合体，是中国高原生态农业发展的又一项精致系统工程和范本。庄园的构建主要以两大茶产业基地为核心，包括了九大建设内容，拥有了三大文化旅游等项目，通过茶全产业链打通了第一、第二、第三产业，并把茶叶生产和旅游观光、休闲养老等深度融合起来共同发展。

庄园建筑根据市政府提出“有主体、有基址、有加工、有品牌、有示范、有历史文化”六大标准来修建，堪称云南省庄园建筑的典型之作。2013年，市政府又明确提出了庄园建设工作的“六大有”目标：要按有主导、有基址、有加工、有品质、有示范、有文化的标准，计划在省内建成一百个国家级特色农产品庄园。柏联普洱茶庄园内设有茶园、制茶作坊、茶仓、茶道、茶山寨、普洱茶博物馆、祭普洱茶祖、茶佛寺、雨林会所九大内容，正是“六个有”的最佳演绎。

另外，柏联普洱茶庄园还拥有两个核心基地。柏联普洱茶庄园的基础建设，是围绕着自有茶园基地和景迈山古茶场基地来展开的。前者原名为国营新东中学茶厂，后由于体制问题发展困难，经转制打造成柏联普洱茶庄园。而后者则分属景迈与芒景两个村。由于两家基地的状况完全不同，柏联选择了差异化的庄园打造方式。企业的自有茶叶园基地参照“企业＋培训基地＋茶工”的管理模式实施，与之合作的景迈山古茶园，将按“企业＋培训基地＋合作社”的管理模式实施，在景迈村和芒景村各成立了一家茶农专业合作总社。

综上所述，庄园经营制度是改革开放以来，我国农业经济建设的新成就。它作为一项体制安排，在经过妥善处理“三农问题”之后，在广大农户安居乐业的基石上，进一步发展了集约农业和资本农业，采取了三大产业融合发展的方法，逐步走出了多元经营发展的道路。柏联普洱茶庄园在全面维护广大农户的长远权益的基石上，遵循城乡一体统筹发展的基本思想，成功建立了农村经济深度发展的综合体。

（资料来源：笔者根据多方资料整理而成）

第三节　变现方案

在网络时代，人们利用不同平台和方法完成了个人、团体或者是企业的流量聚合，怎样把这些流量转变为对个人或者企业有利的存在是个有待探讨的问题。换句话说，就是流量怎么变现的问题。流量的变现有多种方案，本小节主要介绍知识付费、精准广告、有价服务及爆品销售。

一、知识付费

2016 年是知识消费平台增长较为快速的年份，不少业内人士都把 2016 年称作消费元年。截至 2020 年，各类知识消费平台使用人数突破了

4 亿人。

1. 知识付费平台的涌现

共享经济的理念影响着人类对知识盈余价值的理解，也推动着知识变现的发展。在一些资源被大量浪费，或者资源紧缺的状况下，利用网络连接供需双方的新经营管理模式应运而生，这便是分享经济。随着互联网的发展，知识的传播从原来的有偿获取变为网上免费获取，最终形成了知识付费平台打造的知识内容变现。从这一过程中我们可以发现，知识本身的生产无论在内容还是在形式等方面都越来越符合大众的需求，在创造出商业价值的同时还能够带来一定的时间价值（效率）。

网络的发达让人们可以在短时间内接收到海量资讯，人们有了更多对于资讯的选择权；但恰恰也由于社会信息的多样化，人们在有了更多选择权的同时却也越来越无从选择。在巨大的信息量中，存在一些内容陈旧落后或者低劣的信息，如果人们想要从中提取出所需要的知识就需要付出大量的时间及精力，成本会大幅上升。知识消费平台的诞生也让这样的状况有所缓和，它破解了人类很难从海量资讯中精确寻找出所需信息的困境，也促使了知识传播由最初的货币化，过渡为基于数字环境的新媒体景观。经过了哪里有需求、哪里就会有发展的过程，UCC（User Created Content，用户生产）类型的知识消费平台、PGC（Professionally Generated Content，专业生产）类型的知识消费平台等破土而出，让知识获取的成本降低，从而让知识消费变成了一个可持续的存在。在这种平台中，内容生产商们越来越意识到了提供精准化知识服务的必要性。而此时的消费者们也乐于为自身所需的知识买单。

2. 从跑马圈地到寡头垄断

从知识付费的发展历史中我们可以发现，随着知识付费本身从最初的概念发展到众多创业者竞相投入的过程，各类知识付费网络平台也随之诞生了，如知乎、喜马拉雅等，这些知识付费网络平台最先从知识付费产业中脱颖而出。在此之后，各类传统出版业者、自媒体人等也纷纷进入知识付费产业中，在知识付费产业蓬勃发展的初期进行了跑马圈地。2019 年，知识付费行业形成了以知乎、得到及喜马拉雅三家独大的格局。

文明的发展本质上是知识的传播，而问和答就是最原始的知识传播方式，因此在知识付费行业中最初的内容付费模式就是一种问答形式。知识付费的经营模式由最开始的平面形式，逐步走向了垂直纵深的形式。付费内容的增加使消费的内容更加丰富多彩，也越来越多元化了，垂直纵深的知识付费平台有效地克服了消费者的选择困难症，使用户可以在降低选择成本的基础上获取自身所需要的丰富的知识内容。垂直纵深的知识付费平台受到了广大用户的青睐。随着时间的推移，部分不适应时代发展趋势的知识付费平台开始慢慢被淘汰，用户可以按照平台的服务内容、平台的口碑和如何实现自己需要来挑选知识付费平台。

知识付费的兴起推动了知识付费群体的形成。知识付费最突出的一个特点就是其逆流而上的本质。从消费者角度来看，通过交易进行的自主学习本身就是一种逆人性的过程，是被动的。在知识付费中，知识内容的生产者将自身的认知盈余转变为知识产品的最根本目的就是为了获得更多的收益，有着很强的目的性。从娱乐消费的角度来看，知识付费对用户的吸引力比较弱，远远低于娱乐消费的吸引力。所以，知识付费的用户大部分都具有强烈的获取知识内容的愿望，这样的用户学习主动性很强，也正是这部分用户最先开始使用知识付费产品。从知识付费平台的角度看，平台通过口碑的传播及各种营销模式将用户流量引入知识付费领域。

知识付费群体为什么能够产生，首先得益于知识付费平台的出现及其疯狂式的发展。知识付费平台是一个桥梁，把知识与用户的需要联系在了一起，通过知识付费平台就可以满足用户的知识需要，消除用户的知识焦虑。知识付费产品中不仅涵盖了所有技能的学习产品，还有许多情感类产品。后者的大部分使用者都是女性，而女性在消费方面也较为感性，社会倾向性很强，这就为知识付费平台提供了巨大的使用流量。其次是因为各大知识付费平台也为很多行业创造了可以将其知识盈余进行变现的途径。这被称为羊群效应，知识付费平台正是应用这样的原理，不断将一些专家学者、网络红人及明星等引入平台，形成羊群效应，最终吸引更多的用户流量，形成知识付费群体。

二、精准广告

在新媒介时代，广告已经是实现信息流量变现的一种渠道，新媒体下的广告具有以下特点。第一是互动性，第二是跨时空，第三是灵活性，第四是精准定位，第五是内容为王，第六是整合传播。我们可以看到，新媒体广告颠覆了传统广告的传播方式和途径，不仅给企业营销方式带来新的方向，而且也对消费者的偏好有了更好的把握，接下来是几种比较常见的新媒体下的广告方式。

1. 网站平台

网站平台涵盖门户网站、全品类业务门户网站等。因为各个茶企之间的品牌、产品和服务质量都不同，所以当企业在进行新媒体广告时，往往会针对自身的品牌特点做出有针对性的投放，以实现新媒体广告投放的最大效果。

网络平台上新型多媒体互联网广告宣传的常见形式，有横幅互联网广告宣传、焦点图片式互联网广告宣传等。也就是说，如果一个经营岩茶的公司要在网络平台上进行宣传，那其选择对象就包含了门户网站的茶叶频道、岩茶销售平台等。

2. 移动新闻客户端

目前，中国市场上相对主流、访问量也相当大的手机新闻客户端主要包括以下两种类型：精准定制分类和常规新闻分类。由于手机的屏幕空间有限，移动新闻客户端必须充分考虑用户的使用感受，所以，媒体服务器端针对受众的习惯选择了不同类型的网络广告表现类型。媒体服务器端一般选择了以下三种网络广告形式：开屏网络广告、信息流网络广告、内容详情页网络广告。这三种表现形式通常都按点击数及展示数量收费，且定向精准。

3. 社交媒体平台

目前，带社交功能的新媒体平台主要有微信、微博、QQ、陌陌、脸书、推特、Instagram 等。在本书中所指的社交媒体广告，是指由企业、传媒组织或个人作为发出方，以产品、文字、图片、语音或视频等的形式，运用社交媒体所产生的信息而设置的平台。在近年来，由于移动社会互联网技术越来越完善，以及消费者在社会化媒介平台上耗费时间的增多，社会化媒体广告行业正呈现出爆发式增长。在国内，以微博、微信等为代表的社交媒介，也开始逐渐成为网民的标配应用。研究表明，不管有无新消息的产生，大多数人总会在第一时间选择微信作为自己第一个开通的应用。所以，怎样运用社会化媒介开展社交宣传和广告投放，已经成为每一个企业都需要重视和考虑的问题。

在社交时代，新媒体营销沟通策略更强调互动原则。因此，在我国消费群体正慢慢地从消费需求逐渐转变为愈来愈强的对社会互动性依赖，在交互流程中消费群体既可能是名牌消费群体，又可能是名牌企业文化及品牌口碑的传播者，也因此，用户会对微博及好友圈中刷屏的某款商品感兴趣，会查看、搜索其他陌生人的购物评论，以及论坛的专业评论等，更会在购买心仪的商品后在自己的朋友圈或微博晒照片。在此流程中消费者不知不觉参与了品牌价值的传播。

社交媒体网络广告的主要表现形式，一般上可分为开屏网络广告、图文网络广告、视频网络广告、植入网络广告等，但因为社交媒介的商品属性各有不同，其网络广告表现形态也各异。

4. 视频平台

随着互联网的高速发展，中国国内的互联网视频平台也逐步发展成国内互联网的第四大应用。随着人们时间的碎片化，互联网视频逐渐变成了人们在空余时段消遣玩乐的另一个选项，而最近发展出来的弹幕模式，也吸引着更多的年轻人加入互动。于是，怎样运用网络视频这种新兴媒体平台开展系列的营销，也变成了广告业主需要思考的问题。

视频直播是2015年以来网上最热的新媒体网络视频模式。目前中国较为主要的网络视频直播App有映客、花椒等，但是目前网上视频直播间的网络广告形式还没有全部建立，比较常见的网络广告形式主要有为直播视频提供广告位、开屏网络广告等方式。现今中国市场上的三大网络视频共享平台分别为腾讯、优酷和爱奇艺。网络视频共享平台也拥有大量的新媒体资源与广告形式。

现在中国国内的视频平台上基本都插播广告，用户需要等到广告播完后才能看到视频，这样的投放形式能够得到观众几乎所有的注意力，广告到达成功率相当高。

5. 电梯广告

电梯广告主要分为电梯框架广告和电梯有声电子海报两种。电梯广告重复暴露频次高，记忆度高。另外，有声广告由于声、画相结合，广告的冲击力效果更强。

三、有价服务

想要实现变现目标，我们还可以通过为用户提供有价服务，以专业的服务能力和服务内容打动用户的方法实现盈利目的。

1. 微商代理

传统的微商招代理，通常是通过微信朋友圈或微信群进行，茶企可以招收代理实现对茶叶的宣传和广泛传播。另外，利用微信公众平台也可以招代理。一般来说，微商招代理会收取一定的入门费，同时，企业会给代理商提供相关的产品、培训及操作方法。

2. App 开发

App 研发与变现，是指运营商通过研发自身专属的 App，把网络平台的粉丝引至自身的 App 上，并以此达到获利的一个方法。对部分头部茶企来说，完全可以尝试开发一个关于茶的 App，在宣传茶文化的同时实现企业的数字化升级转型。

3. 代理运营

有些公司想要试试全新的推广方法，这就给了自媒体平台创业者们一个机会。一些自媒体的平台账号在宣传上小有成就，也纷纷另寻财路，协助某些大品牌运作自媒体账号便是其中一种形式。图 5-14 所示为微信代运营的模式。

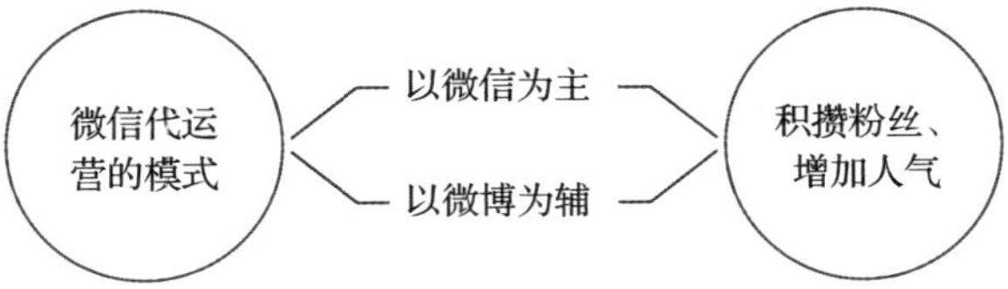

图 5-14　微信代运营的模式

4. 付费会员

招收付费会员成为网络平台运营商是资金变现的一种主要方式，最经典的案例便是“罗辑思维”微信公众号。“罗辑思维”最初提出的付费会员制形式如下：设置了 5000 个普通会员，200 元 / 个；另外设置了 500 个铁杆社员，1200 元 / 个。这种看起来不可思议的会员收费机制，在五天内就售罄了。对“罗辑思维”而言，招收会员是为了留下高忠诚度的粉丝，形成效率更高的有效互动圈，以便更好地精准获利变现。

5. 付费群组

在付费会员之外，还有一种与之相似的变现模式，那就是付费群组模式。“群组”意味着一群人的聚合，代表着流量和资源。如果这个群组还进行了一些有价值的、很实用的服务，那么，其吸引的用户和流量就是一笔相当可观的潜在资源。基于这一点，有些平台就推出了“付费群组”功能，出现了一些需要付费才能加入的群组。对于茶企来说，也可以效仿此模式推出“付费群组”，对于加入群组的消费者可以提供专业的茶叶知识普及，也可以在消费者进行茶叶选购时提供一对一专业服务等，对于高级会员可以进行茶叶的私人定制，通过这种方式提升企业的流量和知名度。

更重要的是，该群组必须有一个精准的目标用户群体，并能为他们提供有价值的内容或服务。这样，用户才会愿意付费入群。也只有这样，才能打造出一个快速变现的付费群组，最终实现获利。

四、爆品销售

在爆品为王的时代，谁能成功地打造爆品，谁就能获取更多的财富。那么，企业该如何打造爆品呢？

第一，踩准时间节点。企业要想成功地打造爆品，首先要找准时机。如今，茶企的技术创新难度愈来愈大，技术创新成本愈来愈高。在这个局面下，最主要的任务便是选择最具实力的科研机构进行深度且长期的合作。

第二，打掉中间利润。企业要想创造爆品，就需要减少中间商，压低销售渠道成本费用，或者取消销售渠道，通过网络把产品直接推送到消费者手上，同时把节省下来的销售渠道的花费直接让利给消费者，从而使商品价格降低，创造产品价格竞争优势。以价格优势将产品打造成线上渠道的畅销品。这样一来，经销商就会对该产品争相抢购。这时，企业可以对经销商采取限量供应策略，设定微小价差，在保障经销商利润的同时维护市场稳定，真正实现线上、线下的和谐共赢。

第三，瞄准红海市场。相比于蓝海交易市场而言，红海茶品市场更易产生爆品。茶企要在蓝海交易市场制造爆品，不但要创造新市场、培育交易市场，而且还要培育新消费者的饮茶习惯，费时又费力。所以，企业要瞄准茶品红海交易市场，找准机遇，大胆创造一款爆品。

第四，要想更顺利地制造爆品，就必须重视产品设计的细节，并赋予产品设计二次使用价值，通过这种价值，设计公司还可以进行二次的口碑宣传。

在互联网条件下，企业要如何打造爆品呢？企业要打造爆品必须关注三个点，如图 5-15 所示。即尖叫点、痛点和爆点。抓住痛点，打造尖叫点，设计爆点，爆品才能出现。

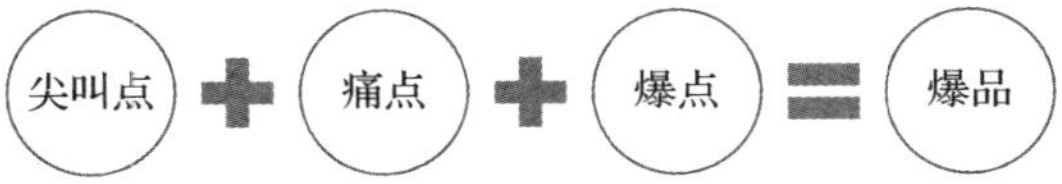

图 5-15　打造爆品的三个关注点

1. 抓住痛点

抓住用户痛点是打造爆品的前提条件。那么什么是痛点呢？对于痛点普遍的解释就是：用户希望满足却迟迟得不到满足的需求。用一个形象的比喻对其进行解释就是：痛点就是行走在沙漠中的人想喝却永远喝不到的那一口水，想找但是总找不到的一款茶。只要企业找准用户痛点，就能进一步打造爆品。抓住用户痛点，并采取一定的方法帮助用户解决这个痛点，让“痛”变成“爽”，爆品就打造成功了。

2. 打造尖叫点

人在什么情况下才会尖叫呢？心理需求得到极度满足、得到极致体验、获得超出预期的感受……无论是哪一种，归根结底只有两个字——极致。所以，企业要想抓住尖叫点打造爆品，就要在某一个点上做到极致，让用户有极致体验，让用户为之疯狂、为之尖叫。

在互联网时代，同质化产品越来越多，传统商业模式的广撒网、打造全能型产品的方法只会将企业逼上绝路。为了能让产品在众多同质化产品中脱颖而出，我们就要将这个产品做到极致，让这个产品带给用户超乎寻常的体验。那么要如何做到这一点呢？其云正岩的成功给我们的启示就是可以创新地给传统茶品进行全新的符合时代审美的定义，让消费者在喝茶过程中感受到极致的体验，引发尖叫。除了体验，口碑也很重要。那么在互联网时代，口碑是如何生成的呢？如果说顾客价格是使用价值与体验价格之和，那么口碑就源自茶品的体验价格，即怎么样才能够让用户真正得到对产品的感受价值呢？答案依然是赋予产品独特的内涵和定义。

由此可见，企业在打造用户尖叫点方面，无论是提升用户体验，还是打造产品口碑，都需要增加产品的性价比。这就要求企业在产品定位和研发的时候要聚焦目光，不以满足所有人的需求为目的，只求满足核心用户的需求，带给他们极致的体验，让他们尖叫，以此来获取好口碑，以引爆大众传播，从而成功地打造爆品。

3. 设计爆点

爆点，顾名思义就是引爆大众传播的那个点。爆品打造离不开大众传播，只有借助于大众传播，产品才能迅速地占领消费者的心智，才能引发购买行为。如果将爆品打造比作一张布满雷的网，那么这个爆点就是引线，一旦点燃就会迅速扩散，势不可挡。设计爆点的三个步骤如图 5-16 所示。

图 5-16　设计爆点的三个步骤

如今，出现在我们周围的品牌越来越多，一个品牌要想在用户的脑海中留下深刻的印象，就需要设计一个品牌记忆点，这个记忆点必须简单、明了，并且能让受众迅速地记住。茶企在设计记忆点的时候，除简单明了之外，还要保证这些记忆点容易传播，并且能为后续的传播埋下伏笔。策划参与节点这个环节强调的就是粉丝效应。通过参与节点设计，让用户参与到品牌建设中来，从而将用户转化为粉丝，以产生巨大的粉丝效应。前面的工作都做好了，那么这个爆点该如何引发呢？这就考验策划者的爆点思维了。

综上所述，制造爆品必须通过三个环节：抓住痛点、打造尖叫点、设计爆点。这三个环节之间环环相扣、层次递进，如果没有其中的任意一项，爆品都无法创造成功。

循环变现专栏 5-5

卢正浩：传统茶企不传统

卢正浩茶庄，又名杭州正浩茶叶有限公司（以下简称公司），是由卢正浩的小女儿卢江梅成立的品牌公司。

自创立之初，卢正浩茶庄就非常重视自身品牌建设。卢正浩茶庄旗下西湖龙井、钱塘梅红等名牌产品不仅在国内外各大茶博会、农产品大会上屡获殊荣，更连续多年被中国茶叶学会甄选为教学指定茶样。另外，卢正浩茶庄还成为浙江省西湖龙井茶商会副主席单位，并接连几年被评为“中国浙江省信用民营企业”“农村龙头公司”“杭州市知名商标”及“杭州知名商品”。在创办后近30年间，卢正浩茶庄还主动履行了公司的社会职责，在公益、环境、文化教育等领域做出了杰出贡献。

在网络时代，酒香也怕巷子深，所以怎样运用好现代渠道，把传统商品带上时尚的快车道才是重点。在今天，由于网络经济的发展，网络购物也已成大趋势，而随着时代的发展，茶产业也成为年轻人群体的“心头好”。卢正浩茶庄作为传统知名茶企，早在2010年就开拓了电商渠道，这对于传统的茶企来说，是个极大的突破。2018年3月，卢正浩茶庄携手阿里巴巴，“AR卖茶”这一举动吸引了各界的关注，通过独特的设计，用一个故事、一个游戏把品牌和消费者串联起来。卢正浩茶庄运用时下最火爆的AR科技，并结合手机游戏的表现形式和消费群体进行交流，让他们一起来“采茶”，并在这个过程体验卢正浩春茶的生长环境和品质调性。在30秒的游玩时间内，消费者在AR茶园中找到可采集的新芽，当采集超过了50叶的数量，就能得到奖品。游戏活动还精妙地运用了3D科技设计茶园，通过手机的摄像头抓取用户实景，并运用蒙层滤镜的方法打造云雾缭绕的氛围，将虚拟与现实完美融合。

同样，在网络时代，品牌与文化建设已然成为打造企业形象、增强企业竞争力所需要破解的核心问题之一。卢正浩茶庄通过将近三十年的潜心运营已发展成为西湖龙井品牌公司。卢正浩牌西湖龙井在部分茶友心中就是正源、正味、正宗的代名词。近几年来，卢正浩茶庄对品牌建立日益关注。2019年开始，卢正浩茶庄在“卢正浩”现有品牌资产的基础上，进行系统化、标准化、专业化梳理升级，并引入一流品牌服务商，由内而外、由表及里对卢正浩品牌体系进行深度优化，建立与“卢正浩”未来发展定位更加契合的品牌形象系统。未来几年，卢正浩茶庄将通过一系列广告宣传与品牌营销，使“卢正浩”品牌形象在目标市场的消费者心目中得以加深，为实现“龙井第一品牌”的目标打好扎实基础。2019年，卢正浩茶庄与张纪中合作，制作了以“沉下去”为主题的春茶纪录片，用纪录片的语言对“卢正浩”的品牌定位和产品定位做了详细准确的说明。

总之，“人至诚，茶至臻”一直是卢正浩茶庄的宗旨。企业要做强做大，必须沉下心来做好产品，同时关注品牌建设。新时代茶企要做的就是建立与众不同的差异化经营，未来才能在竞争中立于不败之地。

（资料来源：笔者根据多方资料整理而成）

爆品的出现一定不是偶然的，它往往蕴含着产品营销的发展规律。雷军说："温水你哪怕做到99℃，也没啥用。唯有沸腾之后，才有推动历史进步的力量。"这个沸腾，说的就是一个产品的爆品。在网络信息时代，靠渠道、靠销售引爆市场的时代早已终结，一旦商品自身不够尖叫，所有价值都将归零。

章末案例

从"大益普洱茶"建设之路看品牌拓展

大益茶叶产业集团公司（以下简称大益普洱茶公司）是中国国内的现代化大型茶叶生产企业，企业母公司是云南省大益茶叶产业控股有限公司，此外企业旗下还有勐海茶厂（勐海茶业有限投资企业）、东莞大益茶叶产业技术股份公司等成员企业。

普洱茶是我国独特的地理标识产物，是以中国地理标识保护区内的云南省大叶种晒青茶为主要原材料，是独特的加工工艺制造，拥有独特质量性状的白茶。大益普洱茶主要产品位于我国西双版纳和普洱市一带地区，是由中国云南省大益茶叶有限公司所生产的知名品牌。大益普洱茶公司是我国普洱茶的典型代表，大益7572堪称评判普洱熟茶的标准茶，而大益7542堪称评判普洱生茶的标准茶。2008年，"大益茶制作技艺"纳入我国非物质文化遗产名录中。

"大益普洱茶"是中国目前饮茶市场中极少数的能叫得响的茶叶品牌。目前，大益普洱茶公司的产品线已经延伸至红茶、绿茶、保健系列普洱茶等。今天的"大益普洱茶"已是古典茶品与健康品质生活的典型代表，为诸多消费群体竞相品饮珍藏。从2011年开始，大益普洱茶公司每年都会选择在不同的地方城市开展“大益嘉年华”，每年一个主题的狂欢，向广大民众传播茶文化和健康的饮茶理念。作为国内首个茶文化活动品牌，“大益嘉年华”透过独具特色的地方城市，让普洱茶从深山跑出来，让更多的民众认识普洱茶，并分享由大益普洱茶所带来的健康茶食与生活。随着我国消费升级倒逼供给侧结构性改革的深入推进，茶叶的文化属性和功能日益凸显，茶正在从传统的单一饮用功能向多元社会属性转变，茶道成为一种社会显性文化。大益普洱茶公司通过各类社会文化与民心活动的方式实施国际化战略框架，逐步形成了完善的、拥有较强影响力的企业文化输出格局，为培植公司的国际竞争优势提供了坚实基础。

从“大益普洱茶”作为中国茶叶文化名牌的发展历史中，人们能够获得不少的启迪。

一、从小众走向大众

目前在饮料市场上，产品种类已经很丰富，不同类型的产品都有自己的市场。从小众迈向大众是茶品牌进一步拓展遇到的一个问题。大益普洱茶公司原本更多地在茶友和普洱茶喜爱者这类人群中享有盛誉，但当前这种范畴无疑有了很大的扩展，同时更多的非传统茶友型的消费群体也开始建立了对大益普洱茶的品牌文化和购物喜好。当然，这也是因为随着人类生活水平提升及产业整体发展，普洱茶消费群体开始增加。

二、差异性优势明显

我国的茶产品地域色彩鲜明，这使得茶叶品牌全球化存在着许多局限性。华毅对茶产品的区域性特征表达了自己的观点，他说：“地域性也不是一成不变的。产品足够的差异化优势，使突破地域局限变成了可能。以大益普洱茶为例，由于它在口感风味、保健功能和后期陈化空间等方面都具有优质普洱茶所具备的优点，所以深受中国各个区域消费者的喜爱。而近年大益普洱茶公司在中国一些地区非传统市场销量和份额也增长迅速，就是个很不错的说明。同时作为品牌产品，大益普洱茶公司也给消费者带来了更多的内在情感价值，这都形成了大益普洱茶公司在中国区域扩张中的品牌优势。”

三、多元化的传播手段

“大益普洱茶”品牌建设的成功除了有准确的中国品牌战略定位以外，成功的宣传战略也对“大益普洱茶”品牌建设进一步发展起到了很大的影响。“大益普洱茶”在中国品牌推广的步骤中，就将央视作为首选，2008 年在央视的黄金广告时间投入了广告宣传。2006 年和 2007 年，大益普洱茶公司先后资助了 CCTV 大益普洱茶大型节目《我的长征》和《祖国不会遗忘》，与央视的通力合作，对“大益普洱茶”品牌建设的宣传产生了不小的推进效果。同时大益普洱茶公司还勇于履行企业社会责任，积极进行了公益性宣传。大益普洱茶公司全球茶文化交流中心、大益普洱茶皇茶茶文化会所等大益普洱茶公司的主要成员企业还致力于中国茶文化的宣传，并积极普及中国茶道，从而使更多的人知茶爱茶，也因此形成了一套介绍、宣传我国茶文化和中国传统文化的特有方法，消费者们能够亲自感受，面对面地沟通，这样就在促进中国茶文化宣传的同时，也提升了大益普洱茶中国品牌的社会知名度和美誉度。

随着大益普洱茶公司的发展壮大，每年的新茶依旧是商场中追逐的主要对象。2012 年，大益普洱茶公司大部分茶品整箱价位都在万元以内，以 3000 元左右的整箱茶较多。而现在，大益普洱茶公司的茶品的整体价位以万元以上占比较多，平均一年推出 20 多种的新茶。茶企每年的原材料采购也都在执行中，一般每千克小于 60 万元。

大益普洱茶公司的经营管理模式每年都会略有调整，因为大益普洱茶公司这种等级的品质普洱茶，从未有哪个牌子的经营管理模式可以予以借鉴，所以大益普洱茶公司只能始终是在探索中前进并持续完善。2020年也是大益普洱茶公司管理模式改革的另一个起点，因为大益普洱茶公司改革以前的服务模式都是直接面向系统内的消费人群而开展的，即放货给渠道服务商，服务商可以再放货给代理商公司或加盟商。但是这种管理模式的缺点在于圈子稳定，影响力局限，新行业在这种旧有的圈子中仍发展不开，毕竟大益普洱茶公司不只是做茶行业，还涉及一些其他行业。

于是在2020年大益普洱茶公司开启破圈的销售模式，着手将产品放给更多的人。有些商品更是避开了传统途径发售。结果反应特别好，淘宝顾客积极参与。在这一系列的后面，就是大益普洱茶公司需要更多的用户（不管是买去喝还是买去卖，或者是收藏），这种除了传统渠道以外的“撒币”模式，还可以使大益普洱茶公司获得更多的客户资源。

综上所述，关于品牌建立与渠道构建二者之间的关系，这种方法无疑比较稳妥，但并不排斥其他的方法，即先通过大量的宣传投入打响品牌形象，之后再建立渠道，并跟进产品的销售。

（资料来源：笔者根据多方资料整理而成）

本章小结

本章重点介绍了在茶叶的营销过程中可以运用的新式手段。第一小节从新媒体、新视角及新渠道三个方面为茶叶的营销拓宽思路，利用自媒体平台，从多个角度出发挖掘茶叶的卖点，尝试多种渠道进行销售；第二小节是平台变现，将平台的用户进行转化，让流量变成实际效益，通过社群、直播及粉丝营销三种方式，积累产品忠实用户，并将这类群体进行转化，促进茶类产品的销售与茶文化的进一步传播；第三小节是变现方案，针对现有的流量积累，通过采用知识付费、精准广告、提供有价服务等方案进行流量的变现。

参考文献

[1] 陈鹏羽，蔡佩颖，徐茵．茶颜悦色：新式茶饮的突围者［J］．国际品牌观察，2021（22）：48-50.

[2] 陈平．奈雪的茶：如何领跑新茶饮赛道［J］．中国商界，2021（7）：70-75.

[3] 陈荣平．基于消费者视域的武夷岩茶营销文化感知度讨论与方案探究［J］．福建茶叶，2019，41（10）：39.

[4] 陈睿，陈之奕．作为IP运营策略的跨媒介叙事：机理与应用［J］．福建茶叶，2017，39（02）：85-86.

[5] 陈维超，薛晓莹．知识付费用户行为体验研究［J］．重庆三峡学院学报，2019（6）：42-48.

[6] 陈伟忠．龙头带动，创建茶叶企业新品牌［J］．广东茶业，2003（6）：34-35.

[7] 陈永昊．老字号西湖龙井茶品牌的当代价值，老牌子要有新作为［J］．茶博览，2021（9）：12-16+7.

[8] 陈越．读《娱乐至死》：看抖音娱乐的特点［J］．文学教育，2019（20）：24-26.

[9] 崔文琪．大数据时代下的个性化信息传播——以“字节跳动”旗下产品为例［J］．新闻文化建设，2021（13）：2.

[10] 邓文燕．“网红”长沙“超级IP”炼成记［N］．东莞日报，2021-11-16（A05）.

[11] 迪丽达尔·木拉提．粉丝经济下自媒体营销路径分析［J］．今日财富，2021（18）：109-111.

[12] 丁丁．深度粉销：高转化、高复购的用户运营黄金法则［M］．北京：人民邮电出版社，2018.

［13］ 董娴娟. 电商环境下八马茶业的包装设计及其品牌营造［J］. 湖北农业科学，2020，59（11）：170-174.

［14］ 付若岚. 互动视频的知识众包：基于 bilibili 弹幕网站知识区社群的研究［J］. 西南大学学报（社会科学版），2021，47（6）：190-199.

［15］ 高长利，李伟东，郭春光. 直播营销：互联网经济营销新思路［M］. 广州：广东经济出版社，2017.

［16］ 关诗倩. “茶颜悦色”排队和“天价奶茶”现象背后的经济学原理探析［J］. 商展经济，2021（6）：28-30.

［17］ 郭缤璐. 一杯好茶的数字化之旅［N］. 北京商报，2021-11-19（013）.

［18］ 郭灵洁. 打造百年品牌，春伦香飘四海——福州春伦茶业有限公司侧记［J］. 中国食品，2009（20）：2.

［19］ 郭瑞强. 爆品运营：如何打造一款成功的产品［M］. 北京：中国经济出版社，2017.

［20］ 韩雅慧. 品牌定位在企业市场营销战略中的作用及实施策略［J］. 商讯，2021（16）：82-84.

［21］ 何纪民. 小米手机粉丝营销策略研究［D］. 保定：河北大学，2015.

［22］ 何志康. 移动社群营销实战法则、技巧与经典案例［M］. 北京：人民邮电出版社，2017.

［23］ 洪艺萍. 大数据背景下德化陶瓷电商发展趋势研究［J］. 全国流通经济，2020（11）：19-22.

［24］ 胡玲. 新媒体营销与管理［M］. 北京：清华大学出版社，2020.

［25］ 胡晓云，魏春丽，李闯，等. 2021 中国茶叶企业产品品牌价值评估报告［J］. 中国茶叶，2021，43（6）：21-36.

［26］ 黄冰秀，陈龙珍，章颖，等. 茶品牌价值评估对乡村振兴的影响调查分析——以武夷星为例［J］. 今日财富，2021（21）：238-240.

［27］ 黄呛呛. 华祥苑：用十八年铸就国茶第一阵营［J］. 茶道，2018（10）：52-57.

［28］ 黄琼芬，王敏霞，李宏图. 电商勃兴，倒逼流程再造［N］. 福建日报，2021-10-28（003）.

［29］ 黄震，任晨晨. “互联网 + 茶”营销模式下的对策研究［J］. 现代经济信息，2019（16）：325.

[30] 晋军刚. 天福茗茶的体验营销策略 [J]. 价值工程, 2012, 31 (3): 40.

[31] 康晨远. 抱团发展, 行稳致远, 谱写茶产业新篇章——安徽省宣城市泾县兰香茶营销专业合作社联合社发展纪实 [J]. 中国农民合作社, 2019 (7): 46-47.

[32] 雷振波, 张宝. 康县: 挖掘茶文化, 打造茶品牌 [N]. 甘肃经济日报, 2021-07-13 (007).

[33] 黎曲. 直播电商茶品牌传播研究 [J]. 福建茶叶, 2021, 43 (5): 44-45.

[34] 李灿. 新媒体时代整合营销传播新业态探究 [J]. 当代电影, 2015 (9): 17-22.

[35] 李馥佳. "云消费"时代中国茶产业竞争与发展趋势分析 [J]. 时代经贸, 2021, 18 (4): 77-79.

[36] 李光斗. 中国茶品牌如何突出重围 [J]. 中国商界, 2021 (6): 48-49.

[37] 李红霞. 李瑞河: 千秋大业尽在一壶茶中 [J]. 中国商界, 2017 (Z1): 120-122.

[38] 李宏英. 茶产业区域品牌文化内涵塑造与传播策略研究 [J]. 中国管理信息化, 2020, 23 (5): 150-151.

[39] 李明合, 张思森. 能卖货的品牌广告是如何炼成的 [J]. 销售与市场 (营销版), 2021 (11): 100-101.

[40] 李倩舒. 消费升级背景下从SIVA理论看小罐茶的营销策略 [J]. 现代营销 (信息版), 2019 (6): 246.

[41] 李瑞智. 互联网背景下茶叶营销策略研究——以普洱茶为例 [J]. 福建茶叶, 2021, 43 (5): 22-23.

[42] 李睿. 云南名茶历史概览 [J]. 福建茶叶, 2019, 41 (5): 241-242.

[43] 李勇, 谭小玲, 陈晓婷, 等. 基于电商评价数据的农产品用户画像分析——以安化黑茶为例 [J]. 农村经济与科技, 2019, 30 (19): 101-103.

[44] 李智红, 杨士斌, 杨继培, 等. 下关沱茶, 唇齿留香百余年 [J]. 城市地理, 2019 (15): 100-107.

[45] 梁徐静. 数字出版与知识付费 [M]. 广州: 中山大学出版社, 2020.

[46] 梁妍. 直播为茶行业带来哪些新红利 [N]. 中华合作时报, 2021-11-30 (B01).

[47] 林荣溪, 蔡银笔. 八马茶业打造品牌立体营销的做法与启示 [J]. 中国茶叶,

2016，38（8）：10-11.
［48］刘国华，王红国．符号互动论：从品牌消费角度的解读［J］．现代传播（中国传媒大学学报），2015，37（11）：124-128.
［49］刘辉，周科逸．论依法促进我国茶产业发展的思路［J］．福建茶叶，2022，44（1）：61-64.
［50］刘美琪．品牌定位在市场营销战略中的地位［J］．商场现代化，2021（21）：42-44.
［51］刘照龙．小罐茶梅江：布局多品牌、多产品线，科技赋能行业发展［J］．国际品牌观察，2021（29）：20-22.
［52］罗燕．“中国茶”如何助力乡村振兴［J］．民生周刊，2022（1）：40-41.
［53］马迪．基于跨境电商的茶产品运营策略研究［J］．福建茶叶，2020，42（7）：46-47.
［54］乔辉，麻天骁．新媒体营销与运营［M］．北京：人民邮电出版社，2021.
［55］秦阳，秋叶．社区营销与运营［M］．北京：人民邮电出版社，2017.
［56］宋萌．拼多多的商业模式对茶企业的影响［J］．福建茶叶，2021，43（1）：61-63.
［57］宋学宝，曹珊珊．小罐茶：传统茶行业的变革者［J］．清华管理评论，2019（5）：113-122.
［58］苏郁锋，周翔．“直播电商”情境下数字机会共创机制研究：基于数字可供性视角的质性研究［J］．南开管理评论，2021（11）：1-20.
［59］孙汇杞．基于粉丝消费行为的品牌营销策略研究［J］．声屏世界，2021（5）：67-68.
［60］孙郡．流量变现［M］．北京：中国经济出版社，2017，39（2）：85-86.
［61］唐小堞．新式茶饮再添百亿“独角兽”未来将“喝出”更多上市企业［N］．重庆商报，2022-02-15（004）.
［62］唐燕．论电子商务对国内贸易的影响［J］．商业经济，2021（8）：140-142.
［63］田龙滨．李海珍：最好的生意是复购——直播电商的高流量下如何保证粉丝黏性［J］．中国质量万里行，2022（1）：89-90.
［64］王程．网红经济背景下品牌茶饮企业经营模式研究——以“喜茶”为例［J］．现代商贸工业，2021，42（35）：60-61.

［65］王金臣．新茶饮成为城市新消费主要业态［N］．中国食品报，2022-01-24（007）．
［66］王瑞莲，陈健璋．企业私域流量运营研究——以企业微信为例［J］．国际商务财会，2021（10）：90-93．
［67］王维廷．武夷星：从“星”爱上大红袍［J］．中国品牌，2017（S1）：53-55．
［68］王轶凡，李彬彬．品牌细分与细分品牌［J］．企业研究，2007（5）：26-27．
［69］吴霞．论新媒体下品牌运营模式［J］．经济管理文摘，2021（17）：175-176．
［70］武亮．互联网＋茶叶，艺福堂的品牌定位［J］．企业管理，2017（12）：75-77．
［71］向俊峰，宋山梅．基于电商环境的茶产业供应链管理与优化［J］．物流技术，2018，37（8）：108-111．
［72］宿丹．数字融媒体环境下品牌的明星粉丝营销新趋势——以伽蓝集团春夏品牌为例［J］．现代营销（学苑版），2021（7）：64-65．
［73］徐照朋．新媒体时代网红经济的内容创作——基于短视频形态的案例分析［J］．西部广播电视，2020（3）：21-22．
［74］杨行翀．贫困地区特色农产品电商平台消费者初次购物体验对复购意向的影响研究——基于扶贫社会责任的中介作用［J］．商业会计，2021（16）：86-89．
［75］叶宜．基于新零售视角下的茶叶营销模式探索［J］．山西农经，2021（9）：181-182．
［76］右然．李瑞河：国际茶日来了，“世界茶王”的梦也圆了［J］．茶道，2020（6）：39-43．
［77］余安迪．万仟堂陶器让生活更精致［J］．茶博览，2017（8）：82-86．
［78］俞沅沅．浅析中国新式茶饮产业［J］．商场现代化，2021（23）：23-25．
［79］虞文霞．新时代茶文化的多向度创新发展思考［J］．农业考古，2021（5）：7-11．
［80］翟趁华．消费升级视角下私域流量竞争力构建［J］．商业经济研究，2021（21）：123-126．
［81］张佳．平台型电商模式下茶农机会主义营销行为分析［J］．经济研究导刊，2019（25）：68-69．
［82］张容睿．传播仪式观视角下茶饮品牌传播研究［D］．兰州：兰州财经大学，2021．

［83］ 赵碧莹，颜静．“古茗”的变与不变［N］．台州日报，2021-11-30（004）．
［84］ 钟园园．喜茶凭小程序和付费会员胜出［J］．中国药店，2021（11）：92-93．
［85］ 周静涵．企业品牌广告语的运用对市场营销的影响研究［J］．中外企业文化，2021（10）：107-108．
［86］ 周婷，王晓斌．像雷军一样去营销［M］．南昌：江西教育出版社，2018．
［87］ 朱晓娟．新媒体背景下八马茶品牌崛起策略研究［J］．中国报业，2020（12）：48-49．